Effektiver und besser führen in Teilzeit

EBOOK INSIDE

Die Zugangsinformationen zum eBook Inside finden Sie am Ende des Buchs.

Silke Katterbach · Kerstin Stöver

Effektiver und besser führen in Teilzeit

Hintergründe und zeitgemäße
Maßnahmen für ein flexibles
Führungsmodell

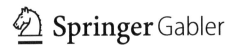

Silke Katterbach
Silke Katterbach Coaching und Beratung
Bremen, Deutschland

Kerstin Stöver
balima consulting
Bremen, Deutschland

ISBN 978-3-658-22936-8   ISBN 978-3-658-22937-5   (eBook)
https://doi.org/10.1007/978-3-658-22937-5

Die Deutsche Nationalbibliothek verzeichnet diese Publikation in der Deutschen Nationalbibliografie; detaillierte bibliografische Daten sind im Internet über http://dnb.d-nb.de abrufbar.

Springer Gabler

Illustrationen: Cord-Patrick Neuber/www.polycord.de

Springer Gabler ist ein Imprint der eingetragenen Gesellschaft Springer Fachmedien Wiesbaden GmbH und ist ein Teil von Springer Nature
Die Anschrift der Gesellschaft ist: Abraham-Lincoln-Str. 46, 65189 Wiesbaden, Germany

Vorwort

Liebe Leser,

was haben meine 78-jährige Tante und viele der in den letzten Jahrzehnten zu Erfolg gekommene Firmenlenker gemeinsam? Sie wollen nicht wahrhaben, dass sie einen Teil der aktuellen Entwicklungen nicht mehr verstehen. Schlimmer noch: Sie glauben, dass alte Antworten auch bei aktuellen Fragen helfen. Sie glauben, in „Vernunft" und Zahlen läge der einzige Weg aus Krisen, und halten Psychologie für Schnickschnack, dem Geist übersensibler Spinner entsprungen.

Wie tief sich dieses Weltbild in das kollektive Bewusstsein gebrannt hat, spüren wir tagein, tagaus in der Beratungspraxis. Solange alles gut und vor allem im eigenen Interesse verläuft, lässt sich der Manager nicht zu Innovationen hinreißen und schon gar nicht, wenn sie sich für ihn persönlich nicht als positiv vorhersagen lassen. Macht, Kontrolle und Status sind die vermeintlichen Säulen des Berufslebens. Da zeigt sich, wer ein echter Kerl ist. Doch in der Krise findet ein Sinneswandel statt: „Ein wenig Zucker im Urin, schon eilt der Freigeist in die Kirche" (Voltaire). Wenn plötzlich klar wird, dass das Steuern und Regeln der Vergangenheit nicht ausreicht, um durch die Untiefen der bevorstehenden Herausforderungen zu navigieren, entsteht die innere Bereitschaft, auf etwas zu vertrauen, das eher einem Glauben, einer Vision entspricht, als einer Gewissheit. Da diese Situation für viele neu und schwierig ist, möchten wir ein wenig Hilfestellung leisten und darin unterstützen, sich seiner eigenen psychischen Beschaffenheit zu stellen, sich selbst kennenzulernen und daraus möglichst viel Potenzial für zukünftige Führungsaufgaben zu heben.

Viele Firmen, Konzerne, Organisationen sehen sich einer hohen Veränderungsgeschwindigkeit ausgesetzt und Vorboten von Krisen sind allgegenwärtig. Hinzu kommen die Anforderungen der Digitalisierung, des Fachkräftemangels, der rasanter Marktvolatilität, Paradigmenwechsel in Arbeit und Führung bei jungen Arbeitnehmern – die Liste lässt sich beliebig verlängern. Und keine dieser Herausforderungen lässt sich mit Controlling, Steuern und Regeln bewerkstelligen. Flexible, sich stetig verändernde und demokratische Organisationsstrukturen, Agilität, Selbstorganisation zeichnen erfolgreiche Unternehmen heute aus, die Erwartungen an Führung haben sich komplett verändert.

Teilzeit-Führung bündelt auf besondere Art fast alle aktuellen Herausforderungen für Unternehmen. Zum einen, weil sie immer noch in erster Linie eine Gruppe von Arbeitnehmern betrifft, die in Deutschland bis heute kaum eine Lobby hat: Frauen. Gut ausgebildet, motiviert, organisationsstark, kooperativ **und** zu Hause bei den Kindern. Dieses (ökonomisch) brachliegende Potenzial wird dringend gebraucht. Zum anderen kann Teilzeit-Führung ein Unternehmen dem angestrebten Selbstbild eines attraktiven Arbeitgebers in besonderer Weise näherbringen, da die begehrten und so rar gesäten Fachkräfte nicht selten einen Arbeitgeber bevorzugen, der seinen Erfolg nicht an den Arbeitszeitkonten misst, sondern in besonderer Verbindung von Kompetenz und Verantwortung Bedeutsames hervorbringt; etwas, das Sinn macht, wonach sich immer mehr Menschen der heranwachsenden Generationen sehnen.

Außerdem stellt Teilzeit-Führung das konservative Führungsparadigma infrage, wonach quasi jeder führen kann, der seinen Bewährungsaufstieg im Unternehmen durch angepasstes Verhalten, Fleiß und politisches Kalkül bewältigt hat. Führung heute heißt nicht mehr, uneingeschränkte Macht per se zu haben, sondern sich auf intelligente Weise den Rahmenbedingungen zu stellen, das Gemeinwohl über die eigenen Interessen zu stellen, andere zu fördern, schwierige Prozesse zu moderieren und vor allem: Instabilität zu ertragen. Das seit den 1960er Jahren diskutierte Menschenbild tritt in den Vordergrund und jede Person mit Führungsverantwortung wird sich die Frage stellen müssen, welche Überzeugung sie vertritt: Ist der Mitarbeiter in seinem tiefsten Innern faul und träge oder ist er bereit und in der Lage, Verantwortung zu übernehmen? Denn Teilzeit-Führung kann nur funktionieren, wenn an die Stelle permanenter Kontrolle vermeintlich demotivierter und unreifer Mitarbeiter eine gemeinsame Vision tritt, die für alle verbindlich ist und das Beste aus dem Einzelnen und einer Gruppe von Menschen herausholt. Und auch in diesem Sinne erfüllt Teilzeit-Führung eine Anforderung des gesellschaftlichen Wandels, der von Mitsprache, Einflussnahme und unbeschränktem Zugang zu Information geprägt ist. Arbeit und Führung ändern ihr Gesicht und in naher Zukunft werden Menschen es nicht mehr hinnehmen, am Arbeitsplatz nicht die gleichen Möglichkeiten der Selbstbestimmung zu haben wie in ihrer Freizeit. Work-Life-Blending ist hier das Schlüsselwort: Die Erwartung, das Leben nicht länger in eine Pflicht (der Arbeit) und eine Kür (der Freizeit) einzuteilen, sondern alle Bereiche zusammenzuführen als **ein** Leben.

So stellte sich uns das Thema Teilzeit-Führung als ein übergeordnetes Modell für viele Anforderungen an Wirtschaft und Gesellschaft im Umbruch als Lehrstück dar. Eines war uns in der Vorbereitung auf dieses Buch ein Rätsel: Wenn es einen so großen Bedarf nach Teilzeit-Führung gibt, wie er in diversen Studien und in noch mehr Einzelgesprächen geäußert wird, und gleichzeitig bereits dokumentierte Erfolgsmodelle, wie kann es dann sein, dass sich Teilzeit-Führung noch nicht stärker etabliert hat? Es scheint Hindernisse zu geben, die zwar stark, aber nicht offensichtlich sind. Dass Entwicklung, Innovation und Kreativität eine unbedingte Voraussetzung für die Wirtschaft der Zukunft sind, wird von niemandem bestritten. Doch fehlen nach wie vor Pioniere, die sich den notwendigen Regelbruch zutrauen und damit Teilzeit-Führung zu einem Alltagsmodell für flexiblere Arbeitsstrukturen werden lassen.

Was brauchen also potenzielle Pioniere? Rein praktische Tipps und Hinweise zur Umsetzung eines Arbeitskonzepts scheinen nicht ausreichend zu sein. Wir zeichnen ein Bild der komplexen Zusammenhänge von Teilzeit-Führung, geben relevante Hintergrundinformationen, Quellenanalysen und praktische Tipps. Wir schauen auf das Umfeld, die verschiedenen Akteure auf dem Feld ökonomischer und gesellschaftlicher Disruptionen und lassen daraus ein Gesamtbild entstehen. Auch Appelle kommen in unseren Ausführungen vor und wir haben sie bewusst nicht entfernt. Denn bei allem guten Zureden ist es am Ende eine Frage der Courage, gepaart mit Einsicht, die eine spürbare Veränderung hervorbringt.

Wir konzentrieren uns auf die, die in erster Linie dem Thema Teilzeit-Führung Vorschub leisten können: Die (zumeist) jungen Talente oder schon Führungskräfte, die sich nicht mehr ausschließlich mit herkömmlichen, meist finanziellen Anreizen ködern lassen auf der einen Seite, und die „Entscheider", in der Regel Männer der Generation X oder Babyboomer, die als Rückgrat der deutschen Wirtschaft den Mittelstand regieren und die, noch wohl genährt, keinen Handlungsbedarf sehen, oder aber ihre persönlichen Grenzen überwinden müssten, um auf Sicht zu segeln und alte Sicherheiten hinter sich zu lassen.

Wir sind uns sicher, dass diese beiden Gruppen sich in diesem Buch wiederfinden, und wünschen uns, dass sie in den Dialog miteinander treten, die Perspektiven wechseln, nie Vorstellbares wagen und umsetzen und damit einen Weg in eine vielversprechende Zukunft ebnen.

Einige Beispiele und Anmerkungen beziehen sich auf subjektive Erfahrungen aus unserem Lebens- und Arbeitsumfeld. Die Ich-Form verweist auf die in Klammern beschriebene Person, SK (=Silke Katterbach) oder KS (=Kerstin Stöver). In diesem Buch verwenden wir der einfacheren Lesbarkeit halber die männliche Grundform der Substantive. In jedem Fall sind alle Menschen gemeint, egal welchen Geschlechts.

Auf geht's also in die Welt der Teilzeit-Führung. Allen Interessierten wünschen wir viel Erfolg bei der Umsetzung. Nur Mut!

Silke Katterbach
Kerstin Stöver

Über dieses Buch

Da dieses Buch nicht alleine der Informationswiedergabe dienen soll, sondern weiterhin Umsetzungsmöglichkeiten, Lösungsansätze und vielleicht auch einige Mutmacher bereithält, haben wir uns ein paar Gedanken bezüglich der Darstellung gemacht.

Wir haben uns die Frage gestellt, wie wir die zwei größten Interessensgruppen dieses Themas ansprechen können – Unternehmensinhaber und teilzeitinteressierte Führungskraft – und haben unsere Zielgruppe einfach mal beim Namen genannt: Karl-Heinz und Marie. Sie werden daher an den für sie jeweils interessanten Stellen direkt angesprochen und finden am Ende eine Zusammenstellung der Tipps, die wir Ihnen gerne mit auf den Weg geben möchten.

Karl-Heinz   Marie

Persona: Karl-Heinz Wohlfahrt

Geb. am 06.02.1958 in Schorndorf/Baden-Württemberg, Sohn des Maschinenbau-Unternehmers Karl-Georg Wohlfahrt und Renate Wohlfahrt. Sein Vater gründete 1948 die Wohlfahrt Landmaschinen GmbH. Karl-Heinz übernahm 1982 das väterliche Unternehmen, das Kartoffelpflanzmaschinen entwickelt und vertreibt. Im Zuge zunehmender Digitalisierung suchte Karl-Heinz die Kooperation mit einem Kartoffelchips-Unternehmen sowie einem IT-Unternehmen, um sich auf dem Gebiet der Feldroboter zu etablieren. Das Unternehmen beschäftigt heute 350 Mitarbeiter, davon 78 % Männer. Der Unternehmensstandort ist in Schorndorf, 26 km von Stuttgart entfernt. 2017 gehörte die Wohlfahrt-Gruppe mit 200 Mio. EUR zu den Spitzenproduzenten in ihrem Segment. Das Unternehmen wird von Karl-Heinz und Dr. Klaus Duttstedt in einer Doppelspitze geführt. 2012 gab es einen Umsatzeinbruch, auf den die Wohlfahrt-Gruppe mit einer offensiven Investitionsstrategie in der Robot-Sparte erfolgreich reagierte.

Im Moment ist es, trotz eines hervorragenden Unternehmensergebnisses, schwer, gute Entwickler und spezialisierte Ingenieure zu gewinnen. Gute Nachwuchskräfte verlassen oft nach kurzer Zeit das Unternehmen wieder, um im nahegelegenen Stuttgart höhere Gehälter zu erhalten, oder sie gehen zu den großen Mitbewerbern mit internationalen Karrieremöglichkeiten.

Karl-Heinz lernte seine Frau Astrid schon in der Jugendzeit kennen. Sie ist die Tochter eines Hoteliers aus dem nahegelegenen Welzheim. Nach dem Abitur studierte sie Kunstgeschichte in Stuttgart, bis der gemeinsame Sohn Luca 1990 zur Welt kam. Nach dem Abbruch ihres Studiums kümmerte sie sich um Haus und Kind. 1992 wurde die Tochter Julia und 1994 Sohn Karl geboren. Astrid engagiert sich ehrenamtlich für den Kirchenkreis und leitet im örtlichen Heimatverein den Frauenkreis. Sie ist leidenschaftliche Golfspielerin.

Die drei Kinder sind nach dem Abitur in die Welt gezogen. Luca hat in Italien Medizin studiert und arbeitet noch als Oberarzt in der Inneren Medizin des Klinikums Stuttgart, Julia studiert Skandinavistik in Stockholm und Karl ist nach einem Auslandsjahr in Australien dort geblieben und jobbt als Surflehrer in der Nähe von Melbourne.

In seiner Freizeit spielt Karl-Heinz auch gerne Golf oder macht Kulturreisen. Leider ist dafür wenig Zeit, da er an vielen regionalen (politischen, wirtschaftlichen oder kulturellen) Veranstaltungen teilnehmen muss. Auch sein Engagement im Deutschen Bauernverband nimmt einige Zeit in Anspruch.

Für Karl-Heinz sind Tradition und Regionalität besonders wichtig.

Persona: Marie Linnemann

Geb. am 15.08.1985 in Göttingen/Niedersachsen. Ihr Vater ist Abteilungsleiter Recht bei einem regionalen Energieversorger, ihre Mutter ist Lehrerin für Deutsch und Französisch an einem Göttinger Gymnasium. Marie hat eine drei Jahre jüngere Schwester, Lisa. Nach dem Abitur ging Marie für ein Jahr nach Vancouver/Canada und absolvierte dort ein Praktikum in der Deutsch-Kanadischen Industrie- und Handelskammer. Noch während ihres Aufenthalts in Kanada bewirbt sie sich an der Universität Potsdam für den Studiengang Wirtschaftspolitik mit dem Schwerpunkt Internationale Wirtschaftsbeziehungen. Über ihre Kontakte in Vancouver verfügt sie bereits zu Beginn ihres Studiums über ein internationales Netzwerk aus Freunden und Kollegen, die sich mit diesem Thema beschäftigen.

In ihrer Freizeit unterhält Marie einen Blog zu Themen rund um Internationale Beziehungen und Möglichkeiten und Risiken der Globalisierung. Zum Ausgleich für ihre Kopfarbeit treibt Marie gerne Sport, sie nimmt außerdem an „Tough Mudder Events" teil, einem Extrem-Hindernislauf über 16–18 km.

Vor fünf Jahren lernte sie ihren Lebensgefährten Max kennen, der als Journalist und Blogger selbstständig arbeitet. Vor drei Jahren zogen sie in eine gemeinsame Wohnung in Berlin. Marie hatte zu dem Zeitpunkt ihr Studium mit dem Master-Titel beendet und begann ihre Promotion an der TU in Berlin. Zwei Jahre später kam ihre gemeinsame Tochter zur Welt. Max und Marie teilten die Elternzeit, sodass Marie vor einigen Monaten ihre Promotion erfolgreich abschließen konnte. Sie ist jetzt auf der Suche nach einer herausfordernden Tätigkeit als Spezialistin für internationale Wirtschaftsbeziehungen. Nachdem sie bereits vor der Geburt ihrer Tochter in einem internationalen Unternehmen der Logistikbranche im Rahmen ihrer Ausbildung gearbeitet hat, strebt sie eine Führungstätigkeit in Teilzeit bei einem ähnlichen Arbeitgeber an.

Inhaltsverzeichnis

Abbildungsverzeichnis

Tabellenverzeichnis

Das Dilemma

© Springer Fachmedien Wiesbaden GmbH, ein Teil von Springer Nature 2019
S. Katterbach und K. Stöver, *Effektiver und besser führen in Teilzeit*,
https://doi.org/10.1007/978-3-658-22937-5_1

Zusammenfassung

Selten war die Verunsicherung in Unternehmen so groß wie heute. Heerscharen von Beratern sind unterwegs, um einen Kulturwandel zu begleiten, von dem man nicht mehr weiß, als dass er unsere Arbeitswelt auf den Kopf stellen wird. Es ist keine Wirtschaftskrise wie 2008/2009, die den Veränderungsdruck auslöst, sondern ein bunter Strauß von Entwicklungen in Wirtschaft und Gesellschaft, die dazu führen, dass alte Muster scheinbar plötzlich keinen Bestand mehr haben. Dieser Zustand lässt sich aus unterschiedlichen Perspektiven beschreiben und es gibt bereits regalfüllende Ratgeber und Checklisten, wie mit dieser Art von Veränderungsprozessen umzugehen ist. Auch die öffentliche Präsenz des Wandels nimmt zu, da es sich nicht nur um einen Wandel der Arbeitswelt handelt, sondern offensichtlich gesellschaftliche und politische Phänomene weltweit auf eine neue Form des Zusammenlebens und -schaffens in der Zukunft hinweisen. Die Tragweite des Umbruchs übertrifft die Vorstellungskraft des Einzelnen ebenso wie die von Unternehmen und Institutionen und die Geschwindigkeit der Veränderung nimmt beständig zu.

1.1   Die Welt verändert sich

Mit steigender Komplexität sinkt die Handlungsfähigkeit auf allen Ebenen. Es entsteht eine Art von Schockstarre, die nicht selten von einem überhöhten Kontrollbedürfnis begleitet wird. Rolf Dobelli (2011) beschreibt die Ursache sehr treffend: „Es wäre für alle Beteiligten unerträglich, sich einzugestehen, dass die Weltwirtschaft ein fundamental unsteuerbares System ist." Die Grundlage für den Umgang mit der globalen Veränderung, dem fundamentalen Umbruch von Gesellschaft und Ökonomie ist eine individuelle und kollektive Investitionsbereitschaft, ohne die alles beim Alten bleibt. Die unangenehme Folge: Der Gestaltungsspielraum bleibt ungenutzt, den es trotz der globalen Entwicklung durchaus gibt. Denn es entstehen Möglichkeiten dort, wo das Altbewährte nicht mehr funktioniert. Doch steuern individuelle psychologische Komponenten genau diese Investitionsbereitschaft. Das erkennen wir immer wieder im Alltag an unseren eigenen Entscheidungen; z. B. das Auto für die Fahrt zum Supermarkt um die Ecke zu nutzen, statt des Fahrrads, obwohl wir wissen, dass wir damit einen (wenn auch nur kleinen, so doch in der Summe ausschlaggebenden) Anteil an der Zerstörung unserer Umwelt nehmen. Es stellt sich also die Frage, wie diese Investitionsbereitschaft entstehen kann, um die Chancen in einer neuen (Arbeits-) Welt zu nutzen, sowohl individuell, als auch kollektiv. Und welchen Anteil hat die Teilzeit-Führung daran? Teilzeit-Führung als Arbeitszeitmodell einzuführen, erfordert einen großen organisatorischen Aufwand, was angesichts der steigenden Komplexität insgesamt eine Investitionsbereitschaft im Sinne individueller Konzeptentwicklung und eines Aushandlungsprozesses innerhalb der Organisation erfordert. Sie verkompliziert den Unternehmensalltag dadurch zunächst erheblich. Neben den Herausforderungen der digitalen Transformation, der zunehmenden

Volatilität der Märkte, einer veränderten Arbeitsmarktsituation, um nur einige hoch gehandelte Entwicklungen aufzugreifen, fällt es Unternehmen nicht leicht, dieses Thema weit oben auf die Agenda der Organisationsentwicklung zu setzen. Gleichwohl soll in den folgenden Kapiteln dieses Buches die Teilzeit-Führung als „Schmiermittel" für einen Wandel beschrieben werden, der keinen Stein auf dem anderen lässt und unsere Arbeits- und Lebenswelt in einem Maße beeinflussen wird, das sich uns erst langsam erschließt. Einer ungewissen Zukunft stehen also hohe Investitionen entgegen und niemand vermag mit heutigen Methoden eine Aussage darüber zu treffen, mit welcher Wahrscheinlichkeit die Investition sich auch lohnt und zum gewünschten Ergebnis führt.

Wir wenden uns zunächst den Voraussetzungen für die individuelle Investitionsbereitschaft zu, mit der Absicht, unseren Protagonisten Karl-Heinz und Marie ein besseres Verständnis darüber zu vermitteln, wie Menschen „ticken", also der Psychologie. Denn jede Organisation ist von Menschen für Menschen gemacht und in den letzten Jahren nimmt die Notwendigkeit zu, psychologische Faktoren im ökonomischen Kontext zu berücksichtigen; Wirtschaft und Psychologie wachsen zusammen über die traurige Erkenntnis, dass die wichtigste Stellschraube für wirtschaftlichen Erfolg in der Berücksichtigung der Mannigfaltigkeit des Menschseins liegt. Bereits im Jahr 2002 wurde Daniel Kahnemann als Psychologe der Nobelpreis für Wirtschaft verliehen. Mit der Erforschung von „systematischen Denk- und Wahrnehmungsfehlern, mit denen sich Menschen das Leben schwer machen" (Heuser 2012) gewinnt er u. a. die Erkenntnis, dass menschliches Erleben und Handeln immer ein Produkt interagierender „Systeme" ist:

> System 1 arbeitet automatisch und schnell, weitgehend mühelos und ohne willentliche Steuerung. System 2 lenkt die Aufmerksamkeit auf die anstrengenden mentalen Aktivitäten, die auf sie angewiesen sind, darunter auch komplexe Berechnungen. Die Operationen von System 2 gehen oftmals mit dem subjektiven Erleben von Handlungsmacht, Entscheidungsfreiheit und Konzentration einher (Kahnemann 2012, S. 33).

Das Zusammenspiel dieser beiden Systeme hat weitreichende Folgen für Entscheidungen und den damit verbundenen subjektiven Empfindungen. Dementsprechend werden (stark vereinfacht) Verluste höher gewichtet als Gewinne, was besonders in Verbindung mit Unsicherheit zu irrationalen Entscheidungen führt. Es ist also nicht verwunderlich, dass es Verantwortlichen schwer fällt, Geld und Ressourcen für eine ungewisse Zukunft ohne Garantien auf Erfolg zu tätigen, indem sie z. B. ein Teilzeit-Führungsmodell einführen. Denn in volatilen Zeiten darf nichts schiefgehen. Hier zeigt sich das Dilemma in vollem Umfang: Die Implementierung von Teilzeit-Führung wird als enormer Aufwand wahrgenommen (Investition, Verlust zeitlicher Ressourcen seitens der Führungskräfte). Mögliche Gewinne wie langfristigere Bindung der Mitarbeiter, höhere Eigenverantwortung aller Beteiligten, Kostenneutralität gegenüber gängigen Arbeitszeitmodellen werden im Entscheidungsprozess hingegen nicht berücksichtigt. Erschwerend kommt hinzu, „dass die Betriebswirtschaftslehre üblicherweise das Unbestimmte ausschließt." (Kruse und Schomburg 2016, S. 19).

Veränderung führt zu Belastung, keine Veränderung auch!

In den letzten Jahren nehme ich (SK) im Rahmen meiner Beratungstätigkeit eine zunehmende Tendenz zur individuell „gefühlten" Überforderung wahr. Mitarbeiter wie Führungskräfte klagen über den wachsenden „Workload", Fehlentscheidungen oder gar keine Entscheidungen ihrer Vorgesetzten, immer hektischere und gleichzeitig bürokratischere Prozesse, zunehmende Ungewissheit über die persönliche Zukunft, Entmündigung durch machtorientierte Unternehmensstrukturen. Auf der anderen Seite jagt eine positive Wirtschaftsnachricht in den Medien die andere, die Gehälter und der Lebensstandard in Deutschland waren nie höher als heute. Das Dilemma ist offensichtlich: Die Menschen spüren, dass etwas „im Gange" ist und können es nicht wirklich greifen. Teilzeit-Führung kann ein erster sehr praktischer Schritt in Richtung Zukunft sein, der die Möglichkeit eröffnet, das bürokratische Korsett zu lösen und die Arbeit wieder stärker an die individuelle Persönlichkeit des Menschen zu koppeln.

1.2　　Die Organisation im gesellschaftlichen Wandel

Es wird aktuell viel geschrieben und berichtet über den gesellschaftlichen Wandel. Die eigentlichen Wirkmechanismen dieser Disruption, wie es gerne genannt wird, erschließen sich bei Weitem nicht jedem.

> Disruption ist ein Prozess, bei dem ein bestehendes Geschäftsmodell oder ein gesamter Markt durch eine stark wachsende Innovation abgelöst beziehungsweise ‚zerschlagen' wird (www.gruenderszene.de).

Das führt zu einer sehr unterschiedlichen Wahrnehmung der Situation: Bei einigen brennt es bereits lichterloh, wohingegen bei anderen kaum etwas zu spüren ist. Als erste nehmen in der Regel solche Menschen sich ankündigende Entwicklungen wahr, die „von Natur aus" neugierig sind. Es ist in der modernen Fabel „Das Pinguin-Prinzip" von John Kotter (2006) der Pinguin Fred, den er als „schrägen Vogel" beschreibt. Er kommt durch seine Beobachtungen und seine aufmerksamen Rundgänge einem drohenden Desaster für sein Volk auf die Spur. Ein Eisberg ist die Heimat einer großen Pinguin-kolonie, der Fred angehört, und somit vergleichbar mit einer Organisation, einer Gesellschaft, einer Weltbevölkerung. Fred entdeckt, dass der Eisberg schmilzt, auf dem seine Kolonie lebt. Die Kolonie muss sich grundlegende Gedanken über ihre weitere Existenz machen. Kotter, einer der führenden Forscher und Spezialisten für das Thema Change, lässt in der Geschichte ein Pinguin-Volk alle Phasen eines Change-Prozesses durchlaufen und beschreibt anschaulich, was immer wieder zu beobachten ist, sich aber der bewussten Wahrnehmung der Beteiligten entzieht: die Abneigung gegen jede Art von Instabilität und Veränderung. So finden Freds beweisbare Argumente für den schmelzenden Eisberg erst dann Gehör bei seinen Mitbewohnern, als er Verbündete findet, deren Wort eine höhere Akzeptanz in der Gemeinschaft genießt. Auch im richtigen Leben treffen wir oft auf Organisationen, die sich im übertragenen Sinne Augen und Ohren zuhalten in der völlig irrationalen Hoffnung, dass der Kelch doch an ihnen vorüberziehen möge. Personifiziert wird dieses Verhalten im Pinguinvolk durch NoNo, der einfach behauptet, der Eisberg schmelze nicht. In der Wirtschaft heißt das: Nicht weniger als ca. 70 % aller initiierten Veränderungsprozesse in Unternehmen scheitern am Widerstand der Menschen, die die Notwendigkeit der Veränderung nicht sehen oder sehen wollen (Kauffeld 2011). Neben NoNos kategorischem Nein zu allem Neuen, das ihm angeblich in die Wiege gelegt wurde, gibt es noch andere Gründe zur Ablehnung. Kauffeld (2011) beschreibt folgende vier Bereiche:

- Nicht-Wissen: Ziele, Ursachen und Notwendigkeit sind nicht bekannt.
- Nicht-Können: Es fehlen im subjektiven Empfinden die Fähigkeiten, die für die Veränderung notwendig sind.
- Nicht-Wollen: Es fehlt Motivation, weil die Kosten-Nutzen-Relation als ungünstig wahrgenommen wird.
- Nicht-Dürfen: Es werden Signale wahrgenommen, dass Veränderung eigentlich nicht gewünscht wird.

Darüber hinaus verstärkt die Dynamik einer Gruppe oft den Widerstand, denn „die Gruppe selbst erzeugt ein Set von Regeln, einen (Verhaltens-)Kodex, der es dem Einzelnen sehr schwer macht, sein Verhalten in ihrem Kontext zu ändern" (Gloger und Margetich 2014, S. 147).

Widerstand gegen Veränderung ist also zunächst normal, kann jedoch schnell gefährlich werden, und damit wird Anpassungsfähigkeit bei zunehmender Komplexität und Dynamik in einer global vernetzten Welt zum Überlebensfaktor.

▶   **Aufgepasst, Karl-Heinz!** Karl-Heinz, es mag vermutlich trivial klingen, aber die Investition in neue Arbeitszeitmodelle rentiert sich ebenso auf der Ertragsseite. Die Investitionen in die Forschung und Entwicklung von Feldrobotern hat Dein Unternehmen im vergangenen Wirtschaftsjahr vor einer Krise bewahrt. Wenn Du weiterhin erfolgreich und zukunftsorientiert agieren möchtest, würde eine Investition in neue Arbeitsmodelle einen weiteren Wettbewerbsvorteil für Dein Unternehmen bedeuten. Denn als attraktiver Arbeitgeber bekommst Du die richtigen Leute und kannst mit einer besonderen Vision die Kreativität Deiner Leute um ein Vielfaches steigern. Das Ergebnis: Bessere Arbeit in kürzerer Zeit mit zufriedeneren Leuten.

Doch selbst für diejenigen, die sich dem Wandel gegenüber verschließen, verändern sich die Lebens- und Arbeitsumstände spürbar. Auf der Organisationsebene hat die digitale Vernetzung zu einer ständigen Erreichbarkeit rund um die Uhr geführt. Nahezu unbegrenzte Möglichkeiten der Informationsbeschaffung verändern unser Lernverhalten und das Machtgefüge verschiebt sich vom Anbieter zum Nachfrager. So kann sich der

Kunde im Internet Tests, Preisvergleiche und Leistungsmerkmale zu interessanten Produkten in einer solchen Tiefe aneignen, dass so mancher Experte bei der Beratung ins Schwitzen kommt. Die enorme Menge an frei zugänglicher Information verändert das Selbstbewusstsein. Der Kunde erwartet mehr, weil er mehr weiß, und wird dadurch immer mächtiger. Die Erwartungen der Kundenseite „regieren" damit die Organisation, die es sich oft nicht mehr leisten kann, sich auf ihre alten Erfolgsmodelle zurückzuziehen.

Doch was geht da vor? Woher kommt der viel beschriebene „globale Wandel"? Welche imaginären Kräfte sind hier am Werk, die alles verändern, aber nicht wirklich greifbar sind? Gehen wir der Sache mal auf den Grund.

Anfang der 90er Jahre des letzten Jahrtausends kam ich zum Psychologiestudium nach Bremen und lernte dort Peter Kruse kennen. Der spätere „Change-Papst" war damals Wissenschaftlicher Mitarbeiter am Institut für Psychologie und Kognitionsforschung an der Universität Bremen. Es war quasi eine Offenbarung für mich zu verstehen, womit sich das Institut forschend beschäftigte, nämlich mit der Frage, wie in unserem Gehirn Ordnung entsteht. Die Wahrnehmungsexperimente, die wir dort durchführten, basierten auf der Selbstorganisationstheorie, deren Hauptaussage darin besteht, dass Systeme unter bestimmten Voraussetzungen selbstorganisiert eine eigene Ordnung schaffen. Dabei ist zu berücksichtigen, dass es in der Literatur viele Definitionsansätze für „System" gibt. Eine Beschreibung des diesem Buch zugrunde liegenden Systembegriffs ist bei Greve et al. (2016, S. 6–10) nachzulesen. Eine Organisation ist danach ein humanes, soziales System, das sich nach eigenen Gesetzen eine Ordnung gibt, die jedoch von den Einzelmitgliedern nicht unmittelbar beeinflussbar ist.

Sowohl das Gehirn, als auch Organisationen sind komplexe, dynamische Systeme, sodass sich die Funktionsweise unseres Gehirns auf Organisationen übertragen lässt. Die vergleichbaren Prozesse folgen dabei dem Prinzip der Selbstorganisation zur Ordnungsbildung. Bei der gigantischen Datenmenge, die das Gehirn beispielsweise über eingehende Reize zu verarbeiten hat, reduziert es die Komplexität durch Ordnungsbildung. Nur die vermeintlich „relevanten" Informationen gelangen ins Bewusstsein, wo eventuell „Sonderlösungen" von System 2 nach Kahnemann gefunden werden müssen. Mittlerweile weiß man, dass die Gehirnleistung auf der Vernetzung verschiedenster Bereiche beruht.

Kruse führt die enorme Veränderungsdynamik in Gesellschaft und Organisation ebenfalls auf die Vernetzung zurück: „Wenn eine fremde Intelligenz die Erde in den letzten Jahren aus der Distanz beobachtet hätte, wäre sie vielleicht zu der Einschätzung gelangt, dass die ganze Menschheit seit längerem ein besonderes Projekt verfolgt: ihre globale Vernetzung" (Kruse 2005, S. 13). Damit ist ein Stein ins Rollen geraten, der zu einer Lawine wurde, die nicht mehr aufzuhalten ist. Die Geschwindigkeit nimmt zu (Dynamik) und die Wahrscheinlichkeit unvorhergesehener Wirkungen steigt (Komplexität). Sichtbar werden die Auswirkungen dieser Entwicklung in dem irrationalen Wunsch, alles möge doch wieder zur Ruhe kommen; wie früher, als es noch keine Smartphones gab. Es scheint also eine implizite Notwendigkeit zu geben, sich sowohl als Individuum, als auch als Organisation auf die veränderten Rahmenbedingungen einzustellen.

Doch reagieren Menschen auf Veränderungsdruck zumeist mit dem Versuch, die Leistung im Rahmen bestehender Funktionalität zu verbessern, das Gleiche einfach besser und schneller zu machen (Kruse 2005). Organisationen unterliegen auch diesem Muster. Sie versuchen, dasselbe wie immer zu tun, nur besser, schneller und billiger und es ist in der Tat erstaunlich, wie lange das schon so gut funktioniert, dass man zum jetzigen Zeitpunkt bei der Betrachtung der ökonomischen Kerndaten in Deutschland nur wenige beunruhigende Zahlen finden kann. Es geht uns (noch) gut. Doch am Horizont stehen schon die dunklen Wolken: Die fortschreitende Vernetzung und Digitalisierung verändern die Kultur, die Gesellschaft und damit auch die Organisation; Arbeitsplätze, ja ganze Branchen verschwinden, auf der anderen Seite werden Spezialisten verzweifelt gesucht, die dann womöglich nur in Teilzeit arbeiten möchten, um in ihrem Leben auch einen „Sinn" zu finden (auf die Kombination von Sinn und Arbeit kommen wir noch einmal in Kap. 6 zurück). Lassen sie sich doch auf eine Vollzeitstelle ein, schleicht sich das Burn-out oder Bore-out ein. Ist die Atmosphäre im Team nicht passend, werden mit einem Klick hunderte Jobalternativen von Stepstone, Monster und Co. frei Haus geliefert. Versteht es die Organisation nicht, sich als Arbeitgeber attraktiv zu machen, laufen ihr die Mitarbeiter zunehmend davon; und was als attraktiv gilt, unterscheidet sich enorm. Die Bandbreite geht von gutem Klima, interessantem Standort über kompetente Führung und dem Kicker im Foyer bis hin zu einem ethisch relevanten Sinn in der Arbeit. Außerdem schläft die Konkurrenz nicht: Interessante und innovative Ideen können jederzeit die gewachsene Organisation vom Markt verdrängen. Doch auch für diejenigen, die schnell reagieren, ist der Wettbewerbsvorteil nur von relativ kurzer Dauer, da der Lebenszyklus der Angebote beschleunigt ist (Kruse 2005). Auch wenn die Märkte bereits als „VUCA" (=volatile, uncertain, complex, ambigue) beschrieben werden, fühlen sich viele Verantwortliche der Zukunft hilflos ausgeliefert. Allein die Tatsache, dass die Veränderungen alle betreffen, heißt noch nicht, dass ausreichend Ressourcen in die individuelle Strategieentwicklung investiert werden. Die Verzweiflung (oder Hilflosigkeit) zeigt sich dann in dem Versuch, sich ein modernes und zeitgerechtes Label zu geben, das sich allerdings bei näherem Hinsehen als Mogelpackung herausstellt.

Mogelpackungen vertreiben gute Mitarbeiter

Ich (SK) traf vor einiger Zeit einen Scrum-Master, der für ein Software Unternehmen tätig ist. Er berichtete von einem zukunftsweisenden Projekt, in dem er mit einem tollen Team an der Entwicklung intelligenter Stromnetze arbeitet. Agiles Projektmanagement, Scrum, selbstorganisierte Netze … man könnte sagen, dass sie im Zentrum der digitalen Transformation die Hebel bedienen (zur näheren Erläuterung dieser Begriffe siehe Abschn. 2.3). Angesichts der gesellschaftlichen Relevanz seiner Arbeit erschien er hoch motiviert. Er berichtete von einer Situation, in der es wichtig war, sich schnell in eine bestimmte Programmiertechnik einzulesen. Deshalb wollte er „mal eben" das entsprechende Fachbuch online bestellen. Für ihn und seine Teamkollegen eine alltägliche Selbstverständlichkeit. Nicht so in der Organisation. Sein Vorgesetzter (und in diesem Fall benutze ich diesen Begriff absichtlich, obwohl ich

ihn ansonsten ablehne) machte ihm unmissverständlich klar, dass es eine Prozess-
beschreibung für die Ressourcenbeschaffung gäbe. Danach ist ein Formular auszufüllen, das der zentrale Einkauf nach eingehender Prüfung freigibt und damit den
Bestellvorgang auslöst. Voraussichtliche Dauer: 3–5 Wochen. Der junge Scrum-Master ist auf der Suche nach einem neuen Job.

Das Beispiel zeigt, dass Organisationen administrativ und kulturell noch in einem
anderen Zeitalter agieren. Die Regeln geordneter Abläufe werden höher bewertet als
das Projektziel. Es ist häufig zu beobachten, dass in solchen ungewohnten Situationen
Regeln um der Regeln willen eingeklagt werden. Der dringende Wunsch nach Stabilität
weist z. T. irrationalen und einfachen Lösungen den Weg, der noch zusätzlich betoniert
wird durch den Glauben vieler Führungskräfte, intelligenter zu sein als das Kollektiv.
Stabilität wird in Zukunft nicht mehr durch detaillierte Planung und Controlling gewährleistet sein, sondern durch ein geteiltes Werteempfinden. „Wenn Alltagsabläufe in einer
Organisation einer dünnen Eisfläche gleichen, bei der man sich nie sicher sein kann,
wann sie bricht, muss sich Stabilität auf Sinnempfinden und überdauernde Werte verlagern" (Kruse und Schomburg 2016, S. 28). Da sich die Veränderungsgeschwindigkeit
nach wie vor erhöht, besteht die Anpassungsleistung der Organisation in erster Linie
darin, die entstehende Instabilität auszuhalten. Das gelingt über den stabilisierenden Faktor der Kultur; menschliche Verlässlichkeit und das Vertrauen in die gemeinsamen Werte
können auffangen, was durch den Zusammenbruch formaler Rahmenbedingungen verunsichert wird. Ich weiß zwar nicht, wo ich morgen sitzen werde und was meine Aufgaben sein werden, doch ich vertraue auf mein Team, dass alles schon in Ordnung sein
wird. In Kap. 8 geben wir nähere Einblicke zu wirksamen Entwicklungen im Sinne über-
dauernder Werte, die im kulturellen Miteinander entstehen und wirken.

Auch die Einführung eines Teilzeit-Führungsmodells ist ein Veränderungsprozess,
der nicht allein auf der operativen Ebene umgesetzt werden kann. Es bedarf einer entsprechenden Kultur, die allen Mitgliedern der Organisation ein Gefühl von Stabilität
vermittelt. Eine gemeinsame Wertebasis, die jedem einzelnen die Unvorhersagbarkeit
erträglich macht und das Vertrauen in die Anpassungsfähigkeit des Unternehmens nährt.

▶   Fassen wir kurz zusammen: Komplexität und Dynamik nehmen durch die glo-
    bale Vernetzung weiterhin zu. Diese Entwicklung macht vor keinem Firmentor
    halt. Es reicht nicht mehr aus, die bestehenden Funktionalitäten zu optimie-
    ren. Organisationen brauchen eine tragfähige und stabilisierende Kultur, um
    die notwendige Instabilität bei der Anpassung auszubalancieren.

Doch gesellschaftlicher Wandel bedeutet noch mehr. Seit meinem Studium (SK)
kooperiere ich eng mit der nextpractice GmbH, einem Beratungsunternehmen, das von
Peter Kruse in den frühen 90er Jahren gegründet wurde. Da Kruses Interesse immer dem
Wandel (der Veränderung in Systemen) galt, investierte er bis zu seinem Tod 2015 viel
Zeit und Geld in die Erforschung gesellschaftlicher Entwicklungen. Es entstanden große

Mengen an Datenmaterial zu den Auswirkungen der globalen Vernetzung auf Politik und Gesellschaft. Das Zukunftsinstitut von Matthias Horx und die nextpractice GmbH haben gemeinsam diese Daten verdichtet und in dem Herausgeberwerk Next Germany (2017) veröffentlicht. Darin beschreiben sie eine fundamentale Spaltung der Gesellschaft als „tiefgreifende gesellschaftliche Instabilität", die sich für die Bürger als Gefühl „der Ohnmacht und Orientierungslosigkeit, von Überforderung und Überreizung" darstellt. Der ausgleichende, stabilisierende Wertekern der Gesellschaft scheint sich aufzulösen und einer tiefen Vertrauenskrise Raum zu geben. Das äußert sich vielfältig und spürbar: Tradierte „Wahrheiten" haben keinen Bestand mehr, Politik wird als Selbstzweck der Politiker verstanden und seriöse Medien werden als „Lügenpresse" beschimpft. Die dramatischen Symptome für eine gesamtgesellschaftliche Instabilität sind eindeutige Vorboten des radikalen Veränderungsprozesses. Leider können wir nicht in die Glaskugel schauen und darin die Zukunft sehen, doch sollten wir verstehen, dass jede Veränderung eine Phase der Instabilität braucht, damit das „Neue" Raum hat. Vor allem sollten wir uns aber auch der Tatsache bewusst sein, dass wir selbst, als Organisation und als Individuen diese Gesellschaft *sind* und dass es in unserer Hand liegt, wohin die Reise geht. Da wir uns bei der Gestaltung unserer Zukunft nicht mehr an die alten Regeln halten können, gilt das einfache, jedoch alles andere als triviale, Motto: Ausprobieren! „Just do it".

1.3 Teilzeit-Führung als Herausforderung

Ein schöner Abend im Restaurant. Ich (SK) sitze mit Mann und Freunden bei Pasta und Wein. Das Gespräch kommt auf das Thema Führung, da unser Freund eine hohe Führungsposition im Medienbereich innehat. Er berichtet von Veranstaltungen und Dienstreisen, die ihn oft daran hindern, mit seinem 6-jährigen Sohn Fußball zu spielen oder mit seiner 4-jährigen Tochter Skateboard zu fahren. Ich werfe den Begriff „Teilzeit-Führung" ins Rennen und ernte wie in allen Gesprächen zu diesem Thema, zunächst ein „Hä?", da allein die Phonetik des Wortes zunächst Unverständnis auslöst. Ich wiederhole geduldig und frage, ob er schon mal darüber nachgedacht hat, seine Arbeitszeit zu reduzieren und ein Teilzeit-Führungsmodell anzunehmen. Drei Worte führten zu einer hitzigen Diskussion: **Das geht nicht.** Und plötzlich waren die „Fronten" klar: Die Männer „gegen" die Frauen. Ein schönes Beispiel arbeitskultureller Prägung unserer Generation der um die 50-Jährigen. Dass Teilzeit-Führung heute nicht mehr reine Frauensache ist, beschreiben wir in Abschn. 5.1 noch ausführlicher. Was in dieser Diskussion jedoch deutlich wurde, ist noch ein anderer Aspekt: Es bedeutet nicht nur viel Aufwand ein solches Modell zu etablieren, sondern es erfordert zusätzlich ein radikales Umdenken über den (Stellen-) Wert der Arbeit in unserer Gesellschaft. Daher finden flexible Arbeitsmodelle und Teilzeit-Führung bisher nur in wenigen deutschen Unternehmen Anwendung. Die Akzeptanz gegenüber neuen und innovativen Führungskonzepten ist seitens der Unternehmen immer noch zu gering.

▶ **Aufgepasst, Marie!** Marie, erkennst Du Dich hier wieder? Statt wiederkehrend
erklären zu müssen, warum Führen in Teilzeit überhaupt erlaubt ist und wer sich
denn so was ausgedacht hat, ist es an der Zeit, dass ein Bewusstsein geschaffen
wird, dass sich die Arbeitswelt nicht nur ändern wird, sondern ändern muss!
Dein Engagement wird maßgeblich zu dieser Veränderung beitragen. Du
solltest also mit Deinem Anliegen weiterhin offensiv umgehen und selbstbewusst darüber kommunizieren!

Ambitionierte Teilzeitkräfte mit dem Wunsch nach Führungsverantwortung müssen entweder in Vollzeit arbeiten oder sich nach neuen, weniger verantwortungsvollen
Aufgaben umsehen. Nur wenige Unternehmen konzipieren bereits heute Konzepte für
Teilzeit-Führungskräfte und eröffnen sich dadurch mehr Personalressourcen. In der
Start-up-Szene, in der eher junge Menschen agieren, finden sich viele kreative Ansätze,
was einen Bezug zum Alter und zum Mindset der verantwortlichen Initiatoren nahelegt,
wie das Beispiel der Webagentur „elbdudler" (siehe Abschn. 5.5.1) zeigt.
    Teilzeit-Führung ist ein wandelbares und individuell gestaltbares Konzept. Durch voll-
zeitnahe Teilzeitarbeit innerhalb eines Kollegenkreises werden kaum Fehlzeiten wahrgenommen. Doch oft variieren diese Einschätzungen, je nachdem, wie authentisch ein
Klima für Innovation, Eigenverantwortung und gemeinsame Zielorientierung in der Organisation wahrgenommen wird. Es geht also nicht um Fakten, sondern darum, ein Klima
zu schaffen, in dem offen und ehrlich mit diesen Empfindungen umgegangen wird.

▶ **Aufgepasst, Karl-Heinz!** Ja, Karl-Heinz, das sollte spätestens jetzt auch Dir
aufgefallen sein! Vielleicht schläft ja Deine Branche noch, dann kannst Du Dir
mit der Einführung eines Teilzeit-Führungsmodells im Kampf um Fachkräfte
einen bedeutenden Wettbewerbsvorteil verschaffen! Geh doch mal mit deiner Personalabteilung und Deinem Geschäftsführungskollegen in Klausur und
schaut Euch die Konkurrenz an. Dann überlegt Ihr ganz offen, was Eure Mitarbeiter brauchen und welche Ideen im Raum stehen (am besten fragt Ihr sie
direkt und lasst sie teilhaben). Ergebnisoffene Diskussionen und Prozesse sind
die kreativen Methoden und Führungsinstrumente der Zukunft!

Teilzeit-Führung ist mehr als ein „Trend". Julian Birkinshaw ist Dekan der Fakultät für
Strategie und Entrepreneurship an der London Business School. In einem Interview
(Malcher 2015, S. 54) warnt er davor, bei der Suche nach individuellen Antworten auf
aktuelle Unternehmensherausforderungen jedem Trend zu folgen:

> Jede neue Idee wird mit lauten Fanfaren eingeführt. Zu Beginn ist immer alles großartig.
> Journalisten und Unternehmensberater müssen eine interessante Geschichte verkaufen. Sie
> präsentieren die neuen Methoden dann gern als Zukunft des Managements.

Und er hat Recht. Nicht jede Methode ist für jedes Unternehmen geeignet. Interessant
an seiner provokanten Aussage ist, dass ein Hype, also eine viel diskutierte und neue

Managementmethode offensichtlich „sexy" ist; sie wird eingeführt, weil es gerade „en vogue" ist. Teilzeit-Führung ist weder „sexy", noch „en vogue", im Gegenteil: Sie bedeutet eine Menge strukturellen und kommunikativen Aufwand und widerspricht einer „Kultur", die in erster Linie individuelle Statusansprüche bedient (siehe Abschn. 1.3). Die Führungskraft teilt in Zukunft nicht nur die Verantwortung, sie delegiert sie sogar. Auch Erfolge gehen dann nicht mehr ausschließlich auf das Statuskonto eines Einzelnen. Die Herausforderung für Unternehmensverantwortliche ist es daher, Teilzeit-Führung nicht als Hype misszuverstehen (die Konzepte sind nämlich nicht neu), sondern konsequent die eigene Strategie am Kunden auszurichten und Mitarbeitern zeitgemäße Arbeitsbedingungen zu schaffen, um gemeinsam die Ziele zu erreichen.

Eine weitere Hürde für die Einführung von Teilzeit-Führung ist auf der politischen Ebene zu finden: „Mehr als neun von zehn Vätern von Kindern unter sechs Jahren arbeiten Vollzeit. Unter den Müttern ist es nur gut jede vierte. […] In den meisten Fällen lohnt es sich also für die Eltern schlicht mehr, den ohnehin besser verdienenden Vater länger arbeiten zu lassen" (Schulz 2017, S. 19). Zwar betitelt das Statistische Bundesamt seine Pressemitteilung aus dem März 2017 mit „Drei Viertel des Gender Pay Gap lassen sich mit Strukturunterschieden erklären" (Statistisches Bundesamt 2017), was nach Bereinigung der Daten immer noch bedeutet, dass im Schnitt im Jahr 2014 eine Frau bei gleicher Qualifikation und Tätigkeit 6 % weniger verdiente als ihr männlicher Kollege. Die unbereinigten Daten geben an, dass Frauen insgesamt 22 % weniger verdienen als Männer. Mit Strukturunterschieden ist gemeint, dass Frauen in geringer entlohnten Branchen und Berufen arbeiten und überdurchschnittlich oft in Teilzeit oder geringfügig beschäftigt sind. Frauenquoten sind zwar umstritten, angesichts des hohen volkswirtschaftlichen Verlusts, der durch brachliegende Ressourcen entsteht, besteht jedoch in jedem Fall politischer Handlungsbedarf. Da sich ein Umdenken nicht politisch verordnen lässt, sollten zumindest Fakten geschaffen werden, die einer stärkeren Einbindung von Frauen in Innovations- und Leistungsprozesse dienlich sind. Denn auch ein größeres Angebot zur Kinderbetreuung wird Frauen so lange nicht zurück in den Job bringen, wie sie weniger verdienen als ihre männlichen Kollegen, ganz abgesehen davon, dass zunehmend auch Männer den Wunsch äußern, eine größere Rolle in Erziehung und Familie zu spielen. Teilzeit-Führung ist, neben anderen familienfreundlichen Arbeitsmodellen, ein naheliegender Beitrag, der von der Wirtschaft zu leisten ist. Abgesehen davon zeigen Untersuchungen, „dass weibliche Führungskräfte neben ihrem Job viel häufiger und mehr im Haushalt arbeiten als männliche Chefs" (Schulz 2017, S. 19). Ein Hinweis darauf, dass im Wechselspiel von Kultur, Politik und Wirtschaft tradierte Rollenmuster weiter verfestigt werden.

Zerstörerische Kraft der Kultur

Die Marketingleiterin eines international agierenden Unternehmens aus der Konsumgüterindustrie ist vor sieben Jahren Mutter geworden. Sehr untypisch ist, dass sie zu der Zeit ein höheres Einkommen hatte als ihr Lebensgefährte. Sie fing sehr schnell nach der Entbindung wieder an zu arbeiten und handelte mit der Personalabteilung und der Geschäftsführung eine Sonderregelung ihrer Anwesenheitszeiten im Büro aus. Grundsätzlich behielt sie ihre Vollzeitstelle (im Mittel 50 Std./Woche), arbeitete jedoch neben definierten Anwesenheitszeiten im Büro abends und nachts von Zuhause aus. Es kam zur Trennung vom Vater des Kindes, was dazu führte, dass sie als alleinerziehende Mutter nun auch für alle Belange des Kindes alleine zuständig war. Ich lernte diese Frau vor einigen Jahren kennen, als sie auf der Suche nach einem Coaching war, das sie in ihrer belastenden Situation unterstützen sollte. Der Grund für ihre Niedergeschlagenheit war nicht die enorme Arbeitsbelastung, sondern das Verhalten ihres Umfelds ihr gegenüber. Es wurde ihr von allen Seiten deutlich gemacht, dass ihr Modell ja nicht funktionieren kann; das Team klagte ihre Anwesenheit ein, Kollegen aus dem Geschäftsleitungskreis nahmen Kleinigkeiten zum Anlass ihr mitzuteilen, dass das ja kein Wunder sei, wenn etwas schief gehe bei ihrem Lebens- und Arbeitsmodell. Es schliff sich immer stärker eine hämisch wirkende Mitleidskommunikation ein, die Selbstzweifel, emotionale Ausbrüche und nicht selten den Wunsch auslöste, einfach alles hinzuwerfen. Mit jedem emotionalen Ausbruch verstärkte sich die Dynamik und nur mit enormer Willenskraft und Ausdauer, begleitet von einer durch das Coaching gestärkten Kommunikation hat sie diese persönliche Durststrecke durchgestanden.

Dieses Beispiel zeigt, wie schwer es ist, Pionier zu sein. Führende Mitglieder einer Organisation stehen vor der Herausforderung, diese Durststrecke kulturell und organisatorisch zu begleiten. Dabei nehmen Führungskräfte eine ganz besondere Rolle ein. Diese Rolle gilt es besser zu verstehen. Was ist eine Rolle? Wie kann man sie einnehmen oder nicht? Und welche Rolle ist in welchem Zusammenhang relevant? Erst wenn sich eine Führungskraft ihrer verschiedenen Rollen bewusst ist, kann sie situationsbedingt die richtige Rolle einnehmen.

Rollen sind nach Niklas Luhmann in Systemen ein stabilisierender Faktor, der im menschlichen Zusammenleben das zentrale Ordnungsthema ist. Von Generation zu Generation werden bestimmte Rollenkombinationen kritiklos weitergereicht. So ist der Mann das Familienoberhaupt und „zugleich Produktionsleiter, Kriegschef, Vortänzer, Mitglied des Stammesrates und anderes mehr" (Luhmann 2016, S. 12). Die globale Entwicklung von Gesellschaft und Arbeit führt unweigerlich zu einer sehr viel differenzierteren Rollenausbildung, sodass verschiedene Rollen eher zufällig in einer Person zusammentreffen. Frauen können z. B. heute Chefin, Mutter, Familienoberhaupt, Vereinsmitglied und Tänzerin sein: „Für das Zusammentreffen solcher Rollen gibt es kaum noch soziale Regeln und für Rollenkonflikte keine sozial akzeptierten Lösungen mehr" (Luhmann 2016, S. 13). Umso wichtiger ist es, in Teams oder Organisationen die Rollenerwartungen zu klären und als Führungskraft die eigenen Kompetenzen in Bezug auf die Rollenausübung kritisch zu prüfen.

▶   **Aufgepasst, Karl-Heinz!**

Obacht, Karl-Heinz! Es mag noch ungewohnt erscheinen, aber heutzutage möchte nicht jede Frau alleine das Zepter zu Hause schwingen und sich um Haushalt, die Kinder und nette Veranstaltungen kümmern. Moderne Mütter möchten sich ebenfalls in der Arbeitswelt behaupten und nicht alleine den Männern das Gebiet überlassen. Gleichzeitig sind es viele Männer leid, als „Alleinversorger" nur wenig Zeit mit dem eigenen Nachwuchs verbringen zu können.

Versuche bei Deinen nächsten Mitarbeitergesprächen dieses Thema einmal anzusprechen, Du wirst überrascht sein, was Deine Mitarbeiter zu sagen haben.

Momentan sind in Deinem Unternehmen 78 % der Mitarbeiter männlich, wäre es nicht sinnvoll, diese Quote etwas zu verändern und mehr Frauen einzustellen, die aus der Region kommen? So könnte beispielsweise die Abwanderung minimiert werden. Einen Versuch ist es wert!

Im Vakuum unklarer Rollen und Rollenerwartungen müssen wir die Personalabteilung in den Fokus nehmen. Abgesehen davon, dass auch die Rolle der HR-Abteilung (HR = Human Resources = Personalabteilung – leider werden die verschiedenen Begriffe meistens synonym verwendet, obwohl sie eigentlich unterschiedliche Schwerpunkte in der Personalarbeit beschreiben) in der Organisation oft unklar ist und an den Erwartungen vorbeigeht, sollten hier Experten dabei unterstützen, die Rollenklärung in der Organisation voranzutreiben. Das HR-Konzept sollte kulturell flankierend, als Impulsgeber auf Augenhöhe mit der Unternehmensleitung agieren. Mitarbeiterführung wird in Zukunft

> weiblicher, mit Blick auf die Geführten spürbar individueller, mit Blick auf die Instrumente digitaler, agiler und demokratischer. […] Zentraler Katalysator und Treiber dieser wesentlichen Trends und Veränderungen wird in erheblichem Maße das Personalmanagement sein – nicht primär in Form einer Abteilung, sondern im Sinne einer Grundhaltung (Hackl und Gerpott 2015, S. 33).

Vielen Mitarbeitern des HR wird die Rolle des „Kümmerers" oder „Wohlfühlagenten" zugeschrieben, oder sie nehmen sich diese Rolle selbst. Die Diskussion über eine Positionierung des klassischen Personalbereichs über seine personalverwaltende Aufgabe hinaus währt schon viele Jahre. Eine klare Positionierung fällt schwer, da es der einzige Bereich in der Organisation ist, der außerhalb des eigentlichen Geschäfts steht. So werden unterschiedlichste Aufgaben mal dem Human-Resource-Management (HRM) zugeschrieben, mal den Fachabteilungen überlassen, wobei viele Beteiligte keine klare Vorstellung von der Kompetenz eines professionellen HR haben. Wie auch immer sich die Bedeutung der klassischen Personalabteilung in den letzten Jahrzehnten veränderte, stets blieb sie in ihrer Funktion passiv im Sinne des unternehmerischen Zwecks: den Wertbeitrag zu erhöhen. Nicht selten wird der Sinn und Zweck eines aufgeblasenen HR-Bereichs gänzlich angezweifelt und Rufe nach einer Abschaffung dieses „Wasserkopfs" werden laut.

Doch so, wie sich alle Beteiligten dem radikalen Wandel widmen müssen, stehen auch die Personalexperten wieder einmal vor der Aufgabe, sich neu zu positionieren. Weg vom Verwalten, hin zum Gestalten könnte das Motto lauten. Nach Hackl und Gerpott (2015) wird das HR zukünftig dafür verantwortlich sein, Transformationskulturen zu schaffen, und stellt sich mit dieser Aufgabe an die Spitze des Unternehmens als zentrales Element des Top-Management-Teams. Es beschäftigt sich mit der

> Entwicklung und Implementierung von agilen Business Models, Gestaltung und Einführung von auf Menschen fokussierten Führungs- und Steuerungssystemen, Innovationsmanagement für Treibertechnologien, Steuerung von unternehmensübergreifenden Kompetenz-Portfolios, strategische internationale Personalentwicklung sowie Steuerung des Transformations-managements (Hackl und Gerpott 2015, S. 29).

Daraus ergeben sich drei Herausforderungen für das HRM:

1. Endlich wahrnehmen, dass es Aufgabe des HRM im Unternehmen ist, die strategische Ausrichtung des Unternehmens mitzugestalten und effektiv umzusetzen.
2. Selber agil werden! Schnell und flexibel auf Impulse von außen reagieren und aktiv den Wandel gestalten.
3. Personalarbeit der Zukunft muss individualisiert werden. Alte und lieb gewonnene Methoden auf alle anzuwenden, ist nicht zukunftsfähig. Rollen und Rollen-erwartungen sind zu diskutieren und die Mitarbeiter bei der Wahrnehmung ihrer Rollen zu unterstützen.

Seit vielen Jahren arbeite ich (SK) mit Personalmanagern und Personalentwicklern zusammen. Wenn es um eine Teamentwicklung oder ein Coaching geht, funktioniert die Zusammenarbeit meistens ganz gut. Geht es jedoch um größere Veränderungsprozesse, verfügt HR über wenig bis keine Entscheidungskompetenz. Change ist Chefsache, doch der hat natürlich nie Zeit, was dazu führt, dass notwendige Prozesse im Keim erstickt werden. Personaler werden in der Organisation als „Ausführende" wahrgenommen und fügen sich in ihrem eigenen Selbstverständnis willfährig dieser Rolle. Um die eigene Existenz zu sichern und eine Daseinsberechtigung zu demonstrieren, werden wichtige Impulse ignoriert, wenn nicht sogar abgelehnt oder können hierarchisch nicht wahr-genommen werden. Wenn es also um echte Veränderung im Unternehmen geht, stellt die Unternehmensführung nach wie vor die Weichen alleine … wenn sie neben dem opera-tiven Alltagsgeschäft die Zeit dazu hat. Abb. 1.1. zeigt die unterschiedlichen Rollen, die HR dabei einnehmen kann.

Um den Anforderungen zukünftiger HR-Arbeit gerecht zu werden gilt es, die eigene Rolle, die eigenen Kompetenzen und das vorhandene Methodenrepertoire zu reflektieren und ein neues Wertesystem zu entwickeln.

Ein weiteres entwicklungshemmendes Thema für Teilzeit-Führung ist die gängige Recruiting-Praxis. Nicht nur, dass immer noch die Erfahrung wichtiger genommen wird als die Kompetenz eines Bewerbers, auch sind bei allen Versuchen, den Rekrutierungs-

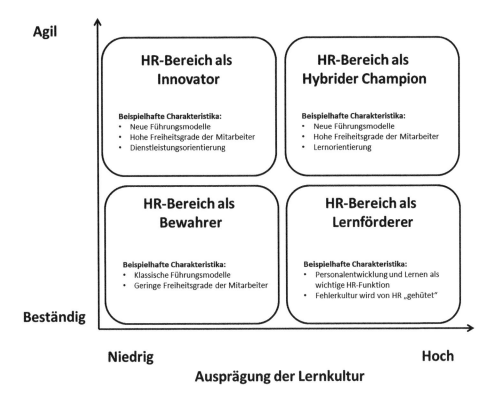

Abb. 1.1 Vier Typen von HR-Bereichen. (Quelle: In Ahnlehnung an Hackl und Gerpott 2015; mit freundlicher Genehmigung von © Verlag Franz Vahlen GmbH Deutschland 2015. All Rights Reserved)

prozess so effektiv und zuverlässig zu gestalten wie eben möglich, ein paar psycho-logische Fallen nach wie vor gegeben. So entscheiden eben trotz aller Prozesse und ausgeklügelter Einstellungsverfahren in Führungspositionen auch die Größe und das Gewicht des Bewerbers. Bei gleicher Erfahrung und Kompetenz verdienen beispiels-weise größere Männer mehr als kleinere. Eine Studie der Universität Exeter zeigt, dass 6 cm Körpergröße zu einem durchschnittlich 1600 Pfund höheren Jahreseinkommen führen. Eine Körpergröße über 1,88 m ist demnach eine bessere Voraussetzung, um Vorstandsvorsitzender zu werden, denn „30 % der Vorstandsvorsitzenden von ‚Fortune Global 500'-Unternehmen sind größer als 1,88 m – aber nur vier Prozent aller Männer" (Hucke 2017, S. 5). Ein paar Pfunde mehr nutzen Männern, schaden hingegen Frauen, wenn es um eine Führungsposition geht. So führt ein um einen Punkt höherer BMI (Body Mass Index) bei Frauen zu einem um 2940 Pfund geringerem Jahreseinkommen, bei ca. 11 kg höherem Gewicht sind es etwa 14.000 US\$ weniger. Wiegt eine Frau jedoch 11 kg weniger als der Durchschnitt, hat sie gute Chancen auf ein um 15.500 US\$ höheres Jahreseinkommen als ihre Mitstreiterinnen. Jeder weiß natürlich, dass Größe, Gewicht und Geschlecht keine Indikatoren für Kompetenz und Eignung sind. Und doch unterliegen wir alle diesen unbewussten Denk- und Wahrnehmungsfiltern (Unconscious Bias, vgl. Abschn. 1.4.1.7).

Svenja Hofert (2017), Beraterin und Autorin, gibt in diesem Zusammenhang 5 kleine Denkanstöße, die diese Denkklippen erfolgreich umschiffen lassen:

1. „Wer ist eher Vorbild für Sie? Ist es eher jemand, der sein eigenes Ding macht und durchzieht oder ein Mensch, der sich anpasst und das eigene Wohl den anderen unterordnet? Ich meinerseits bin in diesem Punkt voll ertappt – als Produkt einer individualistischen Kultur, in der deutschen Mittelschicht sozialisiert, amerikanisch beeinflusst, bin ich in meinem ersten Impuls oft auf der Mein-Ding-Seite. Doch die spiegelt keine Wahrheit, sondern Prägung. Wenn Sie Führungskraft oder Coach sind, wie wirkt sich Ihre Prägung auf Ihr Denken und Handeln aus? Angenommen, Sie würden die erkannte Präferenz beobachten und in der täglichen Arbeit kontrollieren, was wäre anders als jetzt?
2. Was bewerten Sie höher? Finden Sie es gut, wenn Menschen sich durchsetzen? Ist Selbstbewusstsein für Sie erstrebenswert? Willkommen auf der maskulinen Seite der Welt (die übrigens wunderbar von Frauen gelebt werden kann, denn sie ist keineswegs unbedingt geschlechtsspezifisch). Auf der maskulinen Seite werden Führungskarrieren gemacht. Und genau hier entsteht der (hinterfragenswerte) Eindruck, dass wir zu wenig für Führung geeignete Frauen haben. Angenommen Sie würden die andere Seite – Sich-Selbst-In-Frage-stellen und Kompromisse machen – höher bewerten, was wäre dann anders als jetzt?
3. Auf Basis welcher Kriterien machen Sie sich ein Bild? Im Vorstellungsgespräch sagt der Bewerber, dass er sich nicht sicher ist, wie er einen Fakt einschätzen soll, obwohl er doch vom Fach sein soll. Ist er dadurch bei Ihnen durchgefallen? Kommt er jetzt als Führungskraft noch in Frage? Was denken Sie – und warum denken Sie es so, wie Sie es denken?
4. Was ist für Sie richtig/optimal/effektiv oder zielführend? Ein Bewerber löst eine Case Study ganz anders als das Muster es vorgegeben hat. Könnte es sein, dass die Musterlösung das Problem ist und nicht der Ansatz des Bewerbers, z. B. weil diese Musterlösung aus einem bestimmten Denken heraus geschrieben ist? Wenn Sie nicht denken, dass auch eine Lösung das Problem sein kann, was lässt sie so sicher sein?
5. Wie treffen Sie Ihr Urteil über andere Menschen? Vertrauen Sie auf Ihr Bauchgefühl? Stellen Sie sich vor, es würde laufend gefüttert mit falschen Informationen. Welche Informationen sind das? Und wie sähen Informationen aus, die Ihrem Bauchgefühl widersprechen?"

Unbewusste Bewertungsmuster lassen uns Teilzeit-Führung schnell als unqualifiziertere Variante eines leistungsorientierten Führungsmodells verstehen und wir unterstellen besonders Frauen, aber auch zunehmend jungen Männern eine Haltung, die nicht zutreffend ist. Sich die unbewussten Mechanismen, die dazu führen, bewusst zu machen, hilft in jedem Fall, sich der Denkmuster bewusst zu sein und den eigenen Bewertungskategorien zu misstrauen. Damit bleibt die Multioptionalität erhalten und die Chance auf heterogene Teams und Organisation wächst.

Die Relevanz des Themas Teilzeit-Führung ist weiterhin durch den fortschreitenden demografischen Wandel gegeben und sollte, besonders in Bezug auf einen drohenden Fachkräftemangel, gefördert werden und bei Entscheidungsträgern Anklang und Zuspruch finden. Wenn Teilzeit-Führung gründlich durchdacht, umgesetzt und effektiv genutzt wird, können sowohl Unternehmen als auch Mitarbeiter viele Vorteile daraus ziehen. Noch spielt die Teilzeit-Führung bisher in Deutschland eine untergeordnete Rolle, jedoch ist ein deutlicher Trend zu verzeichnen. In Kap. 5 werden praxisnah die Möglichkeiten beschrieben, die großen Herausforderungen für Teilzeit-Führung erfolgreich zu bewältigen. Jens Kettler, Geschäftsführer der Edeka Juniorengruppe:

> Wir müssen weg vom Klagemodus hin zum Lösungsmodus. Der Bereich Teilzeitkräfte und dabei vor allem die Punkte Teilzeitausbildung und Teilzeit-Führung sollten verstärkt in den Fokus gerückt werden. Wiedereinsteigern oder Berufsrückkehrern nach Elternzeit müssen wir individuelle Arbeitszeitmodelle anbieten (Landau 2015, S. 2).

Damit fokussiert Kettler bereits die Zielgruppe für Teilzeit-Führung, weist aber auch darauf hin, dass Ausbildungskonzepte den veränderten Anforderungen angepasst werden müssen, um jungen Menschen den Einstieg in den Beruf leichter zu machen.

1.4 Psychologische Aspekte

> In einer irrsinnigen Welt vernünftig sein zu wollen, ist wiederum ein Irrsinn für sich (Voltaire).

Was ist Vernunft? Und wer entscheidet, was vernünftig ist? Die Erkenntnis, dass Menschen keine Maschinen sind, deren Verhalten gesteuert und geregelt werden kann, hat sich mittlerweile sogar in den Wirtschaftswissenschaften durchgesetzt. Dort wurde sie allein in den 2000er Jahren gleich zwei Mal mit dem Nobelpreis für Wirtschaft ausgezeichnet und brachte den Bereich der Verhaltensökonomie an die Universitäten. Und doch: Es fällt schwer, einen scheinbar unberechenbaren Faktor (Mensch) in ein System zu bringen, das seine Daseinsberechtigung aus der Berechenbarkeit schöpft. So wird immer wieder in der Theorie diskutiert, welches Menschenbild das „richtige" ist. In der Praxis bekommt man sehr schnell ein Gefühl für das vorherrschende Menschenbild in einer Organisation. Wie werde ich empfangen? Wie frei oder unfrei agieren die Mitarbeiter? Stehen die Bürotüren offen? Wie wird kommuniziert? Die Reihe könnte unendlich fortgesetzt werden. Die grundlegende Überzeugung, wie Menschen sind, und damit auch, wie sie ihren Beitrag zur Wertschöpfung eines Unternehmens leisten, ist ein zentrales Element der Organisationskultur, die im Abschn. 4.2 noch ausführlicher untersucht wird. Aber wie funktionieren Menschen im Arbeitsleben denn nun „wirklich"?

> Die Ansätze, die wir in der Praxis vorfinden, schwanken bewusst oder unbewusst zwischen
> zwei Polen: Auf der einen Seite steht die Überzeugung, man müsse Menschen wie Kinder
> behandeln, an die Hand nehmen und kontrollieren. Auf der anderen Seite findet man die
> Überzeugung, Mitarbeiter dächten eigentlich alle von Natur aus unternehmerisch und seien
> tief im Innern ‚Entrepreneure' (Pfläging 2011, S. 34–35).

In Anlehnung an die nach wie vor aktuelle „X- und Y-Theorie" von Arthur McGregor
kann man auch in der Praxis beobachten, dass es ungeahnt viele Unternehmen gibt, die
als festes Kulturelement das Menschenbild des Typs Y favorisieren: Demnach ist der
Mensch von Natur aus der Arbeit abgeneigt und vermeidet sie, wenn möglich. Aufgrund
dieser Abneigung muss er kontrolliert und angewiesen werden, um seine Aufgaben zu
erfüllen. Er vermeidet Verantwortung und ist wegen seines hohen Sicherheitsbedürf-
nisses gewillt, geführt zu werden. In zwanzigjähriger Workshop- und Seminarpraxis gab
es aus meiner Sicht (SK) in der Mehrheit die Auffassung, dass diese Theorie auf einige
Mitarbeiter (natürlich nie die anwesenden) zuträfe, was ein Indiz dafür ist, dass tief in
der kulturellen Ausrichtung der Organisation diese Überzeugung fest verankert ist:

> Auf diesen Annahmen beruhen viele heutige Organisationsstrategien, die sowohl auf ‚hartes'
> Management (‚tough management', z. B. durch starkes Controlling der Arbeit oder
> ‚Bestrafung') als auch auf ‚weiches' Management (‚soft management', z. B. durch Bemühungen
> um ein gutes Betriebsklima) ausgerichtet sind (Kauffeld 2011, S. 53).

In der Organisationsentwicklung geht man grundsätzlich von einem humanistischen
Menschenbild aus, das der Theorie X von McGregor entspricht, wonach Anstrengungen
bei der Arbeit als natürlich erlebt und akzeptiert werden, Leistung freiwillig durch eine
große Identifikation mit dem Unternehmen und dessen Zielen (commitment) erbracht
wird, Verantwortung in einem angemessenen Arbeitsumfeld freiwillig übernommen
wird, wenn Menschen ihren Fähigkeiten entsprechend eingebunden sind. Das ist wahrscheinlich ein Grund dafür, dass die Organisationsentwicklung oft eine Art Fremdkörper
im Unternehmen bleibt.

Allein der Glaube an ein bestimmtes Menschenbild prägt weite Teile der ökonomischen Realität und verhindert damit die Beschäftigung mit Teilzeit-Führung. Das
treibt Psychologen immer wieder an den Rand der Verzweiflung, denn ein Menschenbild
lässt sich natürlich nicht „mal eben" verändern. Auf der Makroebene geschehen jedoch
im Moment viele Dinge, die einen großen Einfluss auf diese grundlegend philosophische
Betrachtungsweise haben. Aufgrund gesellschaftlicher Umbruchsymptome muss der
(mit dem Menschenbild einhergehende) Glaube an den Sinn eines Unternehmens im
Stile des „Shareholder-Value" dringend diskutiert werden. Die Zeiten einer nur sich
selbst und dem materiellen Zweck dienlichen Wirtschaftsordnung sind bald vorbei. Es
dämmert immer mehr Unternehmen, dass „Wachstum" in Zukunft als sinnstiftendes Element keine Akzeptanz mehr finden wird, „das Verherrlichen von Topmanagern ist heutzutage eine Denkfalle" (Pfläging 2011, S. 36).

Doch auch auf der Mikroebene, also dem Denken, Fühlen und Handeln des Einzelnen in einer sich verändernden Welt, sind große Auswirkungen psychologischer Phänomene zu beobachten, die ein Modell wie Teilzeit-Führung an der Realisation hindern. Die Menschen empfinden Angst; eine der wichtigsten, intensivsten und damit handlungsrelevantesten Emotionen (siehe Abschn. 1.4.1.1). Darüber hinaus werden grundlegende Wertemuster infrage gestellt, was enorme Auswirkungen auf die eigene Identität und die handlungsleitenden Motive hat. Nicht zuletzt ist es aus der psychologischen Perspektive immer wieder erstaunlich zu beobachten, wie wenig präsent die Grundlagen der menschlichen Wahrnehmung (siehe Abschn. 1.4.1.2) in den Köpfen wichtiger Entscheider sind. Und auch wenn sich die Psychologie einer immer größeren Beliebtheit bei der Berufswahl erfreut, begegnet man dem Fach selbst und seinen Repräsentanten nach wie vor mit großer Skepsis. Ein „naiver Realismus" (siehe Abschn. 1.4.1.5) hindert viele Menschen daran zu akzeptieren, dass die Welt vielleicht gar nicht so ist, wie man selbst sie sieht.

1.4.1 Psychologische Modelle und Theorien

„Die Psychologie hat eine lange Vergangenheit, doch nur eine kurze Geschichte", so Hermann Ebbinghaus (Collin et al. 2012, S. 10). Schon in der Antike beschäftigten sich die Philosophen damit, ihr Sein zu reflektieren und zu ergründen, was es auf sich hat mit dem Denken, dem Bewusstsein, den Gefühlen und dem Handeln von Menschen. Es verging noch lange Zeit, bis die Pioniere der Psychologie auf die Idee kamen, eine systematische Erforschung dieser rein immateriellen Phänomene voranzutreiben und nach wissenschaftlichen Kriterien zu beschreiben. Dabei fügten sie philosophische Ansätze und physiologische Erkenntnisse zusammen, um erklärbar zu machen, was den Menschen als Wesen mit Bewusstsein und Empfindungen ausmacht. Je nach Zeitgeist und aktuellem Weltgeschehen betrachteten sie ihren Forschungsgegenstand aus unterschiedlichen Perspektiven, was zu einer enormen Bandbreite unterschiedlicher theoretischer Ansätze führte. Nicht alles, was mit „Psycho" anfängt, verdient es, tatsächlich ernst genommen zu werden. Doch gelten die hier geschilderten Modelle und Theorien als verlässlich und bewiesen.

1.4.1.1 Angst

Jeder von uns kennt das Gefühl der Angst. Die Auslöser dieser Empfindung sind so unterschiedlich, wie die Strategien, sie zu bewältigen. Die Ankündigung einer Klausur mag bei Studierenden die typischen Symptome hervorrufen: Herzklopfen, plötzlicher Spannungszustand oder gar Atembeschleunigung, Muskelspannung und Schwitzen. Je nachdem, wie stark das Individuum die Bedrohung für sein Wohlergehen empfindet, sind diese Symptome unterschiedlich ausgeprägt.

> Zwar sind alltägliche Furcht- und Angsterfahrungen nicht angenehm, doch sie dienen der Anpassung: Sie bereiten uns auf Handeln vor – auf ‚Flucht' oder ‚Kampf' – wenn Gefahr droht (Comer 2008, S. 108).

Die sich in Unternehmen ausbreitende Angst geht mit den gleichen Symptomen einher, nur schleichender und weniger intensiv. Betroffene richten ihre Aufmerksamkeit in diesen Phasen allein aus psychologischen Gründen auf sich selbst und ihr Wohlergehen, statt, wie es viel „vernünftiger" wäre, auf eine gemeinsame Lösung. Man beobachtet die Menschen dann in einem Zustand, der stressig, anstrengend und energieraubend ist und z. T. kompromisslos Lösungen abschmettern lässt, die nicht ihr ganz eigenes Wohlergehen fördern.

Angst lähmt

Im Beratungssituationen fällt häufig die Aussage: „Ich habe Angst." Die Ursachen liegen meistens in der empfundenen Bedrohung eigener Bedürfnisse. Angst vor dem Verlust des Arbeitsplatzes, Angst vor dem Scheitern, Angst vor Verantwortung, Angst vor Statusverlust etc. So gab es in einer Klinik eine Gruppe von Menschen, die, hierarchieübergreifend zusammengesetzt, die Aufgabe hatte, sich mit den Ängsten der Mitarbeiter auseinanderzusetzen. Erst die Erkenntnis, dass jeder Mensch ganz unterschiedliche Auslöser für seine Ängste hat, die von anderen z. T. nicht nachvollzogen werden können, machte die Gruppe arbeitsfähig. Wir diskutierten im Workshop darüber, was auf der Organisationsebene mögliche Maßnahmen sein könnten, die grundsätzliche Neigung zur Angst bei den Mitarbeitern etwas zu mindern. Mit einer kleinen Kampagne, bei der so viele individuelle Angstauslöser wie möglich beschrieben wurden, gingen wir in die Abteilungen und diskutierten mit den Mitarbeitern über angstauslösende Faktoren. Der Gruppe wurde schnell klar, dass man einem Gefühl zwar mit rationalen Argumenten begegnen kann, damit aber keineswegs dieses Gefühl einfach abzustellen ist. Wir inszenierten ein Theaterstück in mehrere Szenen, die die unterschiedlichen angstauslösenden Elemente aufnahmen und luden die Mitarbeiter zu den Theaterproben ein. So konnten sie entweder in ihre „eigene Rolle" schlüpfen und selber spielend mit ihrer Angst umgehen oder als Beobachter die emotionale Auseinandersetzung eines Stellvertreters auf sich beziehen. Das Theaterstück wurde auf der Betriebsversammlung aufgeführt und führte auch dort zu einer regen Diskussion und ersten Maßnahmen, die auf der Organisationsseite die Angst der Mitarbeiter zunächst einmal ernst nimmt und ihr im nächsten Schritt entgegenwirkt (transparente Kommunikation zu wirtschaftlicher Situation und zur Personalsituation, klare, transparente Regelung zum Umgang mit Leistung, Einführung systematischer Feedback-Schleifen).

Die Einführung von Teilzeit-Führung ist, objektiv betrachtet, natürlich kein Grund für irgendjemanden, Angst zu haben. Auf den ersten Blick! Vor dem Hintergrund eines fundamentalen gesellschaftlichen und ökonomischen Veränderungsprozesses sieht die Situation anders aus. Da ist die männliche Führungskraft, die bisher bei eher durchschnittlichen Leistungen und mittelmäßigen Kompetenzen sicher sein konnte, dass sie weder um ihre Position, noch um ihren Status Angst zu haben braucht. Ein ansehnliches Einkommen verschafft ihm zudem den Luxus, seine Familie gut versorgen zu können und seinen Status durch die Mitgliedschaft im Golfclub auch symbolisch zu untermauern. Er hat viele Jahre seiner Berufstätigkeit dafür investiert, sich auf dieser Position irgendwann ein wenig ausruhen zu können. Plötzlich kommt die Idee der Teilzeit-Führung im Unternehmen auf.

▶   **Aufgepasst, Marie!** Tja, Marie, da kommst Du wieder ins Spiel. Deine Ausbildung, Dein Studium, Dein Mut und die Tatsache, dass Du eine Frau bist und das Ganze in Teilzeit statt in Vollzeit bewerkstelligen willst, sind natürlich erst einmal zu verkraften. Argumentiere mit Deiner Kompetenz und bringe möglichst Verständnis für die Schwierigkeiten in der Umsetzung auf. Du möchtest schließlich gemeinsam mit dem Unternehmen erfolgreich sein. Bedenke, dass Deine Elterngeneration anders sozialisiert wurde als Du und dass Dein simples Anliegen so etwas Bedeutsames wie Angst auslösen kann.

Wahrscheinlich waren wieder ein paar viel zu hoch bezahlte Berater im Haus, die der Chefetage solche Flöhe ins Ohr gesetzt haben. Was passiert nun mit unserer Beispiel-Führungskraft? Wir wollen versuchen, in verschiedenen Schritten einmal aufzuzeigen, welche möglichen Gedanken, Gefühle und Verhaltensweisen sich hier Raum verschaffen.

1. Vielleicht ist die erste Reaktion nur ein Kopfschütteln. Milde genervt nimmt er zur Kenntnis, dass eine Entscheidung getroffen wurde, an der er weder mitgewirkt hat, noch findet er sie unterstützenswert. Noch sieht er an dieser Stelle keinen Bezug zu sich und seiner Abteilung. Diese Welle wird, wie viele andere auch, sicher wieder verebben.
2. Einer seiner Teamleiter möchte gerne am Pilotprojekt Teilzeit-Führung teilnehmen und nimmt dazu Kontakt zu ihm und zur Personalabteilung auf. Es fällt ihm sehr schwer, im Gespräch mit seinem Mitarbeiter eine neutrale Haltung dem Thema gegenüber aufrechtzuerhalten.
3. Er sieht sich mit seiner eigenen Überzeugung konfrontiert, dass Führung an Zeit gekoppelt ist. Der Chef muss ansprechbar und vor Ort sein, um jederzeit informiert zu sein und wichtige Entscheidungen treffen zu können. So hat er es immer gehalten, meistens ist er der letzte, der abends das Büro verlässt. Es drohen sonst schlechtere Leistungen im gesamten Team, was am Ende auf ihn zurückfällt.
4. Zu Hause erzählt er nun seiner Frau von dem irrsinnigen Vorgang in der Firma. Sie findet die Entscheidung des Teamleiters verständlich und lobenswert. Sie hätte sich auch gewünscht, dass er mehr Zeit für die gemeinsamen Kinder, das Haus und ihre Beziehung gehabt hätte.
5. Jetzt auch noch das! War das eine Kritik an ihm? Hat er nicht immer alles für die Familie getan? Die Zeiten waren doch auch andere. Was kommt da auf ihn zu? Wenn alle anderen denken, dass es auch anders geht, als er es sein Leben lang praktiziert hat, was passiert dann mit ihm? Die leisen Zweifel, die steigende Bedrohung, der ungewisse Ausgang, das alles erzeugt Angst. Über diese Angst kann er nicht reden, das würde seinem Status ja nur noch mehr schaden.

6. Er kann sich nun entscheiden: Lässt er sich auf das Experiment ein und lernt mehr über sich und seinen eigenen Umgang mit schwierigen und unvorhersehbaren Situationen oder bekämpft er das „Neue" mit fairen oder unfairen Mitteln, um seine „alte" Sicherheit wieder zu erlangen? Dass es eigentlich nur eine Alternative geben kann, ist ihm nicht wirklich bewusst. In dem Gefühl der Bedrohung glaubt er tatsächlich, dass die Zukunft nur mit den Methoden aus der Vergangenheit zu bewältigen ist.

7. Womöglich sucht er sich Verbündete im Unternehmen, die, ähnlich wie er, eine subtile Angst vor dem Unberechenbaren empfinden. Wir brauchen nicht viel Fantasie, um uns vorzustellen, dass diese Gruppe von Menschen in der Organisation viele Ansatzpunkte findet, die Entwicklungen in Richtung Teilzeit-Führung zu torpedieren, zu be- oder gar zu verhindern.

Auch wenn dieses Beispiel Stereotypen benutzt, ist es gar nicht so weit entfernt von der Realität in vielen Organisationen. Nur selten fällt in der Diskussion über neue Arbeitszeitmodelle der Begriff „Angst" als Gegenargument, doch sitzt sie in fast allen Fällen mit am Tisch. Leider sind es oft die Frauen, die solche Einflussfaktoren wahrnehmen und zur Sprache bringen. Das lässt sich dann relativ schnell auf einer informellen Ebene abschmettern. Wer Angst hat, kann kein Manager sein. Meines Erachtens stimmt das auch zum Teil. Jedoch ist die Auseinandersetzung mit der eigenen Angst die Voraussetzung, ein guter Manager zu sein, nicht ihre Verleugnung.

1.4.1.2 Wahrnehmung

Wahrnehmung heißt Wahrnehmung, weil wir etwas als wahr annehmen. Es verkomplizierte unser Handeln, wenn wir uns ständig die Frage stellten, ob das, was wir wahrnehmen, auch wirklich die Wahrheit ist. Unser Gehirn hat die Aufgabe, die uns umgebende Reizvielfalt zu sortieren und die daraus entstehende Komplexität zu reduzieren. Das hat zur Folge, dass bereits im Wahrnehmungsprozess eine Vorauswahl zur weiteren Verarbeitung von Information im Gehirn getroffen wird. „Die Welt wird nicht so, wie sie ist, dargestellt, sondern so, wie das Gehirn und der Organismus am besten damit umgehen können. Sowohl Wissenschaftler als auch Manager sind als Beobachter selbstreferenziell und konstruieren Realität" (Roth 1986, S. 172–173). Die menschliche Wahrnehmung ist also immer subjektiv und sagt in erster Linie nichts über die objektive Wirklichkeit aus.

Ich mache mir die Welt, wie sie mir gefällt

Jeder Mensch hat individuelle Möglichkeiten, die Welt zu sehen und nutzt diese auch. Persönliche Merkmale, Ererbtes und Erlerntes fließen in den Wahrnehmungsprozess ebenso ein, wie subjektive Bewertungen und Sinnestäuschungen. Tatsachen sind dementsprechend nur die „Zutaten" für unsere Wirklichkeitskonstruktion. Wählen wir z. B. einen objektiven Gesprächsgegenstand wie „Hund", dann stellen wir fest, dass es so viele unterschiedliche Bilder eines Hundes gibt, wie Menschen im Raum sind. An diese Bilder sind dann wiederum Gefühle geknüpft. Sollte ich also eine schmerzhafte Erfahrung mit einem Hund haben, weil ich (vor vielen Jahren) einmal gebissen wurde, entsteht mit der Vorstellung dieses Hundes gleichzeitig eine Angstreaktion im Körper. Ein anderer Mensch erinnert sich vielleicht liebevoll an sein Haustier, einen treuen Gefährten, was ihm kurzfristig ein angenehmes Gefühl bei der Erinnerung beschert. Für den einen wird der Hund dann zur Bedrohung, für den anderen zu einer Bereicherung in seinem Leben. Dementsprechend wird die Diskussion aus unterschiedlichen Gemütszuständen heraus geführt, wobei entweder eine kritische oder eine wohlwollende Grundhaltung entsteht.

An dieser Stelle möchte ich (SK) auf Menschen hinweisen, die dabei eine Ausnahme darstellen. Sie nehmen für sich in Anspruch, stets genau zu wissen, wie die Lage **wirklich** ist, wer was denkt, fühlt und beabsichtigt, und was die einzige Möglichkeit ist, damit umzugehen. Meiden Sie diese Menschen, denn es fehlt ihnen an Toleranz und Respekt.

Konfrontiert mit Veränderungsdruck sind Menschen häufig nicht in der Lage, rational und objektiv ihre Entscheidungen zu treffen. Unterschiedliche Perspektiven und Wahrnehmungen werden nicht verglichen oder diskutiert, sondern der eigene Standpunkt wird zum Maß aller Dinge. In hierarchischen Systemen wie einer Organisation bedeutet das nicht selten, dass Modelle wie Teilzeit-Führung als „nicht umsetzbar" abqualifiziert werden, ohne sich intensiv mit verschiedenen Standpunkten auseinanderzusetzen. Ärgerlich erscheint es mir in dem Zusammenhang nur, wenn von einer „objektiven" Beurteilung die Rede ist.

1.4.1.3 Motive

Neben der Wahrnehmung gibt es die Motive, die wie ein Filter auf unser Handeln und Erleben wirken. Sie sind die treibende Kraft, die uns bestimmte Situationen eher aufsuchen oder vermeiden lässt, weil sie mit Gefühlen einhergehen. Motive sind nicht bewusst und auch nicht unmittelbar beeinflussbar. Sie beeinflussen gleichwohl die Wahrnehmung und sorgen für eine emotionale Erregung. Das können sehr unterschiedliche Auslöser sein. Verschiedene theoretische Ansätze gehen von bis zu 20 Grundmotiven aus, die beim Individuum unterschiedlich stark oder schwach ausgebildet sind. Man kann sich das etwa wie bei einem Equalizer vorstellen, der verschiedene Klangqualitäten regelt, um zu einem kompakten Hörerlebnis zu werden. Alle Frequenzen werden berücksichtigt, einige jedoch stärker und andere schwächer. So haben alle Menschen alle Motive in sich, jedoch sind einige stärker ausgeprägt und damit handlungsleitender als andere. Bei der Betrachtung einer Motivstruktur geht es nicht darum, eine Beurteilung vorzunehmen. Wie in allen psychologischen Kategorien steht die Analyse im Vordergrund. Jemand mit einem stark ausgeprägten Machtmotiv muss nicht unsympathisch sein und das Motiv an sich ist auch nicht „richtig" oder „falsch". Es sagt uns im ersten Schritt zunächst nur etwas darüber, in welchen Situationen eine Person sich wohler fühlt als in anderen, was also ein unbewusster Antrieb für sie ist. In der Praxis scheint es sinnvoll zu sein, folgende Motive stärker zu betrachten:

Motive und ihr Einfluss auf das Empfinden und Verhalten

Neugier Das sogenannte Forschermotiv. Es führt zu dem Wunsch, den Dingen auf den Grund zu gehen. Experimentierfreude und Dinge auszuprobieren bereiten einem Menschen mit ausgeprägtem Neugier-Motiv Freude. Er ist Neuem gegenüber aufgeschlossen und testet gerne Dinge aus. Dem weniger durch Neugier motivierten Menschen erscheint das Neue und Unvorhergesehene nicht so attraktiv, was nicht heißen muss, dass er es ablehnt.

Geselligkeit Gesellige Menschen suchen aktiv den Kontakt zu anderen, sind immer offen für neue Bekanntschaften und pflegen bereits vorhandene. Eine starke Ausprägung dieses Motivs kann dazu führen, dass diese Menschen nicht gut alleine sein können, eine geringe Ausprägung hingegen lässt sie sich eher „einigeln" und weniger Kontakte pflegen.

Macht Menschen mit einem hohen Machtmotiv möchten andere dazu bringen zu tun, was sie möchten und sie setzen ihren Willen auch gegen Widerstände durch. Dazu benötigen sie eine ebenfalls hohe Konfliktbereitschaft. Ist das Machtmotiv hingegen nur gering ausgeprägt, steht das Bedürfnis nach Harmonie über der Durchsetzung durch Konflikte.

Gestaltung Für gestaltungsmotivierte Menschen steht im Vordergrund, die Dinge auf ihre eigene Art und Weise bewältigen zu können. Sie mögen daher keine detaillierten Vorgaben, wie sie etwas zu tun haben. Sie brauchen Freiräume, Neues zu entwickeln und gehen dabei für Andere oft zu weit, da sie vielleicht auch bei solchen Dingen Alternativen suchen, die eigentlich gar nicht verändert zu werden brauchen. Menschen mit einem niedrigen Gestaltungsmotiv hingegen geben sich evtl. zu bereitwillig mit dem Altbewährten zufrieden.

Leistung Hier steht die eigene Leistung im Vordergrund. Hoch Leistungsmotivierte setzen sich selbst immer wieder neuen Leistungsanforderungen und Herausforderungen aus. Bei ihnen steht eine kontinuierliche Leistungssteigerung im Vordergrund, wohingegen niedrig leistungsmotivierte Menschen eher ein mittleres Leistungsniveau für sich anstreben. Dementsprechend können Leistungsunterschiede bei gleich intelligenten Menschen durchaus auf das höher oder niedriger ausgeprägte Leistungsmotiv zurückzuführen sein.

Uneigennützigkeit Für Uneigennützige steht das Wohl anderer Menschen an erster Stelle. Sie verfügen über Empathie und tragen einen tiefen Wunsch in sich, anderen zu helfen und sich um deren Wohlergehen zu kümmern. In der Fachwelt wird häufig diskutiert, ob es sich bei der Uneigennützigkeit nicht doch um ein egoistisches Motiv handelt, da es dem Helfenden um Dankbarkeit und Anerkennung durch seine Hilfe geht. Doch das kann sicher nur jeder für sich beurteilen. Menschen mit einem gering ausgeprägten Uneigennützigkeitsmotiv empfinden es als Zeichen von Schwäche, Hilfe in

Anspruch zu nehmen und leben mit der Überzeugung, dass es ein Zeichen von Stärke ist, sich selbst aus einer schwierigen Situation zu befreien.

Autonomie/Selbstbestimmung Menschen mit einem hohen Wunsch nach Autonomie möchten ihr eigener Herr sein und mögen es nicht, sich von einem Vorgesetzten sagen zu lassen, was und wie sie etwas zu tun haben. Sie möchten sich so wenig wie möglich der Kontrolle anderer Menschen unterwerfen und arbeiten am liebsten selbstständig. Ist dieses Motiv nur niedrig ausgeprägt, stimmen sich die Menschen gerne mit anderen ab, zu viel Entscheidungsfreiheit verunsichert sie eher. Im Team von anderen abhängig zu sein macht ihnen nichts aus, sie ordnen sich auch ohne Probleme den Entscheidungen Anderer unter.

Status Eine hoch statusmotivierte Person erkennt man oft an Statussymbolen. Es ist ihr wichtig, in einer bestimmten Gruppe eine Rolle zu spielen und soziale Anerkennung, gesellschaftliches Ansehen und Prestige zu genießen. Oft wird im Vorfeld von Entscheidungen abgewogen, welchen Einfluss sie auf ihr Bild in der Gesellschaft haben könnte. Im Extremfall ignorieren Statusmotivierte ihre eigenen Bedürfnisse zugunsten ihres gesellschaftlichen Ansehens. Wenig statusmotivierte Menschen kämen nicht auf die Idee, ihre persönliche Einstellung für ein Prestige zu opfern und verzichten dadurch lieber manchmal auf ihren sozialen Einfluss.

Wettbewerb Hier geht es nicht nur um sportlichen Wettbewerb. Menschen, die ein inneres Bedürfnis haben, sich stets mit anderen zu messen und sich in Konkurrenzsituationen zu manövrieren, legen nicht unbedingt auch großen Wert darauf zu gewinnen. Sie können gut vor anderen ihre Leistung zeigen, zetteln mitunter jedoch auch Wettbewerbe an, wo sie nicht angemessen sind. Ist dieses Motiv gering ausgeprägt, werden Konkurrenzsituationen eher als belastend empfunden und gemieden. Das kann dazu führen, dass ihre guten Ideen untergehen.

Selbstwirksamkeit Bei der Selbstwirksamkeit handelt es sich nicht um ein klassisches Motiv, sondern um eine Einstellung. Sie beschreibt den subjektiven Glauben an die eigenen Fähigkeiten, Ziele erreichen zu können. Sie sagt etwas darüber aus, ob eine Person sich selbst in der Lage sieht, ein gesetztes Ziel zu erreichen oder ob sie die Hilfe, Unterstützung oder Zustimmung von außen dazu braucht. Eine geringe Ausprägung der Selbstwirksamkeit kann zur Folge haben, dass intelligente und kompetente Menschen auf die „Erlaubnis" warten, erfolgreich zu sein, und damit im Berufsleben weit unter ihren Möglichkeiten bleiben.

In unserem Arbeitsumfeld wird systematisch eine bestimmte Motivstruktur „belohnt". Zu einer Führungskraft wird die Person, die durch ein hohes Macht- und Leistungsmotiv angetrieben wird. Auch statusorientierte Menschen haben es leichter, Karriere zu machen. Da sich in den Chefetagen nach wie vor in der Mehrheit Menschen mit einer dementsprechenden Motivstruktur aufhalten, ist es nicht erstaunlich, dass neue Arbeits- und Führungsmodelle noch nicht ausreichend berücksichtigt werden. Teilzeit-Führung setzt voraus, gerne und gut Macht zu verteilen, auf Status weniger Wert zu legen und eine mitteilsame Grundhaltung zu pflegen und widerspricht deshalb den gängigen Mustern von „gestern". Der gesellschaftliche Wandel und die damit einhergehenden Veränderungen in Organisationen erfordern jedoch ein rasches Umdenken. Die in Kap. 2 noch eingehend zu erörternden Trends in der Arbeitswelt erfordern neben den fachlich-inhaltlich neuen Kompetenzen auch eine Kenntnis psychologischer Dispositionen, um zu einer neuen Qualität zu reifen.

▶   **Aufgepasst, Karl-Heinz!** Solltest Du über ein stark ausgeprägtes Macht- und Leistungsmotiv verfügen, dann mache Dir bitte klar, dass Marie damit vielleicht nur sehr schwer umgehen kann. Was für Dich ein „normaler" Ehrgeiz ist, den Du unerbittlich auch von Deinen Mitarbeitern einforderst, ist für sie vielleicht eine herbe Einschränkung ihres Gestaltungsmotivs, das sie unbewusst Situationen aufsuchen lässt, die ihr Spielräume und Entwicklungsmöglichkeiten bieten. Sie versteht etwas völlig anderes unter Leistung als Du, deshalb ist sie aber noch lange nicht faul oder zu wenig ambitioniert. Wenn Du Menschen wie sie zu stark reglementierst, wenden sie sich ab und suchen sich eine neue Wirkungsstätte. Zudem besteht die Gefahr, dass Du Dich zu sehr mit Menschen umgibst, die genauso ticken wie Du. Dadurch geht Dir vielleicht eine Menge Innovationskraft in Deinem Unternehmen verloren.

Es wäre zu viel des Guten, in einem Unternehmen alle Mitarbeiter einen Motivtest ausfüllen zu lassen, um mit Gewissheit sagen zu können, wer welche Arbeiten in welcher Umgebung am besten ausüben kann. Wenn man aber einmal gezielt darauf achtet, wie unterschiedlich Menschen in verschiedenen Situationen agieren, welche Karrierevorstellungen sie haben, ob sie gerne im Mittelpunkt stehen oder sich eher im Hintergrund halten, wem die offizielle Auszeichnung viel bedeutet und wem nicht, ist man schon einen großen Schritt weiter. Doch die wichtigste Voraussetzung dafür ist Neutralität. Bewertungen sind in diesem Fall kontraproduktiv und schaden dem gemeinsamen Unternehmensziel.

1.4.1.4 Logische Ebenen
Als vielseitiges Analyse- und Interventionsinstrument, das auch auf der Organisationsebene anwendbar ist, bietet sich das Modell der Logischen Ebenen von Robert Dilts (Abb. 1.2) an. Auch als „Modell der Veränderung" bekannt, gliedert es die verschiedenen Ebenen des Denkens, wobei sich diese Ebenen gegenseitig stark beeinflussen.

In der Organisationsanalyse kann dieses Modell Aufschluss darüber geben, welche Merkmale innerhalb des Unternehmens ein Hinderungsgrund für die Einführung von Teilzeit-Führung sind. Aber auch auf der individuellen Ebene, im Gespräch mit Kollegen oder Führungskräften/Entscheidern gibt es Aufschluss über den „richtigen" Zugang für Argumente. Hintergrund ist die Annahme, dass aus den Aussagen eines Klientensystems (Einzelperson oder gesamte Organisation) geschlossen werden kann, auf welcher Ebene

Abb. 1.2 Das Modell der Logischen Ebenen nach Robert Dilts et al. (1997). (Quelle: In Anlehnung an Dilts et al. 1997; mit freundlicher Genehmigung von © Junfermann Verlag GmbH Deutschland 1997. All Rights Reserved)

es sich gerade befindet, bzw. auf welcher Ebene ein Hindernis existiert. Dabei gilt, dass ein Problem stets auf der darüberliegenden Ebene gelöst werden muss. In einem Analysegespräch mit der Geschäftsführung könnte das wie folgt aussehen:

Widerstände gegen Teilzeit-Führung auf den Logischen Ebenen ergründen
Ausgangssituation: Das Modell Teilzeit-Führung wird abgelehnt, da es zu viel Aufwand bedeutet.
Frage: Was würde passieren, wenn Sie es einfach umsetzen würden?
Mögliche Antworten:

- „Das geht nicht. Dann würde in der ganzen Firma Chaos ausbrechen." (Umwelt)
- „Das geht nicht. Die Leute würden uns alle wegrennen." (Verhalten)
- „Das geht nicht. Wir können den Tagesbetrieb dann nicht aufrechterhalten." (Fähigkeiten)
- „Das geht nicht. Führung muss einfach anwesend sein." (Glaubenssatz)
- „Das geht nicht. Wir sind doch kein Konzern, sondern ein kleines Unternehmen." (Identität)
- „Das geht nicht. In unserem Unternehmen sind alle Führungskräfte höchst einsatzbereit." (Mission, Zugehörigkeit)

Als Fragesteller kann man aufgrund der Aussage des Gegenübers herausfinden, auf welcher Ebene aus seiner Sicht das Problem liegt und auf der darüberliegenden

Ebene intervenieren. Dazu braucht es etwas Übung und vor allem einen gut gefüllten Werkzeugkasten. Im ersten Schritt werden aber bereits die Empfindungen hinter der ablehnenden Haltung transparenter und damit thematisierbar.

1.4.1.5 Naiver Realismus

Im Psychologiestudium lernte ich (SK) erst, dass die Welt nicht so ist, wie ich sie sehe. Ein kleines Experiment hat Welten in meinem Kopf eröffnet und meine spätere Berufswahl als Beraterin und Coach stark beeinflusst. Unser Dozent (Prof. Peter Kruse) brachte drei gleich aussehende graue Kästchen mit in die Veranstaltung und instruierte uns, im ersten Schritt alle drei Kästchen mit einer Hand anzuheben und sie zu „wiegen". Wir sollten sie dann wieder absetzen und im zweiten Schritt nur das oberste Kästchen anheben und mal schauen, was passiert. Ich tat es genauso und war erschüttert. Ich hätte schwören können, dass das obere Kästchen allein schwerer war als alle drei Kästchen zusammen. Gleichzeitig war mir natürlich klar, dass das nicht sein kann, hörte mich aber selbst sagen: „Das obere Kästchen ist schwerer als alle drei zusammen!". Nein, ist es natürlich nicht. Der Trick war, dass das obere Kästchen zwar schwerer war als die anderen (gefüllt mit einem Bleiband, das man noch in früheren Zeiten zum Beschweren von Gardinen nutzte), mein Gehirn mir aber einen Streich gespielt hat. Beim „Wiegen" der drei Kästchen im ersten Schritt hat es eine einfache Gleichung aufgestellt: Wenn die drei Kästchen gleich aussehen, dann wiegen sie auch das gleiche. Mit dem Vorsatz, nun nur das obere Kästchen anzuheben sorgte es dementsprechend dafür, dass die Muskelvorspannung in meinem Arm um (ziemlich exakt) zwei Drittel reduziert wurde und dadurch der Eindruck entstand, dieses eine Kästchen sei schwerer als alle drei zusammen. Seit diesem Tag habe ich das Experiment mit vielen Hunderten Menschen wiederholt, mit immer dem gleichen Ergebnis. Auch mir geht es heute immer noch so wie beim ersten Versuch.

Bei seiner Aufgabe Komplexität zu reduzieren, schafft unser Gehirn also eine eigene Realität und macht uns das Unmögliche glauben.

Die unbedingte Überzeugung, dass alles um mich herum so ist, wie ich es sehe, hat viele nützliche, allerdings auch einige ungewollte Folgen. Nützlich ist sie, weil ich nicht ständig neu abwägen muss, mein Gehirn also viel Arbeit spart, wenn es die einmal gefundene Ordnung beibehält. Ungewollt ist der Effekt dann, wenn unser Gehirn jedoch das Muster im unpassenden Kontext beibehält. Ein weiteres kleines Experiment (Abb. 1.3) macht deutlich, was dann passiert.

Den Begriff „Abendstern" zu lesen und zu verstehen, macht niemandem wirklich Mühe. Und auch im zweiten Teil ist es leicht zu verstehen, dass es sich um den Begriff „Morgenstern" handelt. Beim dritten Begriff in der Reihe stolpert man jedoch. Schnell wird aus der Vogelart (Zwerg-Elstern) ebenfalls ein Stern (Zwergel-Stern), den es in der Realität allerdings nicht gibt. Wie bereits oben erwähnt, brauchen wir diese generalisierende und ordnungsbildende Leistung des Gehirns, um handlungsfähig zu sein. Wenn wir jedes Mal darüber nachdenken müssten, wie man eine Türlinke bedient, wie die alltäglichen Handgriffe funktionieren, wäre das ein enormer Zeit- und Energieaufwand.

Abb. 1.3 Das Gehirn tendiert dazu, eine einmal gefundene Ordnung beizubehalten. (Quelle: In Anlehnung an nextpractice Vortrag; mit freundlicher Genehmigung von © nextpractice GmbH Deutschland 2018. All Rights Reserved)

Selbstorganisation findet also permanent in unserem Gehirn statt. Unser Alltagsdenken geht jedoch von einer grundsätzlich bestehenden Stabilität aus, und es scheint Menschen schwerzufallen, mit Phasen der Instabilität umzugehen, wie sie entstehen, wenn das alte Muster nicht zum Erfolg führt, eine greifbare Alternative in diesem Moment jedoch nicht zur Verfügung steht. Dann wird schlicht auf das „Altbewährte" zurückgegriffen. Eine einmal bestehende Ordnung wird dann als stabil angenommen (wenn es in Abb. 1.3 zwei Mal um einen Stern geht, dann beim dritten Mal sicher auch).

Seit den 50er Jahren des letzten Jahrhunderts bietet die Systemtheorie, und darin vor allem die Selbstorganisationstheorie, nützliche Rahmenbedingungen für die Betrachtung des Menschen und seines Verhaltens. Obwohl sich diese Theorie in erster Linie in ihrer Entstehung auf naturwissenschaftliche Zusammenhänge bezieht, ist das Gebiet der menschlichen Kognition heute ein interdisziplinäres Fachgebiet (Kruse und Stadler 1995).

Die Frage nach der Herkunft von Ordnungen oder Zuständen im Sinne von Strukturentstehung beschäftigt Philosophen bereits seit der Antike. Aristoteles (384–322 v. Chr.) ging davon aus, dass der Mensch einen „inneren Plan der Dinge" in sich trage. Ein Kind kommt seiner Ansicht nach bereits mit diesem Plan zur Welt, den es über die Zeit entwickelt bzw. entfaltet (im wahren Wortsinn). So ist es erklärbar, dass Neugeborene kaum über sichtbare, aber doch angeborene Fähigkeiten verfügen, die sie relativ schnell perfektionieren und, gemäß ihrem „inneren Plan", zu vernünftigen und fähigen Erwachsenen werden. Aristoteles prägte dafür den Begriff „Entelechie" (sinngemäß: „was das Ziel in sich hat"). Diese Entwicklung wird durch die Vollkommenheit als finale Ursache bestimmt.

In der klassischen Dynamik – eng verbunden mit dem Namen Isaac Newtons (1643–1727) – sind Veränderungen determiniert und statisch. Unter gleichen Ausgangsbedingungen ist jede Veränderung umkehrbar. Der zweite Hauptsatz der Thermodynamik führt den Begriff des thermodynamischen Gleichgewichts ein. Er besagt, dass die Veränderung eines Systems mit wachsender Entropie eine Grenze hat: den Zustand des thermodynamischen Gleichgewichts, der maximalen Entropie. Die zuvor unterschiedlichen Systemkomponenten sind nun nicht mehr zu unterscheiden, es herrscht – im physikalischen Sinne – größte Unordnung.

In den 20er Jahren des 20. Jahrhunderts galt das Forschungsinteresse der Tatsache, dass sich Systeme in einer sich ständig verändernden Umwelt stabil verhalten, bzw. sie einen Gleichgewichtszustand nach einer Störung wieder erlangen können. Bis in die 60er Jahre lag der Schwerpunkt dieses Forschungsgebiets auf der Abweichungskorrekturfähigkeit offener Systeme. Die Kybernetik, wie sich diese Wissenschaft nach dem griechischen Wort für Steuermannskunst nennt, versucht, Gesetzmäßigkeiten in der Anpassungsfähigkeit von Systemen zu finden. Der Mathematiker Norbert Wiener (1894–1964) gründete 1942 ein interdisziplinäres Seminar mit Physiologen und Ingenieuren, um Parallelen zwischen unbelebten und belebten Systemen in ihrer Anpassungsfähigkeit zu ziehen.

Im Jahre 1971 veröffentlichte Ilya Prigogine das Buch „Thermodynamics of Structure, Stability and Fluctuations" (Glansdorf und Prigogine 1971). Fluktuationen sind darin kleine Zufallsschwankungen in einem System, die, sich selbst verstärkend, einen neuen Systemzustand herbeiführen. Ausgehend von einer Vielfalt an möglichen neuen Systemzuständen, die selbstorganisiert über Fluktuation eintreten können, bezeichnet Prigogine diese Systeme als „Systeme mit dissipativer Struktur". Hier gilt das Prinzip: Ordnung durch Fluktuation. Der Thermodynamiker und Nobelpreisträger Prigogine betont, dass Störungen aus der Systemumwelt oder Eigenfluktuation im System der Motor für Systementwicklung sein können. In dieser Entwicklungsspirale entsteht Ordnung aus Chaos. Auch wenn das alles sehr theoretisch klingt, findet man im Alltagsleben oft erstaunliche Beispiele.

So rütteln wir wie von Sinnen an einer verschlossenen Tür, weil sie sonst immer unverschlossen ist. Erst nach dieser unsinnigen Rüttelei sind wir in der Lage, kreativ in die Lösungsfindung überzugehen und nach Alternativen zu suchen. Kinder sind Meister im Umgang mit Stabilität und Instabilität. Permanent erleben sie Dinge zum ersten Mal, was immer mit einer Instabilität im Gehirn verbunden ist, weil Muster erst gebildet werden müssen. Sie gleichen diesen enormen Energieaufwand dadurch aus, dass sie an anderen Stellen sehr konsequent ihre Stabilität ausleben. Wer einmal versucht hat, seinem Kind eine andere Geschichte zur Nacht vorzulesen als die, die bereits auswendig gelernt wurde durch die immer gleiche Darbietung über endlose Monate, der weiß, wie wichtig Rituale und stabile Ordnungen für Kinder sind, damit sie jeden Tag die Welt neu entdecken können.

Der naive Realist in uns erzählt uns immer wieder, was richtig und was falsch ist, wie wir Verhalten und Situationen zu interpretieren haben und wer Recht oder Unrecht hat. Erst wenn wir erkannt haben, dass wir aus dieser Nummer nicht herauskommen, können wir aus der Nummer herauskommen und auch auf der Organisationsebene Veränderungen vorbereiten und initiieren. Um es mit Laotse zu sagen: „Derjenige, der andere kennt, ist weise. Derjenige, der sich selbst kennt, ist erleuchtet."

Die Beharrungstendenzen, die bei Prozessmusterwechseln in Unternehmen auftreten, liegen in der Natur der Sache. Die einzelnen Personen und die übergeordneten sozialen Gefüge folgen der, allen Systemen innewohnenden, Tendenz zur Stabilität. Während die individuellen Gehirne diese Tendenz prinzipiell aufgrund ihrer hohen Eigendynamik leichter durchbrechen können, muss Veränderungsbereitschaft in den kulturell stabilisierten sozialen Systemen zumeist aktiv erzeugt werden (Glansdorf und Prigogine 1971, S. 60).

▶ **Aufgepasst, Karl-Heinz!**

Karl-Heinz, und genau hier liegt vermutlich die Schwierigkeit. Über viele Jahre hast Du Dein Unternehmen mit Deinem Führungsstil erfolgreich geleitet. Jetzt begegnest Du der neuen Situation, dass erstmalig mehrere Mitarbeiter abwandern und in die näher gelegene Großstadt gehen oder gar zu Konkurrenzunternehmen, weil sie dort mehr „Möglichkeiten" haben. Dabei haben sie in Deinem Unternehmen ja alles … fast alles. Es scheint ihnen doch etwas zu fehlen, sonst würden sie nicht gehen.

Vielleicht ist es der Wunsch nach einem höheren Gehalt, vielleicht auch der Reiz nach der Erkundung von internationalen Firmenstandorten weltweit, es kann aber auch sein, dass andere Unternehmen innovative und flexible Arbeitsmodelle bieten und dadurch einen Wettbewerbsvorteil Deinem Unternehmen gegenüber haben. Muss nicht sein, kann aber. Analysiere die Gründe dafür, dass sich Fachkräfte für oder gegen Dein Unternehmen entscheiden und entwickle mit Deinen Kollegen Konzepte auf der Grundlage der resultierenden Erkenntnisse. Teilzeit-Führung könnte dabei in die engere Wahl kommen.

Was heißt nun all das für unsere Teilzeit-Führung? Wenn wir die Einführung eines Teilzeit-Führungsmodells in einem Unternehmen forcieren wollen (als Berater, Personaler, Betroffener oder Entscheider) sollten wir die Systembrille aufsetzen und verstehen, welche Hindernisse es zu bewältigen gilt. Ratgeber, die Checklisten anbieten, greifen dabei in der Regel zu kurz, da in jedem Unternehmen andere komplexe Strukturen oder auch der naive Realismus der Beteiligten sehr unterschiedliche Herausforderungen mit sich bringen. Daher ist es aus unserer Perspektive notwendig, mehr über das Wesen der Veränderung an sich zu verstehen, um im Einzelfall die jeweils passenden „Hebel" betätigen zu können. Doch auch die Praktiker sollen im weiteren Verlauf dieses Buches auf ihre Kosten kommen. In Kap. 8 beschreiben wir anschaulich, wie eine Annäherung an das Thema Teilzeit-Führung aus verschiedenen Perspektiven aussehen kann.

1.4.1.6 Kahnemann und die zwei Systeme

Daniel Kahnemann hat es geschafft, eine Sammlung der menschlichen Denkfehler (und der Begriff „Fehler" basiert hier auf der Abweichung rationaler oder naturwissenschaftlicher Gesetze) zu beschreiben, sie durch Experimente zu belegen und daraus Ableitungen für die Ökonomie vorzunehmen, was ihm den Nobelpreis für Wirtschaftswissenschaften im Jahr 2002 einbrachte.

▶ **Die zwei Systeme des Denkens und Handelns nach Kahnemann**

System 1 arbeitet automatisch und schnell, weitgehend mühelos und ohne willentliche Steuerung.

System 2 lenkt die Aufmerksamkeit auf die anstrengenden mentalen Aktivitäten, die auf sie angewiesen sind, darunter auch komplexe Berechnungen. Die Operationen von System 2 gehen oftmals mit dem subjektiven Erleben von Handlungsmacht, Entscheidungsfreiheit und Konzentration einher (Kahnemann 2012).

Aufmerksamkeit ist für Kahnemanns Studien ein zentraler Aspekt. Denn die Aufmerksamkeitskapazitäten sind für uns Menschen begrenzt. So ist es eine Notwendigkeit, einen „Autopiloten" die Arbeit übernehmen zu lassen, die nicht dringend die Aufmerksamkeit braucht. Bei ca. 11 Mio. Sinneseindrücken, die auf uns einwirken, obwohl wir nur liegen und dösen, ist das eine aus evolutionärer Sicht geschickte Organisation. Nur geraten manchmal in der Interaktion beider Systeme wichtige Aspekte in den Hintergrund. Auch hier gilt, dass das im Normalfall kein Problem darstellt. Wir vertrauen unseren Eindrücken (naiver Realist). System 2 wird nur dann aktiviert, wenn System 1 keine unmittelbare Antwort (und damit Handlungsfähigkeit) zur Verfügung stellen kann. Geraten die beiden Systeme in Turbulenzen, weil keine passende Interpretation geliefert werden kann, kommt es zu „kognitiven Illusionen", die sich in verschiedenen, von Kahnemann beschriebenen, Phänomenen klassifizieren lassen. Besonders beeindruckend für die Macht der Aufmerksamkeit ist das „Gorilla-Experiment". Darin wird deutlich, dass die Konzentration auf eine Aufgabe uns Menschen tatsächlich blind machen kann. In einem kurzen Film spielen sich zwei Mannschaften Basketbälle zu. Die beiden Mannschaften haben unterschiedlich farbige T-Shirts an. Die Probanden werden aufgefordert, beim Betrachten des Films darauf zu achten, wie viele Würfe in einer der Mannschaften zu zählen sind und dabei die andere Mannschaft zu ignorieren. In der Mitte des Films läuft in aller Ruhe eine als Gorilla verkleidete Person für 9 s über das Spielfeld. Ungefähr der Hälfte der Betrachter fällt nichts Besonderes auf und sie berichten im Anschluss, wie viele Ballwechsel sie beobachtet haben. Selbst, wenn man ihnen mitteilt, dass ein Gorilla durch das Bild gelaufen ist, können sie sich einfach nicht vorstellen, dass ihnen das entgangen sein kann. Kahnemann schließt daraus: „Wir können gegenüber dem Offensichtlichen blind sein, und wir sind darüber hinaus blind für unsere Blindheit." (Kahnemann 2012, S. 37).

In Unternehmen sind es nicht nur die Mitarbeiter, die diesen Effekten unterliegen. Entscheider, Stakeholder, Betriebsräte, CEO, CTO und alle anderen organisieren sich so ihr Wahrnehmen und Handeln. Kahnemanns großer Erfolg besteht aus meiner Sicht eben auch darin, den Mythos des rationalen Managers zu stürzen und kurzum zu konstatieren: Es gibt keine rationalen Entscheidungen. Es wird sicher noch einige Zeit dauern, bis sich diese Erkenntnis durchgesetzt hat. Für diejenigen, die innovativ sein wollen und Veränderungen kulturell und inhaltlich vorantreiben möchten, ist es ein wichtiger Stellhebel, weil sie Hinweise auf mögliche Widerstandsursachen und damit Interventionsmöglichkeiten bietet.

Angesichts des vermeintlich hohen Aufwands bei der Einführung eines Teilzeit-Führungs-Modells mag es sich z. B. um ein Phänomen der voreiligen Schlussfolgerung (des zu hohen Aufwands) handeln, sodass es angemessen erscheint, eine neue und andere Perspektive anzubieten. Voreilige Schlussfolgerungen sind dann effizient, wenn sie mit hoher Wahrscheinlichkeit zutreffen und die Kosten eines Fehlers akzeptabel erscheinen und sie viel Zeit und Mühe sparen können. Dagegen sind voreilige Schlüsse dann riskant, wenn die Situation unbekannt ist und viel auf dem Spiel steht und die Zeit fehlt, weitere Informationen zu sammeln (Kahnemann 2012).

1.4.1.7 Unconscious Bias und kognitive Verzerrung

Wie bereits zuvor erwähnt, denken wir oft nur, eine bewusste Entscheidung getroffen zu haben. Kahnemann hat in „Schnelles Denken, Langsames Denken" die theoretischen Grundlagen für die Annahme geliefert, dass Entscheidungen jedoch allzu oft nicht bewusst getroffen werden. Doch bei allem kognitiven Verständnis dieses Phänomens sind wir selbstverständlich nicht in der Lage, uns von der Überzeugung zu verabschieden, dass das, was wir tun, wohldurchdacht und richtig ist. All diese Mechanismen, die unser Gehirn für uns bereithält, sind wichtige Operationen, um zu jeder Zeit handlungsfähig zu sein. Doch führen sie eben auch dazu, dass vermeintlich bessere Optionen von uns einfach nicht beachtet werden. Gerade im Rahmen der gravierenden Veränderungen, denen wir aktuell begegnen, ist es aber wichtig, diese Fußangeln zu kennen und am besten zu umgehen. Im Zusammenhang mit der Einführung eines Teilzeit-Führungsmodells heißt das z. B., sich bewusst der Kontrollillusion zu entziehen.

> Die Kontrollillusion ist die Tendenz zu glauben, dass wir etwas kontrollieren oder beeinflussen können, über das wir objektiv keine Macht haben (Dobelli 2011, S. 66).

Die Wichtigkeit von Controlling und Projektplänen unterstreicht den Wunsch nach Berechenbarkeit und Sicherheit. Doch zunehmend wächst die Erkenntnis, dass niemand wirklich dazu in der Lage ist, die Dinge vorherzusagen, geschweige denn sie zu kontrollieren. In der Komplexität sind die einfachsten Lösungen gerne genommen, aber fast nie richtig.

Ein anderes Beispiel zeigt die zunehmende Brisanz, die durch den Social-Proof-Effekt hervorgerufen wird: Je mehr Menschen eine Idee richtig finden, desto korrekter kommt sie uns vor. Wenn alle Geschäftsführer um mich herum der Ansicht sind, dass Teilzeit-Führung nicht funktionieren kann, werde ich sehr wahrscheinlich davon ausgehen, dass sie Recht haben. In einer sich aufschaukelnden Dynamik gewinnen zum Teil abstruse Dinge dadurch an Bedeutung. Ob es um eine politische Haltung, den Gesundheitsbegriff oder eine aktuelle Mode geht; wir alle sind empfänglich für den „Herdentrieb". Für Entscheider bedeutet das, besonders in instabilen Situationen einen wahrhaft klaren Kopf zu behalten und nicht bei der Bewältigung neuer Herausforderungen auf den Mainstream zu setzen.

1.4.2 Persönlichkeitsentwicklung und Resilienz

Um ein Konzept wie Teilzeit-Führung zu etablieren, braucht es in der augenblicklichen Situation offensichtlich Menschen, die sowohl über ihre eigenen psychischen Prozesse als auch über die Kraft verfügen, etwas anders zu machen und sich damit zu exponieren. Nicht jeder Mensch ist dazu in der Lage, sich „gegen den Wind" zu stellen.

▶   **Aufgepasst, Marie!**

Das ist so, Marie! Sich gegen den Mainstream zu stellen, fordert Anstrengung
und Selbstbewusstsein.

Das ist aber nicht immer schlimm, es zeugt vielmehr davon, dass Du weißt,
was Du kannst, was Du willst und dass Du daran glaubst, Neues umsetzen
zu können. Nicht umsonst gibt es den Spruch, dass jemand nur ein Feuer
anzünden kann, wenn er selbst für etwas brennt. Mache Dir Deine Stärken
deshalb besonders bewusst, schreibe sie womöglich auf und bewerte sie. Das
wird Dir helfen, mit großer Klarheit Deine Vorstellungen zu transportieren und
Dich souverän und glaubwürdig auftreten lassen.

Eine wichtige Voraussetzung mag in der persönlichen, oder auch der System-Resilienz,
bezogen auf die Organisation als System, liegen. Der Begriff (lat. resilire: zurückspringen,
abprallen) bezeichnet ursprünglich die Fähigkeit von Stoffen, nach einer Verformung
in die alte Form zurückzukehren. Mittlerweile wird der Begriff nicht nur in der Physik
und Ökologie verwendet, sondern auch in der Psychologie und im Management. Übertragen auf den Menschen beschreibt Resilienz die Fähigkeit, erfolgreich mit belastenden
Situationen (beispielsweise Druck, Stress, Misserfolgen, Unglücken, Notsituationen,
traumatischen Erfahrungen, Risikosituationen etc.) umzugehen. So verformt sich ein
Gummiball, wenn er aufprallt, und kehrt als Kugel in die Hand des Werfers zurück,
Wälder regenerieren sich nach einem Brand in der Regel relativ schnell, und manche
Menschen blühen in Krisensituationen auf, während andere unter dem Stress kollabieren.

Bezogen auf soziale Systeme beschreibt Resilienz die Toleranz gegenüber von innen
oder außen kommenden Störungen (z. B. in Veränderungssituationen). Ein resilientes System kann, sowohl grundsätzlich als auch situativ, Irritationen ausgleichen und
ertragen, gleichzeitig seine Integrität aufrechterhalten und sich auf neue Situationen
einstellen. So passt sich ein resilientes System an veränderte Bedingungen an, ohne die
grundsätzliche Stabilität zu verlieren.

Resilienz wird in der Psychologie als Synonym für die psychische Robustheit bzw.
seelische Stärke und Widerstandsfähigkeit eines Menschen in belastenden Situationen
verwendet. Die Grundlagen für das Verständnis der Widerstandsfähigkeit gegenüber Krisen gehen auf zwei unterschiedliche Forschungsrichtungen zurück. In der ersten wurde
untersucht, wie die Muster, mit denen Menschen die Welt erfassen, die Reaktion auf
Stresssituationen prägen. Geleitet wurde dieses Forschungsprojekt von den amerikanischen Psychologen Beck und Ellis, letzterer gehörte zu den Wegbereitern kognitiver
Verhaltenstherapien. Die zweite Forschungsrichtung untersuchte, was zwei verschiedene
Personengruppen, die intensivem Stress ausgesetzt sind, voneinander unterscheidet.

Zur Geschichte der Resilienzforschung
Als eine der ersten und grundlegendsten Arbeiten in der Resilienzforschung gilt die Langzeitstudie
der amerikanischen Entwicklungspsychologin Werner. Sie untersuchte den Einfluss einer Vielzahl von biologischen und psychosozialen Risikofaktoren auf die Entwicklung von 698 Kindern,

die 1955 auf der Insel Kauai (Hawaii) geboren wurden. Die erste Untersuchungsphase erfolgte in der pränatalen Entwicklungsstufe, dann jeweils im Alter von 1, 2, 10, 18, 32 und 40 Jahren. Besonders interessierte sich Werner für die 201 Kinder aus sozial schwachen Familien, die durch chronische Armut, geburtsbedingte Komplikationen, elterliche Psychopathologie und dauerhafter Disharmonie einem hohen Entwicklungsrisiko ausgesetzt waren. Die Studie ergab, dass zwei Dritteln dieser Kinder später kein geregeltes Leben gelang. Ein Drittel der Kinder, die erheblichen Risiken ausgesetzt waren, entwickelte sich zu leistungsfähigen, zuversichtlichen und fürsorglichen Erwachsenen. So gab es im Alter von 40 Jahren in dieser Gruppe die niedrigste Rate an Todesfällen, chronischen Gesundheitsproblemen und Scheidungen. Es gab keinen, der Konflikte mit dem Gesetz hatte noch Sozialhilfe benötigte. Alle hatten Arbeit, die Ehen waren stabil, sie schauten positiv in die Zukunft und hatten viel Mitgefühl für Menschen in Not. Laut Werner und anderen Wissenschaftlern waren diese Kinder flexibel, ausgeglichen und wenig ängstlich.

In den letzten Jahren befassen sich immer mehr Forscher auch vor dem Hintergrund zunehmender Veränderungsdynamiken mit dem Thema Resilienz und der Frage, wie Menschen ihre Widerstandsfähigkeit stärken können. Das Ergebnis beschreibt dabei nicht eine Methode, sondern eine Reihe von Strategien. Resilienz basiert auf Lebenseinstellungen und Verhalten, ist lernbar, wieder verlernbar und neu erlernbar und beschreibt somit einen Entwicklungsprozess. Es gilt also, zentrale Einflussfaktoren zu identifizieren und zu berücksichtigen, die den Entwicklungsprozess fördern. Die Resilienzforschung unterscheidet dabei innere und äußere Schutzfaktoren, die einen Einfluss auf die Ausbildung von Resilienz haben.

Resilienz ist ein komplexer Anpassungsprozess, der stetig in Gang gesetzt und durchlaufen werden muss. Resilienz ist kein Konzept mit eindimensionaler bzw. eindeutiger Zuschreibung von Ursache und Wirkung („wenn-dann"), sondern ist eines, das die Wahrscheinlichkeit einer Entwicklung beschreibt.

Eine stärkere Widerstandsfähigkeit kann entstehen durch eine Vergrößerung des Handlungsrepertoires in der Auseinandersetzung mit herausfordernden Situationen, die nicht mit den üblichen Mitteln bewältigt werden können. So müssen die inneren Kräfte durch Schwierigkeiten, Probleme und Krisen gestärkt und gleichzeitig bewährte Verhaltensmuster aufgebrochen werden. So hat Resilienz immer ein individuelles Profil, geprägt von den unterschiedlichen Situationen, mit denen man konfrontiert wurde.

Rampe (2005), beschreibt sieben Faktoren („Säulen"), die einen Einfluss auf die innere Stärke haben. In Abb. 1.4 findet sich die Säulen der Resilienz als Modell.

Die ersten drei Säulen beziehen sich auf Grundhaltungen, während die weiteren vier Säulen Fähigkeiten beschreiben. Bei der ersten Grundhaltung „Optimismus" liegt der Schwerpunkt auf einer positiven Weltsicht, einem positiven Selbstbild und einer realistischen Zuversicht. Hier ist entscheidend, wie gut es jemandem gelingt, die Aufmerksamkeit auf die erfreulichen Aspekte zu richten, ohne Risiken, Probleme etc. zu ignorieren, Niederlagen und Rückschläge als normal zu akzeptieren, sich selbst und das Leben mit Humor zu betrachten und daran zu glauben, Schwierigkeiten bewältigen und entsprechende Fähigkeiten aufbauen zu können.

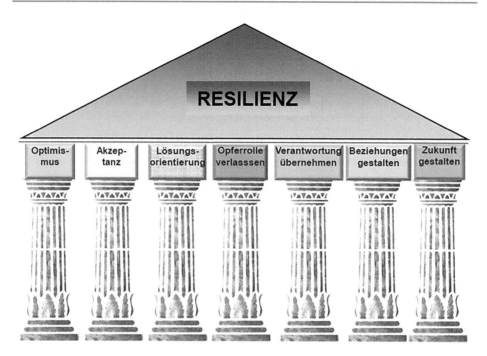

Abb. 1.4 Die Säulen der Resilienz. (Quelle: In Anlehnung an Rampe 2010; mit freundlicher Genehmigung der Autorin 2018. All Rights Reserved)

Die zweite Grundhaltung „Akzeptanz" bezieht sich auf Geduld und die Kraft abwarten zu können, Unabänderliches zu akzeptieren und sich selbst wertzuschätzen. Es geht also darum, nüchtern zu akzeptieren, was geschehen ist und schmerzlichen Tatsachen ins Auge zu blicken, zu unterscheiden, was man beeinflussen kann und was nicht, darauf zu vertrauen, dass jedes Ereignis auch positive Aspekte enthält und sinnvolle Konsequenzen nach sich ziehen kann, eigene Grenzen hinzunehmen und versöhnlich mit sich umzugehen.

Die Schwerpunkte der dritten Grundhaltung „Lösungsorientierung" liegen im Gelingen, aus der „Problem-Trance" herauszukommen, sich realistische Ziele zu setzen, Optionen zu entwickeln und kreativ zu denken. Wesentlich ist das Gelingen, Probleme systematisch in Möglichkeiten, Angebote und Chancen zu verwandeln, erste kleine Schritte als Anfang des Wegs zum Ziel wertzuschätzen, viele Möglichkeiten in den Blick zu nehmen und erst später zu bewerten, sowie ungewohnte Methoden zu nutzen und sich von anderen inspirieren zu lassen.

Die erste Fähigkeit, der ein Einfluss auf Resilienz zugeschrieben wird, nennt Rampe „die Opferrolle verlassen", und sie wird mit Selbstbewusstsein, Selbstwirksamkeit, angemessener Interpretation der Realität und der Erlangung von Freiheit durch Vergeben assoziiert. Hier kommt es darauf an, wie sehr es jemandem möglich ist, sich auf die eigenen Stärken zu besinnen und sich der eigenen Schwächen klar zu sein, davon überzeugt zu sein, dass das eigene Handeln Konsequenzen hat und auch kleine Schritte etwas

bewirken können, zwischen sachlichen Notwendigkeiten, eigenen Ansprüchen und fremden Erwartungen zu unterscheiden, den Anteil Anderer oder der Rahmenbedingungen
realistisch einzuschätzen und die Energie für (stumme) Vorwürfe und Hass umzulenken.

Als fünfte Säule führt Rampe die Fähigkeit „Verantwortung übernehmen" auf, was
die Verantwortung für das eigene Denken, (Nicht-)Tun und Fühlen und Selbst-Regulation
impliziert. Hier ist es also entscheidend, sich den eigenen Anteil einzugestehen und
nicht anderen die Schuld zuzuweisen, Gefühlen wie Trauer, Hilflosigkeit und Wut unter
Umständen Raum zu geben, für sich selbst zu sorgen, vorausschauend und initiativ zu handeln und Fehler als Lernchancen und Quellen für persönliche Entwicklung zu betrachten.

Die dritte Fähigkeit „Beziehungen gestalten" beschreibt das Engagement in sozialen
Netzwerken, Empathie, soziale Flexibilität, emotionale Intelligenz und Verbundenheit. So
ist es förderlich, ebenbürtige Beziehungen zu gestalten, unterschiedliche Stützsysteme zur
Ergänzung der eigenen Ressourcen aufzubauen, ohne vollkommen abhängig zu sein, um
Unterstützung, Rat und Hilfe bitten zu können, sich in andere hineinzuversetzen und ihre
Beweggründe nachzuvollziehen, unabhängig von Sympathie und Übereinstimmung, Wissen
und Fähigkeiten einzubringen und andere zu unterstützen, ohne sich selbst zu verausgaben.

Als letzte Säule und Fähigkeit wird „Zukunft gestalten" im Sinne von Antizipation,
Fokussierung und Zielorientierung aufgeführt. Hierbei ist es wichtig, solide und
umsichtig zu planen, potenzielle Wendungen vorzudenken und gleichzeitig für Unvor-
hergesehenes und Unvorhersehbares offen zu sein, Alternativen zu entwickeln und
durch die Wahlmöglichkeiten schneller, flexibler und handlungsfähig zu sein, sich selbst
zu motivieren durch Ausrichten auf Visionen, die Bedeutung haben und Sinn stiften
und damit übergeordnete Orientierung geben. Auch ist entscheidend, ob es jemandem
gelingt, durch klare Zielformulierung von der Absicht zum Handeln zu kommen und
langfristige Orientierung mit realer Umsetzung zu verbinden.

Wüthrich (2016) beschreibt die Organisationale Resilienz als ein „magisches Dreieck,
bestehend aus den Elementen Resistenz und Immunität, Wandel und Flexibilität sowie
Identität und Funktionsfähigkeit". Dabei kommt es darauf an, keines der Elemente zu
vernachlässigen zugunsten eines anderen.

> So gilt es, Resistenz und Immunität zu stärken ohne Flexibilität einzubüßen, Wandel zuzu-
> lassen ohne die Identität und eigene Wertebasis zu verlieren oder die Funktionsfähigkeit des
> Systems zu erweitern ohne an Resistenz einzubüßen.

Als Gestaltungsfelder einer resilienzzentrierten Führung, benennt er daher

1. Biografische Vielfalt kultivieren als Mittel, Normierung der Mitarbeitenden zu verhindern, was zu einer erhöhten Verletzlichkeit führt,
2. Übereffizienz abbauen, um den Mitarbeitenden den Raum für autonome Lösungen zu
   vergrößern und Synergieeffekte zu nutzen,
3. Potenzialentfaltung fördern durch eigenes Loslassen,
4. Experimente wagen, um die Reaktionsfähigkeit des Systems zu erhalten und
5. dem Scheitern eine Bühne geben, um ein einheitliches Verständnis für Lernen zu
   kreieren.

Das alles ist in vielen Organisationen reine Theorie. Doch bietet es eine Grundlage, aus der Führungsperspektive die Weichen für eine anpassungsfähigere Organisation zu stellen. Ein mögliches Projekt könnte die Einführung von Teilzeitmodellen sein. In Zeiten der Veränderung kommt der Resilienz ein immer größerer Stellenwert zu und neuere Untersuchungen stellen einen Zusammenhang zwischen der Resilienzfähigkeit von Organisationen und deren wirtschaftlichem Erfolg her. Im Gegensatz zur Resilienz des Individuums erscheint eine Organisation dann wandlungsfähig, wenn kulturelle Faktoren das Individuum ausreichend stabilisieren. Teilzeit-Führung kann in einer resilienten Organisation als lösungsorientiertes Verhalten gefeiert oder als „weiterer Beweis unserer Unfähigkeit" (Opferrolle) abqualifiziert werden. Je nachdem, welches kollektive Bewertungsmuster zugrunde liegt, wird sich die Teilzeit-Führungskraft als Pionier oder als Querulant fühlen.

1.4.3 Selbstcoaching

Führung hat einen maßgeblichen Anteil an der Akzeptanz von Teilzeit-Führung. In Kap. 3 werden wir noch einige Aspekte hinzufügen. An dieser Stelle möchten wir daher nicht nur Führungskräften, sondern auch allen, die in Zukunft in Teilzeit führen möchten, einen Hinweis geben, wie sie sich selbst auf den Arbeitsprozess der Zukunft und ihre Rolle darin vorbereiten können.

Die wichtigste Voraussetzung für persönliche Entwicklung ist die Bereitschaft zur Selbstreflexion. In den vorangegangenen Kapiteln haben wir einen (kleinen) Ausschnitt psychologischer Faktoren der Unterschiedlichkeit gezeigt. Vor diesem Hintergrund reicht oft schon ein kleines Innehalten mit der Frage an sich selbst, ob man eine Situation oder vermeintliche Faktenlage vielleicht auch anders sehen und bewerten kann. In der Regel kann man das nämlich. Wenn diese Frage beantwortet ist, eröffnen sich wie durch Zauberhand zusätzliche Verhaltensoptionen. Wenn man einmal begriffen hat, dass es nicht in erster Linie darum geht, andere grundsätzlich von der eigenen Sichtweise überzeugen zu müssen, werden Diskurse möglich und Teamarbeit bekommt eine neue Qualität, da man gelernt hat, dass andere Perspektiven das eigene Denken bereichern. Simpler Tipp: Ersetzen Sie in der nächsten Teamdiskussion jedes „aber" durch ein „und" und nehmen Sie einmal den Unterschied wahr.

In komplexen Situationen fehlt oft die Zeit, planvoll, d. h. rational, Entscheidungen zu treffen und in Verhalten zu überführen. Erkenntnisse der modernen Hirnforschung legen nahe, dass die meisten Entscheidungen unbewusst im Limbischen System auf der Basis emotionaler Kriterien getroffen werden. Besonders die Arbeiten von Gerhard Roth fördern ein umfangreicheres Verständnis der Zusammenhänge von neuronalen Prozessen und dem, was wir Empfindung nennen. Wo genau ist dabei eine eindeutige Unterscheidung zu treffen zwischen vernünftigen (gerne im professionellen Kontext auch rational genannten) Entscheidungsherleitungen und dem sogenannten Bauchgefühl? Die große Herausforderung besteht also darin, die neurobiologischen Grundlagen des „Seelischen" zu bestimmen und zugleich die Fallstricke eines Reduktionismus wie die eines Dualismus zu vermeiden. So ist im Grunde natürlich jede Empfindung das Produkt neuronaler Prozesse und synaptischer Kommunikation. Wozu kann also Selbstreflexion gut sein? Roth und Strüber (2014) beschreibt die revolutionären Entwicklungen der Neurophysiologie der vergangenen Jahre als „Quantensprung", weil nachgewiesen werden konnte, dass z. B. psychische Traumatisierungen neurochemische Veränderungen hervorrufen, die wiederum Gehirnmechanismen maßgeblich verändern. So verändert sich die Empfindlichkeit gegenüber den Auswirkungen früherer Erfahrungen dahin gehend, dass die Psyche durch den veränderten Mechanismus geschützt wird. Diese Veränderungen können sogar genetische Verankerungen hervorrufen, also die genetischen Voraussetzungen nachkommender Generationen beeinflussen. Sicher wird der Laie in den nächsten Jahren kaum in der Lage sein, die den zugrunde liegenden Empfindungen entsprechenden hirnphysiologischen Prozesse bei sich selbst analysieren und damit vorhersagen zu können. Für das Verständnis der eigenen Persönlichkeit und der damit verbundenen Denk- und Handlungsmuster allerdings können daraus sicher wertvolle Erkenntnisse gezogen werden. So wird über die Auseinandersetzung mit dem eigenen Jähzorn z. B. keine moralische Bewertung herbeigeführt, sondern vielmehr aktiv nach Lernprogrammen zur Vermeidung des eigenen „Verhaltensmechanismus" in entsprechenden Situationen geforscht. Kehren wir zum Ausgangspunkt dieses Kapitels zurück, so ist die durch Selbstreflexion gewonnene Multioptionalität des eigenen Verhaltens aus der ökonomischen Perspektive die beste Voraussetzung für Handlungsfähigkeit in komplexen oder instabilen Situationen. Im umgangssprachlichen Sinne könnte man es so formulieren: Ich weiß, wo meine empfindlichen Stellen, meine überzeugenden Fähigkeiten und meine inneren Antreiber sind, kann all das in einen übergeordneten (situativen) Kontext bringen und treffe dementsprechend „richtige" Entscheidungen (die auch darin bestehen können, jemand anderen einzubeziehen, der die eigene Lernvergangenheit, also Prägung nicht teilt). Über die Kenntnis der eigenen Persönlichkeitsmerkmale hinaus kann in einem Team/einer Organisation so der Reifegrad maßgeblich angehoben werden, was positive Effekte auf allen Arbeitsebenen zur Folge hat (Greve et al. 2016)!

1.5 Betriebswirtschaftliche Aspekte (Makroebene)

Damit Unternehmen konkurrenzfähig sind, müssen sie Vorteile gegenüber anderen Anbietern auf dem Markt aufweisen. Teilzeit-Führung ist für viele Unternehmen eine Blackbox, es ist unklar, mit welchem Aufwand eine Implementierung verbunden ist. Außerdem scheint es ungewiss, ob das Modell überhaupt funktioniert und an entstehende Kosten mag der Controller gar nicht denken. Da ist es nicht verwunderlich, dass zahlreiche Unternehmen dieses Führungsmodell erst einmal auf die lange Bank schieben. Jedoch ist schnelles Handeln geboten, um die notwendige Flexibilisierung realisieren zu können. Das Ziel ist es herauszufinden, inwiefern Führungskräfte mit einem geringeren

Arbeitspensum gute Führung im Sinne des Unternehmensziels leisten können und welche Vorteile daraus für die Organisation entstehen. Der Return on Investment (ROI) ist dabei nur schwer mit den gängigen Formeln zu errechnen, da sich die Investition auf die Organisation selbst bezieht und sich dementsprechend nicht unmittelbar in den Erträgen niederschlägt. Hier muss der Blick über den Tellerrand als Entscheidungshilfe herangezogen werden. Da sich die klassische Berechnung des ROI immer an Zahlen aus der Vergangenheit orientiert und nur marginal Entwicklungen in der Zukunft berücksichtigt, muss an die Stelle der Zahlen die Überzeugung und Einsicht treten, dass im Rahmen der globalen Entwicklungen Flexibilität und Innovationskraft eine größere Rolle im Wettbewerb spielen wird. Teilzeit-Führung aus Angst vor hohen Kosten oder schwer kalkulierbaren Veränderungen auszuschließen, wäre daher eine Fehlentscheidung.

Die Kriterien für Teilzeit-Führung sind schwer messbar. Mitarbeiterzufriedenheit durch flexiblere Arbeitszeiten hat in den klassischen Kennzahlen keinen Raum. Lediglich das relativ moderne Management-System OKR (Objectives and Key Results) bildet Führungs- und Unternehmensziele auch mit weichen Faktoren ab. Wie soll also gemessen werden, dass der Mitarbeiter womöglich zufriedener ist, weil er flexibler arbeiten darf oder die Dame aus der Buchhaltung gerne ihr Wissen an andere Mitarbeiter weitergibt, weil sie nicht überarbeitet und gestresst ist, sondern Freude an ihrem Beruf hat und sich mit ihrer Arbeitsweise identifizieren kann? Messungen führen hier nicht weiter. Es kommt darauf an, Weitblick, Vision und Werte ohne Zahlenuntermalung in die Organisation zu integrieren. Es bedarf der Fähigkeit des „Segelns auf Sicht", etwas Neues zu wagen, ohne eine zahlenbasierte (vermeintliche) Sicherheit zu haben, zu erwartende Gewinne daran ablesen zu können. Es bleibt am Ende die eher menschliche Einsicht als Entscheidungsgrundlage, dass eine positive Arbeitshaltung indirekt viele positive Nebeneffekte mit sich bringt, ohne sich direkt im EBIT Marge niederzuschlagen, das Unternehmen also erst einmal indirekt, im stillen Kämmerlein, durch Teilzeit-Führung profitiert.

Häufig haben wir im Laufe unserer Recherche die gleichen Argumente gegen die Einführung einer Teilzeit-Führungsposition vorgefunden, wobei die größten Kosten den Top-Sharing-Positionen zugeschrieben wurden, was auf den ersten Blick stimmig zu sein scheint. Bei genauerer Betrachtung stellt man jedoch fest, dass das zu kurz gedacht ist.

Stellen wir uns folgendes Szenario vor:

Teilen sich zwei Führungskräfte eine Stelle, so entstehen in der Konsequenz mehr Kosten. Jedoch eröffnet eine detailliertere Betrachtungsweise einige Möglichkeiten, an der Kostenschraube zu drehen. Erhalten beide Personen einen Firmenwagen? Hat jede Person ein eigenes Büro, fallen daraus resultierend doppelte Kosten für die Büro- und Materialausstattung an? Was ist mit Firmenhandys? Die Personalrekrutierung von zwei Personen, die bereit sind, sich eine Führungsposition zu teilen, sowie ein höherer Einarbeitungsaufwand sind objektiv nachvollziehbar, auch höhere Sozialkosten entstehen. Bei all diesen Aufzählungen ist es kein Wunder, dass für viele das Thema an dieser Stelle bereits beendet ist, da für sie die **möglicherweise** höheren Kosten (es gibt keine bestätigenden Quellen/Kalkulationen dazu) ein Ausschlusskriterium sind. Genau an dieser Stelle tritt dann die Vernunft einen Schritt zurück und der Mut und der Glaube an die Veränderung sollten einen Schritt vortreten. Denn eine höhere Arbeitsqualität, ein besseres Betriebsklima, gesündere Mitarbeiter und in der Konsequenz auch die Gesundheit des Unternehmens sind einfach schwer abzubilden, und dennoch real, wie viele Erfahrungsberichte belegen.

Von halbherzigen Versuchen, durch kurzfristige Ad-hoc-Maßnahmen einen Vorteil zu generieren, ist aus unserer Sicht abzuraten. Es ist ein verändertes Mindset, ein Prozess in den Köpfen, der langfristig eine andere Unternehmenskultur entstehen lässt und damit zukunftssichernd wirkt.

Denn richtig ist auch, dass der Firmenwagen des Geschäftsführers in statusorientierten Unternehmenskulturen rund 85.000 EUR kostet, der der angestellten Führungskräfte im Schnitt um die 60.000 EUR. Bei nur 20 Personen kommen wir dann auf eine Investition von über 1,2 Mio. EUR (das kann man auch versuchsweise mit Leasing-Raten kalkulieren, um die monatlichen Belastungen deutlich zu machen). Im anzustrebenden Mindset werden Investitionen in Menschen einen höheren Stellenwert einnehmen, als die statusorientierten Sachinvestitionen für eine möglichst sichtbare Führungsebene.

Literatur

Collin C, Nigel B, Ginsburg J, Grand V, Lazyan M, Weeks M (2012) Das Psychologie Buch. Dorling Kindersly, München

Comer RJ (2008) Klinische Psychologie. In: Sartory G (Hrsg) (6. Aufl). Spektrum Akademischer, Heidelberg

Dilts RB, Kierdorf T, Höhr H (1997) Kommunikation in Gruppen und Teams. Junfermannsche Verlagsbuchhandlung, Paderborn

Dobelli R (2011) Die Kunst des klaren Denkens. Hanser, München

Glansdorff P, Prigogine I (1971) Thermodynamic theory of structure, stability and fluctuations. Wiley-Interscience, London

Gloger B, Margetich J (2014) Das Scrum-Prinzip. Schäffer-Poeschel, Stuttgart

Greve A, Freytag V, Katterbach S (2016) Unternehmensführung und Wandel aus Sicht der Wirtschaftsförderung. Springer Gabler, Wiesbaden

Hackl B, Gerpott F (2015) HR 2020 Personalmanagement der Zukunft. Vahlen, München

Heuser J (2012) Schreck der Ökonomen. http://www.zeit.de/2012/21/L-P-Kahneman. Zugegriffen: 8. Mai 2016

Hofert S (2017) Warum nicht die Besten, sondern die Gleichsten Karriere machen. https://karriereblog.svenja-hofert.de/2017/10/warum-nicht-die-besten-sondern-die-gleichsten-karriere-machen/. Zugegriffen: 27. Okt. 2017

Hucke V (2017) Mit Vielfalt und Fairness zum Erfolg. Springer Gabler, Wiesbaden

Kahnemann D (2012) Schnelles Denken, langsames Denken. Siedler, München

Kauffeld S (2011) Arbeits-, Organisations- und Personalpsychologie. Springer Medizin, Heidelberg

Kotter J (2006) Das Pinguin-Prinzip. Droemer, München

Kruse P, Schomburg F (2016) Ohne Paradigmenwechsel wird es nicht gehen. In: Geramanis O, Hermann K (Hrsg) Führen in ungewissen Zeiten. Impulse, Konzepte und Praxisbeispiele. Springer Fachmedien, Wiesbaden, S 3–15

Kruse P, Stadler M (1995) Ambiguity in mind and nature. Multistable Cognitive Phenomena. Springer, Berlin

Kruse P (2005) nextpractice. Erfolgreiches Management von Instabilität. Gabal, Offenbach

Landau S (2015) Ansätze für die Zukunft. Rundschau für den Lebensmittelhandel 06:18

Luhmann N (2016) Der neue Chef. Suhrkamp, Berlin

Malcher I (2015) Die Dinosaurier leben noch. brand eins. 03.2015

Next Germany (2017) (Gatterer H). In: Zukunftsinstitut GmbH (Hrsg.) Next Germany. Frankfurt a. M.

Pfläging N (2011) Führen mit flexiblen Zielen. Campus, Frankfurt a. M.

Rampe M (2005) Der R-Faktor. Das Geheimnis unserer inneren Stärke, 2. Aufl. Knaur, München

Rampe M (2010) Der R-Faktor. Das Geheimnis unserer inneren Stärke, 3. Aufl. Knaur, München

Roth G (1986) Selbstorganisation – Selbsterhaltung – Selbstreferentialität. Prinzipien der Organisation der Lebewesen und ihre Folgen für die Beziehung zwischen Organismus und Umwelt. In: Dress A, Hendrichs H, Küppers G (Hrsg) Selbstorganisation. Piper, München, S 149–180

Roth G, Strüber N (2014) Wie das Gehirn die Seele macht. Klett-Cotta, Stuttgart

Schulz J (2017) Mehr Teilzeit, mehr vom Leben. Süddeutsche Zeitung. 195. 25. August 2017

Statistisches Bundesamt (2017) Drei Viertel des Gender Pay Gap lassen sich mit Strukturunterschieden erklären. https://www.destatis.de/DE/PresseService/Presse/Pressemitteilungen/2017/03/PD17_094_621.html. Zugegriffen: 19. Okt. 2017

Wüthrich HA (2016) Resilienzzentrierte Führung. In: Geramanis O von, Hermann K (Hrsg) Führen in ungewissen Zeiten. Springer Gabler, Wiesbaden, S 17–31

Das Umfeld

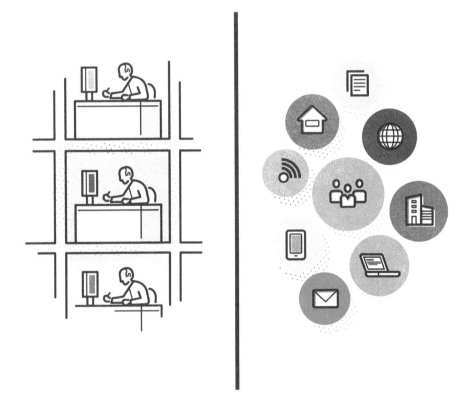

© Springer Fachmedien Wiesbaden GmbH, ein Teil von Springer Nature 2019
S. Katterbach und K. Stöver, *Effektiver und besser führen in Teilzeit*,
https://doi.org/10.1007/978-3-658-22937-5_2

Zusammenfassung

Wer heute eine Ausbildung beginnt, kann sich nicht sicher sein, die nächsten 40 Jahre in diesem Beruf arbeiten zu können. Die Digitalisierung beschert uns völlig neue Steuerungsprozesse und Wirkmechanismen, Roboter übernehmen mehr und mehr Tätigkeiten und sind längst nicht mehr nur in Produktionsprozessen eingesetzt. In wenigen Jahren werden alltägliche Gewohnheiten von Apps und Datentransfers abgelöst und wahrscheinlich gibt es in absehbarer Zeit keinen Bargeldverkehr mehr, weil man mit dem Smartphone bezahlt. Autonomes Fahren und Elektromobilität verdrängen das klassische Auto als Statussymbol. Es gilt, sich mit den Übergängen vertraut zu machen, um nicht von der gigantischen Veränderungswelle überrollt zu werden. Teilzeit-Führung ist also weniger eine abstrakte Idee, als vielmehr die Gestaltung des Übergangs in eine völlig neue Arbeitswelt.

2.1   Der Übergang zur Teilzeit-Führung braucht Instabilität

Als ich (SK) vor vielen Jahren anfing, für Prof. Peter Kruse und das Beratungsunternehmen nextpractice Vorträge zu halten, übernahm ich von Kruse den einleitenden Satz, weil er mich faszinierte. Er lautete in etwa so: Wenn ein Außerirdischer das Treiben der Menschheit aus dem All beobachtet, wird er feststellen, dass ein großes, allumfassendes Projekt vorangetrieben wird: die Vernetzung der Welt. Besonders überzeugend ist die Außerirdischen-Perspektive, weil sie eine Wahrnehmung beschreibt, die wir selber in unserem direkten Umfeld kaum noch differenzieren können. Zu sehr sind wir gefangen in unseren Lebenswelten. Aus der Perspektive des Außerirdischen wird es jedoch wieder deutlich: Die Vernetzung ist der Treiber unseres gesellschaftlichen Wandels, Fluch und Segen zugleich und vor allen Dingen unumkehrbar. Denn wie der Zauberlehrling bieten wir Heerscharen von Internetpolizisten auf, um etwas zu kontrollieren, das längst unkontrollierbar geworden ist. Wie bei jeder bedeutenden Entwicklungsstufe müssen wir uns dem Neuen in einem Lernprozess anpassen, Vorteile und Nachteile gegeneinander abwägen und Regeln im Umgang damit aushandeln. Nur lässt uns die Geschwindigkeit in diesem Fall atemlos zurück bei dem Versuch, dem fahrenden Zug hinterherzulaufen.

Eine ebenso alte, wie nutzlose Strategie im Umgang mit dem Neuen wird in vielen Unternehmen nach wie vor angewendet. Sie besteht darin, so zu tun, als könnten die alten Lösungen auf die neuen Herausforderungen angewendet werden.

Beispiel

Vor ca. drei Jahren begleitete ich (SK) einen Umstrukturierungsprozess in einem mittelständischen Unternehmen der Automobilzulieferer-Branche. Als zentrales Ziel des Prozesses wurde die Flexibilisierung herausgearbeitet und kommuniziert. Da sich die Kundenanforderungen in immer kürzeren Zeitabständen veränderten, müsse man schneller dazu in der Lage sein, Prozesse anzupassen.

Ich führte Analysegespräche mit 12 Führungskräften und besuchte sie zu diesem Zweck in ihren Büros. Beim Leiter des technischen Einkaufs entdeckte ich eine riesige Regalwand voll mit Ordnern. Einheitliche Etiketten wiesen auf ein geordnetes System hin. Bei näherem Hinsehen konnte ich eines dieser Etiketten lesen. Die Aufschrift lautete: „E-Mail – April–Juni 2014", was mich bei aller Professionalität und Distanz zu der Nachfrage zwang, ob es sich bei dem Inhalt *tatsächlich* um ausgedruckte E-Mails handele. Und so war es in der Tat.

Ich möchte die betroffene Führungskraft nicht diskreditieren, es gab Gründe für seine Art der Aktenführung, die in der Kultur des Unternehmens lagen. Dort, wie in vielen anderen Organisationen, gab es die Tendenz, sich jederzeit abzusichern und einen Nachweis über das eigene Handeln in der Hinterhand zu halten, um nicht für die Fehler anderer zur Rechenschaft gezogen werden zu können.

Das Umfeld verändert sich rasant, das realisieren mittlerweile die meisten. Doch was ist zu tun? Es gibt keine verlässlichen und allgemeingültigen Antworten mehr. In dieser Unsicherheit ist es für viele Menschen naheliegend, nach dem Altbewährten zu greifen, statt sich auf unsicheres Terrain zu begeben. „Die größte Gefahr in Zeiten des Umbruchs ist nicht der Umbruch selbst – es ist das Handeln mit der Logik von gestern." Dieses Zitat von Peter Drucker beschreibt die große Herausforderung, sich individuell und kollektiv endlich der Überzeugung von Albert Einstein anzuschließen, dass Probleme nicht mit der gleichen Bewusstseinsebene gelöst werden können, die sie verursacht hat. Wenn ich an einer Tür rüttele, weil sie verschlossen ist, hilft stärkeres Rütteln in der Regel nicht, sie tatsächlich zu öffnen.

„Wirklich gut funktioniert in vielen Unternehmen die „Produktion" von demotivierten Mitarbeitern, die unter Burn-out oder Bore-out leiden. Keine gute Voraussetzung, wenn die Devise „Innovation, Effektivität und Wachstum" lautet und der Nachwuchs an qualifizierten Mitarbeitern knapp wird" (Gloger und Margetich 2014). Als häufigste Gründe für Demotivation gelten heute unbewegliche Strukturen und der Mangel an Sinn in der Arbeit. Die heranwachsenden Generationen, die bald mit ihren Ideen und Erwartungen die Mehrheit der Mitarbeiter in Unternehmen bilden werden, brauchen ein unterstützendes und ideenförderndes Umfeld. Ihre Führungsverantwortung wird einen völlig anderen Charakter haben (siehe Kap. 3), und um schon heute den Grundstein für ihren Erfolg zu legen, ist Teilzeit-Führung ein erfolgversprechendes Konzept. Es ist ein erster Schritt, das Umfeld auf die Erfordernisse der Zukunft anzupassen.

Matthias Horx beschreibt die Arbeitswelt im 21. Jahrhundert mit der Enterprise-Metapher:

> Die Enterprise (der Name sagt es) befindet sich, wie moderne Unternehmen, in unerforschten Quadranten des Weltraums (= volatile globale Märkte). Sie ist konfrontiert mit Überraschungen (Innovationen, neue Technologien), die dem Team das Äußerste an Wissen und Reaktionsschnelle abverlangen. Sie befindet sich in ständiger Konfrontation mit seltsamen Spezies (= Konkurrenten), die völlig unberechenbar erscheinen (Horx 2005, S. 41).

In dieser Arbeitswelt hat Geld einen anderen Stellenwert und tritt in den Hintergrund. Die Währung der Zukunft ist Muße. Auch das uns bekannte vertikale Konkurrenzprinzip, bei dem alle die gleichen Fähigkeiten anstreben, entwickelt sich nach Horx zu einem horizontalen Wettbewerb, in dem es gilt, die Andersartigkeit zu trainieren. Eine Führungskraft zeichnet sich dann nicht mehr durch absolute Autorität aus, sondern durch ihre Fähigkeit, die Unterschiedlichkeit bestmöglich zu moderieren und zielgerichtet zu fördern. Der aktive und bewusste Kontakt mit dem Fremden und Unbekannten gilt als Motor für Entwicklung. So war evolutionsbiologisch der Cro-Magnon-Mensch dem Neandertaler überlegen und sicherte sich seine Existenz, weil er in der Zwischeneiszeit den Handel mit anderen Stämmen suchte und seine Kommunikationsfähigkeit dadurch entwickelte. Ökonomisch findet sich dieses Prinzip in der Hanse, die den Austausch von Waren mit fremden Kulturen und Ländern suchte oder dem Empire wieder. Es scheint also einen Wettbewerbsvorteil zu verschaffen, sich aktiv mit dem auseinanderzusetzen, was uns fremd, mitunter sogar feindselig erscheint. Kognitive Diversität ist dementsprechend ein zentrales Erfolgskriterium. Heute können wir diese Strategien viel intensiver reflektieren und wählen, welchem Weg in die Zukunft wir vertrauen. Wir sollten bewusst die Weichen stellen.

Kulturelle und ökonomische Entwicklungen verlaufen nicht linear. Auch wenn unsere Arbeitswelt auf den ersten Blick nichts mehr gemeinsam hat mit dem Broterwerb im Mittelalter, so finden sich mitunter doch Elemente davon wieder. Horx beschreibt sie als „Retros" der Arbeit. So erlebt das Handwerk im neuen Gewand eine Renaissance, Seifen werden wieder nach alten Rezepten gekocht, Winzer kehren zu traditionellen Methoden zurück und erobern sich Marktanteile, indem sie über die Tradition ihre Einzigartigkeit betonen und bei den Konsumenten den Wunsch nach „guten, alten, ehrlichen" Produkten bedienen. Interessant für Teilzeit-Führungskräfte ist das „Retro des Ortes". Nach vielen Experimenten rund um das Thema Arbeitsplatzgestaltung, Home-Office etc. „kommt dem Genius loci eines Unternehmens wieder eine herausragende Bedeutung zu" (Horx 2005, S. 146). Ähnlich wie zu Beginn der Industrialisierung legt man Wert darauf, einen Ort mit „Seele" zu schaffen, der ästhetisch und einladend ist. In der postindustriellen Arbeitswelt sollen Wissen, Raum und Produktivität verschmelzen. Dieser Ort soll Begegnungen ermöglichen und die Kreativität fördern. Doch niemand kann heute noch davon ausgehen, dass das der einzige Ort zum Arbeiten sein wird. Eine zeitliche wie örtliche Flexibilisierung der Arbeit ist bereits heute vielfach zu beobachten. Google baut kein Unternehmen im klassischen Sinne, sondern „communities", in denen Beruf und Freizeit miteinander verschmelzen:

> We want to create opportunities for people to have ideas and be able to turn to others right there and say, ‚What do you think of this?' (Google Careers 2017).

Unternehmen wie Google sind experimentelle Vorreiter und nicht jeder kann diesem neuen Arbeitsbegriff heute schon etwas abgewinnen. Doch wird sich die Entwicklung weiter fortsetzen und auch keinen Halt vor dem deutschen Mittelstand machen. Für Teilzeit-Führungskräfte ist es aktuell bereits die Realität, den erwerbstätigen Teil ihres

Lebens nach den vorhandenen Rahmenbedingungen (Vorgaben des Arbeitgebers, familiäre Situation) auszurichten.

Das „Retro der Erfahrung" ist ein weiteres Phänomen, das sich auf das Modell der Teilzeit-Führung auswirkt.

> In vielen geistig wachen Unternehmen unserer Tage findet gerade eine Umkehrung der altersrassistischen Betrachtungsweise statt, die viel zum „Desk Rage" unserer Tage beigetragen hat (der großen Wut und Verunsicherung in der Angestelltenkultur) (Horx 2005, S. 146).

Als Relikt des Taylorismus wurden ältere Arbeitnehmer wegrationalisiert. Wissen, Erfahrung und Kundenkontakte liegen heute wieder eher in der Waagschale der Älteren, gleichwohl das Schreckgespenst einer Arbeitslosigkeit ab 50 immer noch umgeht und auch häufig die Realität bestimmt. Aus ökonomischer Sicht ist die Frage erlaubt, in welcher Gesellschaft wir leben, in der es möglich ist, diese mächtigen Ressourcen brachliegen zu lassen? Gerade für die Menschen über Mitte 50 wäre ein Teilzeit-Führungsmodell ideal; eine schrittweise Reduzierung der Arbeitszeit bei gleichzeitiger Nutzung der Expertise ist für alle Beteiligten ein Gewinn. In der heutigen Arbeitsrealität beobachte ich aus der Beraterperspektive eine zunehmende Freizeitorientierung bei älteren Mitarbeitern. Mit der vermeintlichen Sicherheit eines Arbeitsvertrags und der kulturell bedingten Überzeugung, man könne und wisse alles, wird die Energie aus dem Arbeits- und Lernprozess herausgezogen und in eine parallele Freizeitwelt investiert. Der Austausch zwischen den Generationen findet kaum statt und Ältere manövrieren sich damit selbst an den Rand des Geschehens. Eine effiziente Nutzung der Ressourcen setzt voraus, dass Alte wie Junge die Bereitschaft zu ständigem Lernen aufbringen und im Dialog bleiben, um kreativ neue Möglichkeiten zu entwickeln.

> Das Prinzip der Kreativität demontiert das Zeitmaß abhängiger Arbeit. Wie lange einer in der Firma sitzt, das sagt nichts aus über seine Produktivität (im Gegenteil: oft eine negative) (Horx 2005, S. 146).

Das gilt für die Lebensarbeitszeit ebenso, wie auf die Wochenarbeitszeit. In komplexen Zusammenhängen (und der globale Wandel macht auch unsere Arbeit komplexer) sind unkonventionelle Lösungen das Produkt eines komplexen (heterogenen) Teams. Es ist daher dringend notwendig, die Wertschätzung des „Anders-Seins" in Unternehmen zu fördern. Dementsprechend bezieht sich der moderne Begriff „Diversity" aus meiner Sicht nicht nur auf alle Geschlechter und Hautfarben, sondern auch auf das Alter.

„Das ist doch hier keine basisdemokratische Veranstaltung!" Diese Aussage hörte ich noch bis vor einigen Jahren immer dann, wenn mein Beratungsansatz darauf beruhte, Mitarbeiter in Prozesse einzubinden und sich aus der Perspektive der Unternehmensführung ergebnisoffen darauf einzulassen. Auch wenn damals schon Basisdemokratie mit Anarchie gleichzusetzen ein grundlegendes Missverständnis offenbarte, so stand hinter diesem Standardspruch ein nicht infrage zu stellender Anspruch auf hierarchische Ideen- und Lösungsfindung. Wer „oben" ist im Unternehmen, der weiß alles, kann alles, kennt alle Lösungen und hat die uneingeschränkte Macht, sie durchzusetzen. So wurden über Jahrhunderte hinweg Unternehmen geführt. Selbst wenn wir in einem demokratischen Staat leben, geben wir unsere Bedürfnisse nach Mitbestimmung und Verantwortungsübernahme am Firmentor ab oder geben uns zumindest mit dem zufrieden, was uns als Rahmen dafür in der Arbeitswelt zur Verfügung gestellt wird. Aus der psychologischen Perspektive ist es nicht verwunderlich, dass traditionell Männer Unternehmen leiten, da die Grundmotive „Macht" und „Status" bei Männern stärker ausgeprägt sind. Was also bis vor wenigen Jahren als Utopie galt, hat sich langsam aber sicher als Diskussionsthema durch die Hintertür hineingeschlichen. Angestoßen von einer Generation neuer „Wilder", die in den Arbeitsmarkt drangen und mit großem Selbstbewusstsein das einforderten, was sie in ihrer Erziehung erfahren hatten, wurde die Demokratisierung der Unternehmenswelt immer häufiger und lauter diskutiert. Erste Pilotprojekte zeigen, dass an die Organisation angepasste demokratische Prinzipien gut funktionieren. So ist das Unternehmen „Buurtzorg" (zu Deutsch Nachbarschaftshilfe), ein ambulanter Pflegedienst aus Holland, zum Vorzeigeprojekt für selbstorganisierte Arbeitsteams mit demokratischer Struktur geworden. Aus Unzufriedenheit über die Zustände in der ambulanten Altenpflege gründete Jos de Blok vor gut 10 Jahren sein erstes eigenes Team und machte alles anders: Ausgehend von der Frage nach dem eigentlichen Sinn der Arbeit in der Pflege entwickelte er ein eigenes Konzept und gewann innerhalb kurzer Zeit viel Zustimmung. Mittlerweile liegt der Marktanteil von Buurtzorg in den Niederlanden bei 40 %. Ausschlaggebend dafür sind mehrere Faktoren. Zunächst stellte er Effizienzregeln des klassischen Managements infrage und fokussierte auf die Aufgabe, Patienten auf ihrem Genesungsweg so effektiv wie möglich zu unterstützen. Bei Buurtzorg wird die Pflege strikt von der Bürokratie getrennt, sodass man sich zu 100 % auf die Pflege vor Ort konzentrieren kann. Die Nutzung digitaler Medien erlaubt es den Pflegenden, jederzeit auf alle Daten eines Patienten zuzugreifen. Jedes Buurtzorg-Team besteht aus maximal 12 Personen. Jos de Blok gibt als Begründung dafür die Anzahl der Personen an, die um einen runden Tisch sitzen können. Unter den 12 Mitarbeitenden gibt es keine Manager, das Team verteilt intern selbstorganisiert alle zu erledigenden Aufgaben hierarchiefrei, das Einkommen ist durchschnittlich höher als bei der Konkurrenz. Jedem Team steht jährlich ein Budget von 350.000 EUR zur Verfügung, wovon 3 % in Weiterbildungen investiert werden. Angehörige, Nachbarn und Freiwillige gehören zum Netzwerk und werden aktiv in die Pflege eingebunden. Mit einem Jahresumsatz von 300 Mio. EUR hat sich Buurtzorg zum Riesen der Branche in den Niederlanden entwickelt, an dem auch die Politik nicht mehr vorbeikommt. Nach eigener Aussage von Jos de Blok wurde in den vergangenen 10 Jahren ein Vermögen für Rechtsberatung und -beistand ausgegeben. Das ist nicht verwunderlich, wenn man sich vorstellt, wie viele Gesetze gebrochen werden müssen, wenn man der Administration abschwört. Es gelang durch kreative Ideen innerhalb einiger Jahre, die Kosten pro Patient fast zu halbieren bei gleichzeitig hoher Patienten- und Mitarbeiterzufriedenheit. De Bloks System basiert auf einem grundsätzlich positiven Mitarbeiterbild. Kompetenz, ein guter Wille und die Bereitschaft zu persönlichem Engagement werden allen Mitarbeitern unterstellt. Die dezentrale Organisation entzieht sich den klassischen Kontrollmechanismen herkömmlicher Unternehmensstrategie und sollte daher von einem gemeinsamen modernen Demokratieverständnis getragen werden, in dem jeder Vertreter nach bestem Wissen und Gewissen Entscheidungen für die Allgemeinheit trifft. Entgegen dem missverstandenen Demokratiebegriff, in dem jede Entscheidung abgestimmt werden muss, gilt hier ein „partnerschaftliches System, in dem Gleichheit zwischen Kollegen und Hierarchieniveaus zur Norm wird." (Pfläging 2011, S. 209).

Es gibt viele Beispiele, die zeigen, dass unser Umfeld längst bereit und in der Lage ist, Arbeit und Arbeitszeit völlig neu zu denken. Damit verbunden ändert sich selbstverständlich auch das Führungsbild. Kürzlich sagte ein Professor für Betriebswirtschaftslehre und nachhaltiges Management zum Thema Teilzeit-Führung zu uns: „Die Selbstorganisation kommt sowieso, auch wenn die meisten es noch nicht wahrhaben möchten. Es werden die erfolgreich sein, die jetzt mit Teilzeit-Führung anfangen und ihre Organisation daran reifen lassen."

Wenn sich das Umfeld so radikal verändert, wie wir es derzeit erleben, reicht es nicht aus, in den alten Mustern und Strukturen besser zu werden. Es besteht eine dringende Notwendigkeit, etwas völlig anderes zu tun. Das erfordert Mut zur Kreativität ebenso, wie Mut zum Scheitern. Um sich in einem neuen Paradigma zurechtzufinden, muss das alte Muster (kreativ) zerstört werden.

Das ist für Menschen nicht so einfach, ist doch ihre Aufmerksamkeit auf die Erhaltung des Bestehenden gerichtet. Erfolgreiche Strategien werden intuitiv bevorzugt und möglichst weiterentwickelt, statt etwas völlig Neues auszuprobieren. Das gilt für Organisationen, die ja von Menschen gemacht und geführt werden, ebenso. Auch die, in unserem (Alltags-) Denken fest verankerte Vermutung, dass hinter jeder Ordnung (Situation, Zustand) sich eine ordnende Instanz befindet, bleibt oft unreflektiert, was zu Fehlschlüssen führen kann. Selbstorganisation ist etwas, woran man nur schwer glauben kann. Doch gibt es schöne Beispiele, die das Vertrauen in die Selbstorganisation von Systemen nahelegen. So beschreibt Kruse (2004, S. 50) folgendes Beispiel:

> Werden beispielsweise eine rote und eine blaue Flüssigkeit miteinander vermengt, so wird niemand erwarten, dass sich die violette Mischung selbsttätig (also etwa ohne die ordnende Einwirkung von Zentrifugal- oder Schwerkraft) wieder in zwei eindeutig gefärbte Flüssigkeiten unterteilt (Kruse 2004, S. 50).

Die menschliche Wahrnehmung lässt uns eine bestehende Ordnung zumeist als stabil annehmen. Es widerspricht der Intuition, dass ein System plötzlich und übergangslos aus einem ungeordneten Zustand in einen geordneten übergeht ohne den Einfluss einer ordnenden Instanz. Darüber hinaus glauben wir daran, dass große Einwirkungen auch eine dementsprechend große Auswirkung haben. Das gleiche gilt für kleine Einwirkungen, von denen wir intuitiv annehmen, dass sie auch nur kleine Auswirkungen haben können. Wir unterstellen also eine Korrelation zwischen der Kraft von Ursache und Wirkung.

In der augenblicklichen Situation eines fundamentalen Wandels steht uns also unsere psychologische Grundausstattung ein wenig im Weg. Doch sollten wir die Beispiele für die Entstehung neuer Ordnungen durch Selbstorganisation als Mutmacher für die Gestaltung mit auf den Weg nehmen. Es bedeutet nämlich nichts anderes, als dass wir

mit unseren Ideen auch im Kleinen die Resonanz erzeugen können, die für den Übergang in eine (gewünschte) neue Ordnung notwendig ist. Spontane Reorganisation findet nicht nur in der Natur statt, sondern greift immer stärker in unser Alltagsleben ein.
Politische oder gesellschaftliche Phänomene, der schnelle Niedergang von Global Play-
ern in der Wirtschaft oder auch der kometenhafte Aufstieg kleiner Start-ups durch eine
einzige resonanzfähige Idee sind Beispiele für die Eigendynamik von Systemen. Und die
Geschwindigkeit steigt weiter. Ein weiteres Beispiel von Kruse (2004, S. 51) sei hier kurz
dargestellt, weil es zeigt, dass aus vielen eigenständigen Elementen ein Kollektiv mit völlig neuer Qualität werden kann: Bei Nahrungsknappheit formieren als Einzeller lebende
Amöben sich zu einem Schleimpilz, indem sie sich aufeinander zubewegen, miteinander
verschmelzen und wachsen. Der Verlust der eigenen Gestalt und ihrer Unabhängigkeit ist
dabei unwiderruflich. Sie werden dabei rein zufällig zu spezialisierten Zellen als Teil des
Kopfes, Körpers oder Fußes. Als neues Wesen (Schleimpilz) sind sie in der Lage, über
Sporenbildung den Fortbestand der Art sicherzustellen.

Mit der Entdeckung dieses, zunächst nur schwer akzeptierbaren, Phänomens der
Eigendynamik änderte sich in den Wissenschaften die grundsätzliche Annahme, dass
Störungen lediglich Irritationen einer bestehenden Ordnung sind. Heute weiß man, dass
Störungen die notwendige Voraussetzung für die Entstehung neuer Ordnung sind. Ein
weiteres Phänomen ist das sogenannte „kritische Langsamwerden", so benannt vom
Physiker Hermann Haken, der in seiner Forschung zur Eigendynamik von Systemen mit
Lasern experimentierte. Danach braucht das System kurz vor einem Ordnungswechsel bei
einer Störung länger, um sich wieder zu stabilisieren (Haken und Haken-Krell 1994).

In Abb. 2.1 wird das Prinzip des „kritischen Langsamwerdens" (Hysterese) deutlich.
Betrachtet man das Bild von links nach rechts, so sieht man relativ lange ein Männergesicht, bis plötzlich eher eine sitzende Frau zu sehen ist (neue Ordnung). Lässt man in
einem zweiten Durchgang nun den Blick von rechts nach links wandern, so sieht man in
diesem Fall länger die sitzende Frau, bis es wieder zum Männergesicht wird. Was in der
Physik Hysterese genannt wird, ist in der Psychologie als „Cognitive Set" bekannt.

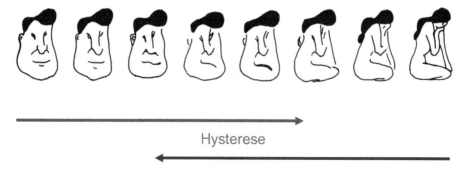

Abb. 2.1 Das kritische Langsamwerden nach Hermann Haken. (Quelle: Adaptiert nach Kruse
2004; mit freundlicher Genehmigung von © Gabal Verlag GmbH Deutschland 2004. All Rights
Reserved)

Um einen alten Zustand (Stabilität) aufzulösen, bedarf es eines energetischen Aufwands. Wechselt ein Pferd z. B. die Gangart, so muss es Kraft aufwenden, um den neuen Bewegungsablauf herbeizuführen. Im Übergang selbst befindet sich das System in einem höchst sensiblen Zustand. Ein eingespieltes Muster muss für einen neuen Zustand aufgegeben werden. Hier genügt ein winziger Impuls, um das Pferd ins Straucheln zu bringen. Um in der Analogie der Abb. 2.2 zu bleiben, befindet sich die Kugel auf dem höchsten Punkt des Hügels und wird durch einen kleinen Impuls entweder in das eine oder in andere Tal geführt. In der Chaostheorie ist dieses Phänomen (kleine Ursache – große Wirkung) als „Schmetterlingseffekt" bekannt.

Warum ist das wichtig? Weil wir uns in einem gigantischen Veränderungsprozess befinden und uns auf den Instabilitätspunkt zubewegen. In der Instabilität werden wir uns darüber bewusst, dass Regeln und Steuern als Managementstrategie keinerlei Vorteil bietet, eher das Gegenteil; es ist ein künstliches Festhalten an einem Muster, das sich bereits überlebt hat. Die Folge ist in der Praxis gut zu beobachten. Die Menschen fühlen sich in einer Routine gefangen, die eigentlich keinen Sinn mehr macht. Noch dazu steigen die Anforderungen permanent, sodass sie sich überfordert und allein gelassen fühlen. Wird in einer Abteilung Personal akquiriert, kommt es in der anderen zu Missgunst und Unverständnis, weil Personal abgebaut wird. Interne Grabenkämpfe absorbieren nach innen die Energie, die nach außen dringend benötigt würde, um die notwendigen Anpassungen vorzunehmen. Statt nach vorne zu gehen, verschafft man sich durch diese

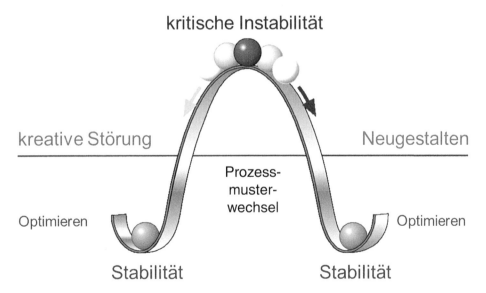

Abb. 2.2 Veränderung braucht eine Phase der Instabilität. Change-Modell nach Kruse 2004. (Quelle: Adaptiert nach Kruse 2004; mit freundlicher Genehmigung von © Gabal Verlag GmbH Deutschland 2004. All Rights Reserved)

Dynamik einen teuren und für die Menschen extrem anstrengenden Nachteil im steigenden Wettbewerbsdruck. Im „Cognitive Set" der Verantwortlichen scheint es offensichtlich kaum Möglichkeiten zu geben, loszulassen, um das Gleichgewicht (wenn auch nur vorübergehend) in neuer Gestalt wiederherzustellen.

Musterwechsel brauchen Instabilität

Zusammenfassend lehrt uns die Selbstorganisationstheorie, dass eine grundlegende Musteränderung eine Instabilität voraussetzt und in der Phase der Instabilität die weitere Entwicklung des Systems prinzipiell nicht vorhersagbar ist.

> Je tiefer ein Tal und je größer sein Einzugsbereich, desto wahrscheinlicher ist der jeweilige Stabilitätszustand. Wird eine Kugel im Einzugsbereich eines Tales gestartet, so rollt sie eigenständig zum tiefsten Punkt. Selbst wenn die Kugel in der Folge durch einen Kraftimpuls aus der erreichten Gleichgewichtslage heraus bewegt wird, stabilisiert sie sich bereits nach kurzer Zeit wieder. In der Stabilität ist die Entfernung vom Gleichgewichtszustand eine Störung, die eigendynamisch minimiert wird. Stabile Zustände sind selbsterhaltend (Kruse 2004, S. 54)

Die einzige stabile Grundlage, um diese individuelle wie kollektive Herausforderung zu bewältigen, sind psychologische Faktoren (siehe Kap. 1). Auf der Basis einer ethischen Überzeugung gilt es, die eigenen Einstellungen und Verhaltensweisen im Sinne der Gemeinschaft zu reflektieren und anzupassen.

> Demokratie muss, so glaube ich, täglich neu als ein Raum des Zusammenlebens geschaffen werden, in dem Partizipation und Kooperation auf der Basis von Selbstachtung und Achtung vor dem anderen möglich sind (Humberto R. Maturana).

Eine Entscheidung für Teilzeit-Führung bedarf der Einsicht und der Bereitschaft, Instabilität zuzulassen, um einen neuen und dem Umfeld angemessenen Zustand zu erreichen. Menschen wünschen sich einen Arbeitgeber, der ihnen zutraut, sich selbst zu organisieren und belohnen ihn dafür mit Integrität. Die Investitionsbereitschaft eines Arbeitgebers, der sich für das Modell der Teilzeit-Führung interessiert, besteht also mitunter darin, eine zeitweise Instabilität auszuhalten, nicht sicher sein zu können, ob, und wenn ja, welche positiven Effekte zu erwarten sind. Als Motor kann an die Stelle das Vertrauen in die Selbstorganisation von Systemen treten. Voraussetzung dafür ist jedoch ein erkennbarer und authentisch gelebter Glaube an die Entwicklungsfähigkeit der Mitarbeiter.

2.2   Digitalisierung

Der Planet Erde ist geprägt von gigantischen Transformationen. Kontinente und Populationen entstanden und verschwanden wieder. Die Menschheit existiert erst seit Sekunden in der Erdzeitmessung und doch beschäftigt jeden einzelnen von uns so etwas wie Angst vor der Zukunft. Captain Picard, der Kommandant des Raumschiffs Enterprise stellt nüchtern fest: Solange es uns nicht gelingt, die Angst zu verbannen, werden wir das Chaos im Universum nicht besiegen können.

Gehen wir einen Schritt zurück: Der technologischen Entwicklung des industriellen Zeitalters folgte eine Verselbstständigung der Funktionalisierung. Mit den (körperlichen) Erleichterungen durch Maschinen fiel der Startschuss für einen gesellschaftlichen Veränderungsprozess, der die Menschen in Heerscharen in die industriellen Ballungsgebiete umsiedeln ließ, um für den Broterwerb Maschinen zu bedienen, statt Felder zu bestellen. In der Mitte der 60er Jahre des letzten Jahrhunderts begann in der Frühphase des Internets eine neue Stufe des technologischen Fortschritts: die Geburt der Digitalisierung. Um 1990 wird das Internet als Tauschbörse von Information kommerziell freigegeben. Vernetzung wird damit zum Schlüssel für Wissen und Handeln in der Ökonomie und zunehmend auch in der Gesellschaft. Noch im Jahr 1984 demonstrierten wir gegen die Erfassung privater Daten im Rahmen der Volkszählung, 1990 begannen wir dann, mehr und mehr Details unserer Privatsphäre in einen unbekannten Freiraum zu schütten, der sich zu einer Plattform entwickelte, die diese Informationen als „Ware" handelt.

Die verbundene Welt
- „Die ökonomische Globalisierung verbindet immer mehr Teile, Regionen, Orte, Plätze, Menschen durch Handels- und Finanzbeziehungen miteinander.
- Kommunikationstechniken verbinden immer mehr Punkte auf diesem Planeten durch Erreichbarkeit und Informationsaustausch.
- Weltumspannende Medien verknüpfen immer mehr Kulturen miteinander und führen zu einer Art „globaler Kulturosmose". Gewohnheiten gleichen sich langsam aneinander an, Konsumgüter ähneln sich immer stärker.
- Interaktive Medien heben schließlich die Konnektivität auf eine neue Stufe. Neue Kommunikationswege führen zu neuen Kulturtechniken. Jeder kann nicht nur empfangen, sondern auch senden. Es entsteht eine globale Netzwerkstruktur" (Horx 2011, S. 168–169).

Die Vernetzung ist eine nicht wegzudenkende Grundlage für das tägliche Leben. Selbst simple Gegenstände setzen sich aus Materialien und Elementen zusammen, die global erworben werden und auch der Anspruch an jederzeit erreichbare Informationsquellen oder Kooperationspartner rund um den Globus ist kaum rückgängig zu machen.

> Das, was wir Wandel nennen, ist nichts anderes als das Resultat gelungener Synchronisationsarbeit zwischen diesen Ebenen der menschlichen Kultur. Das Kultur- und Kommunikationssystem passt sich den Veränderungen der Ökonomie an, die Politiksysteme müssen den Arbeitsteilungen, die Werte den Menschenbildern, die Organisationsformen den Produktionsweisen folgen (Horx 2009, S. 48).

In diesem Zusammenhang ist die Einführung von Teilzeit-Führung zwar nur ein kleiner Synchronisationsprozess, jedoch trägt sie einer übergeordneten Notwendigkeit Rechnung: Wenn unsere Lebenswelt sich derart verändert, dass Arbeitsprozesse und -orte flexibler und Arbeitsabläufe beschleunigt werden, dann kann auch Führung nicht in der „alten" Form verstanden werden. Simon Bartmann ist Fachmann für Digitalisierung und Unternehmensentwicklung. Seiner Einschätzung nach können die ökonomisch notwendigen Anpassungen einer Organisation nur dann gelingen, wenn die Kultur einen

direkten und flexiblen Umgang aller Beteiligten miteinander zulässt. Als Leiter des Innovation Hub bei einem Softwareunternehmen und Umtriebiger in der Start-up-Szene prognostiziert er schwere Zeiten für die deutsche Wirtschaft: „Digitalisierung ist nichts, das
parallel zum eigenen Tagesgeschäft „abgearbeitet" werden kann. Es ist entscheidend zu
verstehen, dass die Märkte, wie wir sie kennen, nicht mehr lange existieren werden." Am
Beispiel der Automobilindustrie beschreibt er, dass es nicht damit getan ist, nun alles auf
Elektrofahrzeuge zu setzen. Aus seiner Sicht ist es wichtig zu verstehen, welche Rolle
(übergeordnet) die Mobilität in Zukunft spielen wird, unabhängig von unserer tradierten
Vorstellung eines Fahrzeugs.

Die Digitalisierung verändert also grundlegende Konzepte in unseren Köpfen. Darüber hinaus verändert sie aber auch die Arbeit selbst dramatisch. „Professor Lars Windel-
band von der Pädagogischen Hochschule in Schwäbisch Gmünd ist einer der wenigen
Fachleute, die sich den Kopf darüber zerbrechen sollen, was mit den Leuten geschieht,
die jetzt noch an alten Maschinen arbeiten." Der Technikdidaktiker erklärt die grundlegenden zwei Möglichkeiten:

> Man gehört zu denen, die mit Assistenzsystemen arbeiten – also Menschen, die so quali-
> fiziert sind, dass die Technik sie bedient und umsetzt, was sie sich einfallen lassen. Das wäre
> der neue Normalfall, und es liegt auf der Hand, dass Bildung und Wissen dabei die wich-
> tigste Grundlage sind (Lotter 2015).

Ein ganzheitlicher Blick für Korrelationen, sowie die Einsicht in die Endlichkeit von
Unternehmen fehlt den meisten Verantwortlichen für die Ökonomie von morgen. Es wird
für Viele in absehbarer Zeit das Aus bedeuten. Da hilft es auch nicht, die „jungen Wilden"
als Start-up auszugründen, damit sie ein bisschen „spielen" können, denn am Ende muss
der große Tanker es schaffen, den Kurs zu ändern. Die Aufgabe der Führung besteht
aus Sicht Bartmanns nicht darin, ein bestimmtes Zeitkontingent mit den klassischen
Managementaufgaben zu erfüllen, sondern glaubwürdig eine Vision vorzuleben und
alle Freiheiten für Innovationen zur Verfügung zu stellen, sowie den Mut zum „Segeln
auf Sicht" aufzubringen. Doch das bedeutet Flexibilität, nicht Ziellosigkeit. Eine nachvollziehbare und gelebte Vision ermöglicht eine andere Art langfristigen Denkens. Simon
Bartmann sieht in Deutschland eine Verzögerung von 4–6 Jahren, die sich im Vergleich zu
China beobachten lässt. Wurde bis vor einigen Jahren die aufstrebende Wirtschaftsmacht
als „Werkbank" für den Fortschritt benutzt, so investiert heute kein Land so viel in Digitalisierung und Innovation wie China. Gleichzeitig übernehmen chinesische Investoren
kurzerhand vielversprechende Ansätze und lassen die Konkurrenz auf dem Weltmarkt
staunend zurück.

Einen wesentlichen Anteil an dieser Entwicklung hat die Politik. Chinesische Politiker denken viel langfristiger und verfolgen klar formulierte Strategien in der Umwelt-,
Industrie- und Geopolitik (Bartsch und Ramge 2017). Gefördert wird der chinesische
Erfolg von protektionistischen Methoden. Darauf reagiert das deutsche Wirtschafts-
ministerium mit der Ankündigung, weiterhin offen zu bleiben aber deutlich weniger naiv,
um die deutsche Wirtschaft vor der rücksichtslosen (aber sehr erfolgreichen) Expansion

Chinas zu schützen. Im globalen Zirkus wird an allen Schrauben gedreht, wird vieles ausprobiert und einiges mit Geld und Macht einfach umgesetzt. Und wir halten uns an den alten Mustern fest, um nicht aus der Bahn zu fliegen. Für Bartmann ein Zeichen von gefährlicher und ignoranter Arroganz in vielen deutschen Chefetagen, in denen noch die Betriebswirtschaftler sitzen und ihre eigene Rolle nicht infrage stellen möchten.

Die fortschreitende Digitalisierung stellt Grundannahmen ganzer Generationen infrage. Das sogenannte VUCA-Umfeld (VUCA – volatile, uncertain, complex, ambiguous) treibt uns ängstlich oder hoffnungsvoll vor sich her. Die meisten sind jedoch eher ängstlich. Es ist eine Lücke entstanden zwischen den Menschen, die sich als „Normalbürger" eher den Gegebenheiten ausgeliefert fühlen und denen, die innerhalb kurzer Zeit „nur" mit einer Idee zu Millionären werden. Das Bewusstsein für soziale Gerechtigkeit wächst und erzeugt schon heute einen enormen politischen und gesellschaftlichen Druck. Drohende Arbeitslosigkeit wird von Kritikern in die Diskussion gebracht und Studien belegen, dass ca. 12 % der heute vorhandenen Arbeitsplätze in den nächsten 3–5 Jahren wegfallen werden. Effektvolle Überschriften wie „Durch die Digitalisierung werden Millionen Jobs in Deutschland wegfallen" (Höhe 2017) oder „Job-Hammer: Roboter ersetzen die Hälfte der deutschen Arbeitsplätze" (Masur 2017) nähren die Angst vieler vor der digitalen Entwicklung. Doch lässt sich bei näherem Hinsehen erkennen, dass Experten Parallelen zu den 1970er Jahren sehen, als die Diskussionen um „die menschenleere Fabrik" durch den Einsatz von Robotern in der industriellen Fertigung geführt wurde. Die Erfahrung von damals zeigt, dass zwar viele Arbeitsplätze verschwanden, jedoch gleichzeitig neue Aufgabenbereiche entstanden sind. Und zwar solche, die man vorher nicht kannte. Bei einer aktuell geringen Arbeitslosenquote und gleichzeitigem Fachkräftemangel ist es also müßig, nur den Verlust zu sehen und die Augen davor zu verschließen, dass die grundlegenden Veränderungen etwas Neues, Unbekanntes hervorbringen werden.

Es zeichnet sich aus Sicht der Arbeitsmarktexperten eine abnehmende Halbwertszeit von Kompetenzen ab. Was ich heute kann, ist morgen vielleicht schon nicht mehr ausreichend. Darüber hinaus wird die Spezialisierung immer notwendiger, denn in einigen Bereichen ist schon heute der vielzitierte Fachkräftemangel für Unternehmen existenzbedrohend. Es ist also eine merkwürdige Dynamik zu beobachten: Auf der einen Seite fallen Millionen von Arbeitsplätzen weg, auf der anderen Seite wird der Fachkräftemangel beklagt. Für die Arbeit der Zukunft scheint es also wichtig zu sein, in kontinuierlichen Lern- und Weiterbildungsprozessen immer wieder neue Passungen zwischen Kompetenzangebot und Jobbedarf herzustellen. Dafür ist jedoch ein gemeinsamer Kraftakt von Arbeitnehmern, Betrieben und Politik erforderlich.

Die dafür notwendige „lebensbegleitende Weiterbildung" gibt es heute in Unternehmen und Gesellschaft noch nicht. Denn die Inhalte sind weniger fachliche, sondern viel mehr methodische und überfachliche Kompetenzen, Transferleistung und Lernbereitschaft. Um zukunftsfähige Konzepte zu entwickeln, bedarf es eines Zusammenschlusses von Schulen, Unternehmen und öffentlicher Hand.

Wie bereits angedeutet, betrifft dieser Wandel in erster Linie die Menschen, die nach traditionellem Muster heute noch versuchen, ihr Geld zu sparen und sich damit eine gesicherte Zukunft zu verschaffen. Die über Generationen weitergegebenen Werte einer Leistungskultur, in der wir Tugenden wie Fleiß, Leistung und Chancengleichheit gelernt haben, halten in Zukunft ihr Versprechen von Sicherheit und Wohlstand bis ins Alter nicht mehr ein. Die Gesellschaft reagiert auf den Wegfall dieses Wertekerns mit der Tendenz, in Extreme zu gehen. Mit der Ankündigung, Amerika wieder groß zu machen, wird Donald Trump in den USA zum Hoffnungsträger und eine (demokratische) Nation wählt damit einen Extremisten, der keinen Hehl daraus macht, für die eigene Bereicherung notfalls zum Äußersten zu gehen. Der Austritt Großbritanniens aus der EU ist geprägt von der nationalen Überzeugung, besser alleine dazustehen, um sich auf das (alte) Leistungsprinzip verlässlich zurückziehen zu können. Und auch in Frankreich, Polen, den Niederlanden und nicht zuletzt Deutschland driften immer mehr Menschen aus der bürgerlichen Mitte an den politischen Rand mit der diffusen Hoffnung, dass die alten Regeln helfen, die Zukunft sicher zu machen.

Es sind die enormen Umbrüche, die im Zusammenhang mit der fortschreitenden Digitalisierung zu erwarten sind, die durchaus auch Angst machen. Weltumfassend verändert sich das Leben jedes Einzelnen. Wir reden also über mehr als den Ausbau des Glasfasernetzes und die Einführung softwaregestützter Prozesse. Menschen geben freiwillig ihre Persönlichkeit preis, die über gezielte Datensammlung zu Personenprofilen zusammengefügt werden. Das geschieht nicht selten an der Grenze der Legalität, da die Politik verschlafen hat, eindeutige gesetzliche Rahmenbedingungen zu schaffen. Das ist bei der rasanten Entwicklungsgeschwindigkeit kein Wunder. Mit den Profilen werden nicht nur Verkaufschancen für Produkte durch gezielte Werbeanzeigen erhöht, sondern höchstwahrscheinlich auch Wahlen manipuliert; unserer Gesellschaft droht der Verlust ihres demokratischen Grundgerüsts (Herbold 2018).

In der digitalen Welt leben wir nicht mehr in der Leistungsgesellschaft, sondern in einer Wissensgesellschaft. Was das heißt, beschreibt niemand besser als Wolf Lotter, deutsch-österreichischer Journalist und Autor, u. a. für das Wirtschaftsmagazin *brand eins*:

> Alle modernen Utopien haben ein Ziel: Eine Welt, in der Menschen tun, was sie möchten, während die Maschine arbeitet. In den Dystopien, den heute so populären negativen Gegenstücken zur guten Zukunft, ist das genau umgekehrt. Da bedienen wir den Automaten, der uns traktiert, wenn wir nicht parieren – oder uns gleich ganz vernichtet. Hinter dem von der deutschen Politik und den Verbänden gepushten Schlagwort „Industrie 4.0" steckt immer beides: Himmel und Hölle der Automatisierung. […]

> Die Maschine aus dem Industriekapitalismus, der Automat der Massenproduktion, kann eine Sache, und die gut, gründlich und schnell. Die neue Produktionswirtschaft aber ist die Universalmaschine, der Computer, ein per Definition frei programmierbares, der jeweiligen Problemstellung anpassbares System. […]

> Die Norm verliert an Bedeutung. Wer eine schlaue Fabrik haben will, die sich rasch wechselnden Bedürfnissen anpassen kann, muss anders denken, als er es in der Ära der Massenproduktion gelernt hat. Das gilt für Mitarbeiter, Organisation, Entwicklung und die Art und Weise, welche Rolle die Kunden und Partner bei Innovationen spielen. […]

Und es braucht auch eine neue technische Offenheit: Die Produktion ist ein Teil des Internets der Dinge, in dem Daten gesammelt und ausgetauscht werden. Was man da beherrschen muss, ist die Kunst des Zusammenbringens, der gelungenen Kommunikation. So sind bereits heute nahezu alle Assistenzsysteme in den Bordcomputern gespeichert. Doch wer sie nutzen will, muss die Funktion kostenpflichtig freischalten lassen. Viele Kunden ärgert das. Sie sind, wenn es um Wissen und Zugriff darauf geht, in einer Welt aufgewachsen, in der geistiges Eigentum gern verschenkt wird – was den Stellenwert der dahintersteckenden Wissensarbeit trefflicher beschreibt als jede akademische Abhandlung. Dass nicht die Maschine den eigentlichen Wert repräsentiert, sondern das, was sie zu leisten imstande ist, muss erst mühsam gelernt werden.

Die Transformation von der Einheits- zur Universalmaschine rückt das Wissen in den Mittelpunkt. Mit routiniertem Fleiß, dem Wortsinn von Industrie, hat das kaum noch etwas zu tun. Schon der Begriff Industrie 4.0 führt deshalb auf den Holzweg. Wären wir wirklich auf das, was es ist, vorbereitet, müsste man das Ding beim Namen nennen: Wissen 1.0 (Lotter 2015).

In Deutschland sieht Lotter größere Hürden im Übergang in die Wissenskultur als in anderen Industrieländern. Er führt das darauf zurück, dass der Begriff „Industrie" in Deutschland nicht nur eine Produktionsform beschreibt, sondern einer mystischen Weltanschauung nahekommt und mit dem Wegfall der damit verbundenen Werte das Hauptidentifikationsmerkmal der deutschen Wirtschaft an Bedeutung verliert. Der Widerstand, oder besser: die Trägheit, liegt u. a. in der Angst eines Identitätsverlusts begründet. Festhaltetendenzen an einer auf Vollerwerb ausgerichteten Industriegesellschaft bezeichnet er als „alles gefährdend".

Um sich (besser spät als nie) auf den Weg in die Zukunft der Arbeit in einer Wissensgesellschaft über die Digitalisierung zu machen, müssen „heilige Kühe" geschlachtet werden, meint Lotter und deutet auf die typisch deutsche Art der Kompetenzprüfung im Sinne von Leistungs-, Ausbildungs-, Studienabschlusszeugnissen hin. Ob jemand die übergeordneten Kompetenzen hat, die er erfolgreich für den Fortschritt nutzen kann, geht aus diesen Dokumenten nicht hervor. Denn letztlich beginnt diese Kompetenz im Kopf und ist gebunden an intellektuelle Leistung, Kommunikationsfähigkeit und der Bereitschaft, bestehende Grenzen zu überwinden. Kreativität ist hier das Zauberwort. Sie ersetzt den alten „Fleißanspruch", immer mehr in weniger Zeit zu schaffen, ohne über die Auswirkungen nachzudenken oder gar sich alternative Möglichkeiten zu überlegen.

Teilzeit-Führung ist im Zeitalter der Digitalisierung die folgerichtige Weiterentwicklung einer zielorientierten Wirtschaft und profitiert von der Dezentralisierung von Wissen und Arbeit. Sie bietet darüber hinaus die Möglichkeit, Verantwortung zu teilen und heterogene Kompetenzen zu bündeln. Auf einem Arbeitsmarkt, der in Zukunft davon leben wird, die vielfältigen Anforderungen schneller und flexibler erfüllen zu können, werden Teilzeit-Führungskräfte einen Vorteil dadurch haben, dass sie in ihren Teams und Organisationen bereits höhere Eigenverantwortung und eine lebendigere gemeinsame Vision etabliert haben.

2.3   Agilität; Das Scrum-Prinzip

Unter dem Begriff New Work versammeln sich diverse Projekte und Modelle einer zukunftsfähigen Arbeitsweise. Lange vernachlässigt, beziehen diese Modelle Zufriedenheit, Kreativität und konsequente Kundenorientierung als wichtigste Kriterien für Führung und Arbeit in der zunehmend digitalisierten Welt mit ein. Agilität ist dabei eigentlich nichts neues, auch wenn der Begriff inflationär gebraucht wird. Ein Modebegriff, eine Worthülle, die nicht selten als Strohhalm dient, sich als zeitgemäß und modern zu präsentieren. Und doch beschreibt Agilität eine besondere Qualität der Arbeit, der Zusammenarbeit und der Kommunikation, die zum Umbau einer Organisation und ihrer Anpassung an veränderte Rahmenbedingungen notwendig ist. Denn Agilität ist mehr als eine Methode, sie beschreibt vielmehr eine Einstellung, ein Prinzip, das sich dann in verschiedenen Bereichen der Organisation niederschlägt. Als Ursprung der heutigen Nutzung des Begriffs gilt das „Manifest der agilen Softwareentwicklung", das 17 namhafte Entwickler 2001 aus dem Leidensdruck immer kurzlebiger werdender Kundenansprüche in ihrer Zunft formulierten:

Manifest der agilen Softwareentwicklung
1. „Our highest priority is to satisfy the customer through early and continuous delivery of valuable software.
2. Welcome changing requirements, even late in development. Agile processes harness change for the customer's competitive advantage.
3. Deliver working software frequently, from a couple of weeks to a couple of months, with a preference to the shorter timescale.
4. Business people and developers must work together daily throughout the project.
5. Build projects around motivated individuals. Give them the environment and support they need, and trust them to get the job done.
6. The most efficient and effective method of conveying information to and within a development team is face-to-face conversation.
7. Working software is the primary measure of progress.
8. Agile processes promote sustainable development. The sponsors, developers, and users should be able to maintain a constant pace indefinitely.
9. Continuous attention to technical excellence and good design enhances agility.
10. Simplicity – the art of maximizing the amount of work not done – is essential.
11. The best architectures, requirements, and designs emerge from self-organizing teams.
12. At regular intervals, the team reflects on how to become more effective, then tunes and adjusts its behaviour accordingly" (Gloger und Margetich 2014, S. 6–7).

Auf eine agile Organisation bezogen, heißt das im Wesentlichen, dass sie in erster Linie nach außen gerichtet ist, nämlich auf die Kundenanforderungen. Nach innen bewegt sie sich schneller als die Kundenbedürfnisse wachsen und stellt eine Struktur zur Verfügung. Voraussetzung dafür ist eine menschengerecht gestaltete Arbeitsumgebung. „Unternehmen, die das verstanden haben, hören auf, ständig die Mitarbeiter und lokale interne Prozesse zu optimieren" (Gloger und Margetich 2014, S. 10). Denn das führt zu Demotivation und innerem Ausstieg der Mitarbeiter, was den Unternehmenszielen Innovation, Effektivität und Wachstum schlicht entgegenwirkt.

Aus eigener Beratungserfahrung weiß ich, dass viele Change-Prozesse in Unternehmen angestoßen werden, die allein deshalb zum Scheitern verurteilt sind, weil sie von der Prämisse ausgehen, dass sich das Individuum optimieren muss, um in die Organisation zu passen. Mittlerweile ist es genau andersherum: Die agile Organisation passt sich an die Individuen an. Menschen sind nicht dumm, sie riechen den Braten, spüren, dass von ihnen erwartet wird, dass sie sich anpassen, und sie verhalten sich dementsprechend. Kaum ist der Change-Workshop vorbei und sie sehen sich dem Alltagswahnsinn wieder ausgesetzt, fallen sie in ihre alten Muster zurück und distanzieren sich innerlich von der Organisation, deren Erwartungen sie nicht erfüllen können oder wollen. Eine ausgeprägte „Freizeitkultur" gibt ihnen die Möglichkeit, ihren Pioniergeist, ihre Innovationsfreude und Kreativität außerhalb des Unternehmens auszuleben. Ich kann es ihnen nicht verübeln.

Die Strukturen für eine hohe Anpassungsleistung des Unternehmens zu schaffen, ist eine zentrale Managementaufgabe. Was wir heute Management nennen, ist nach Gloger und Margetich (2014) in der Boomzeit der Industrialisierung entstanden: Von der Unternehmensleitung ausgewählte Personen, die den (damals meist ungelernten) Arbeitern sagt, was sie wie zu machen haben. Dieser Ursprung ist noch heute als Prinzip in unseren Köpfen verankert und behindert die Freiheit im Denken und Handeln der Mitarbeiter, die die Voraussetzung für Innovation und Agilität ist. Eigenverantwortung und Selbstorganisation finden in diesem alten Managementverständnis keinen Raum und wie in einem Teufelskreis werden die Argumente wie in Abb. 2.3 getauscht.

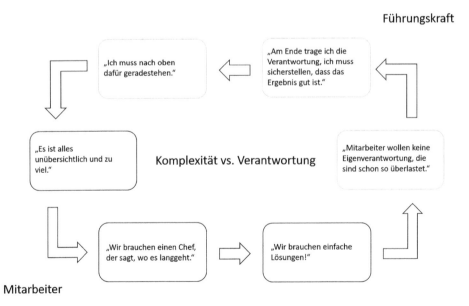

Abb. 2.3 Komplexität weckt den Ruf nach einfachen Lösungen. Führungskräfte müssen loslassen, um den Teufelskreis zu durchbrechen. (Quelle: Eigene Darstellung)

Nur wer als Manager in einer agilen Organisation die Pyramide umdrehen kann und sich als verantwortlich für die Bereitstellung aller notwendigen Ressourcen fühlt, um den Wissensarbeiter effektiv arbeiten lassen zu können, wird in Zukunft Akzeptanz finden. Das heißt natürlich nicht, dass jeder Mitarbeiter zu jedem Manager passt oder umgekehrt. Das simple Argument ist: Jeder ist ersetzbar. Wolf Lotter beschreibt das im Wirtschaftsmagazin *brand eins* so: „Es würde schon mal genügen", sagt Fritz Simon, wenn „die Leute wüssten, in welcher Welt sie leben. Am Beispiel des Satzes ‚Jeder ist ersetzbar', den die meisten als Drohung verstehen, kann man das gut erkennen" (Lotter 2017, S. 32). Dabei sei es der „Zweck der Organisation", weiter zu existieren, auch wenn „Menschen kündigen, weggehen, krank werden, in Rente gehen oder sterben." Auch wenn das in unseren Ohren hart klingt, ist es richtig. Allein unsere Kultur lässt uns daran festhalten, unsere Einzigartigkeit über unsere Funktion in einer Organisation zu definieren. Fritz Simon, Psychiater und Berater, der in Lotters Artikel zitiert wird, beschreibt diese „perverse Logik" der Arbeitslosigkeit als „Schreckgespenst" in unserer Gesellschaft:

> Der Verlust der Arbeit, des Berufs und der fahrlässig an sie verketteten sozialen Identität, das zeigen Einzelschicksale und Studien mit ‚schlafwandlerischer Sicherheit' immer wieder, enden auch im persönlichen Zusammenbruch.

Loszulassen setzt sich langsam durch. Mit der Entstehung und dem Erfolg agiler Unternehmen, der wachsenden Zahl an Verantwortlichen und Mitarbeitern, die, unterstützt von einem Generationsübergang, den Paradigmenwechsel vorleben, wächst der Druck auf die „Alten", die festhalten wollen an dem, wie es früher war, womit sie sich persönlich in hohem Maße identifizieren.

Doch sind von der Umwandlung eines Unternehmens in eine agile Organisation nicht nur die Führungskräfte (das Management) betroffen. Wie stabil alte Muster sind, kennt jeder von sich selbst. „Gewohnheit" nennt sich das. Psychologisch sind Gewohnheiten Erleichterungen für das Gehirn. Dinge, die nicht reflektiert werden müssen, bei denen nicht immer wieder entschieden werden muss. Auch Einstellungen sind häufig Gewohnheiten. Sie beruhigen, stabilisieren uns in unserem Alltagshandeln. Viele erliegen daher dem Glaubenssatz, man könne ja eh nichts verändern und erliegen damit ihrer Gewohnheit. Nicht selten werden tatsächliche Veränderungsmöglichkeiten dann einfach nicht mehr zur Kenntnis genommen. Ich beobachte in Organisationen sehr häufig Gewohnheiten, die einer individuellen Anpassung an eine agile Umgebung im Weg stehen: Routinen oder Abläufe, die einfach nicht infrage gestellt werden, Rahmenbedingungen wie Büros, Arbeitsplätze, die dysfunktional, ja manchmal sogar hinderlich sind oder auch gewohnte Einstellungen. Da wird es dann kompliziert und erfordert die Bereitschaft zur Selbstreflexion. So ist es in vielen Organisationen eine gewohnte Einstellung, zunächst kritisch allem Neuen gegenüber zu sein, statt auf die Möglichkeiten zu schauen, die potenziell damit verbunden sind. Ein neuer Chef wird eher auf den Prüfstand gestellt und in der Teeküche unterhält man sich darüber, ob er den Aufgaben wohl gewachsen ist, anstatt ihm und seinen neuen Ideen offen gegenüberzutreten. Diese Gewohnheiten beschreibt Gloger und Margetich (2014) auch im Zusammenhang mit der Einführung von Scrum aus der Beratungsperspektive:

> Am Ende eines Scrum-Trainings, selbst wenn in einer Firma schon alle Zeichen auf ‚Go!‘ stehen, wenn das Management bereits signalisiert hat ‚Das ist der Weg, den wir gehen wollen‘, selbst dann ist der Kommentar von ca. 50 Prozent der Trainingsteilnehmer: ‚Ich bin gespannt, wie unsere Organisation Scrum einführen will.‘ Es ist vertrackt: Obwohl wir gerade zwei Tage mit allen darüber gesprochen haben, wie wichtig bei Scrum der eigene Beitrag ist, besteht bei vielen die Erwartungshaltung, dass die Veränderung von anderen ‚gemacht‘ wird (Gloger und Margetich 2014, S. 111).

Allein die Tatsache, dass es bei der Einführung der Scrum-Methode nicht nur um eine mechanisch andere Arbeitsweise geht, sondern diese Arbeitsweise geknüpft ist an eine tiefgehende Überzeugung, verursacht enorme Widerstände. Unsere Gewohnheiten, der kulturelle Rahmen und nicht zuletzt unser Verhalten stehen für die Ökonomie der Zukunft. Das ist neu und für viele erschreckend. Es wird nicht einfach etwas an den Rahmenbedingungen verändert, sondern das Zentrum der Veränderung liegt in der Persönlichkeit. Dementsprechend kommt der Psychologie ein großer Stellenwert zu. Begriffe wie „Sinn", „Vertrauen", „Miteinander" bekommen quasi Marktrelevanz. Das wurde jedoch weder im Informatik-, BWL- oder Jurastudium gelernt und macht daher misstrauisch.

> Wenn wir die herausfordernden Probleme unserer Zeit lösen wollen, werden wir neue Organisationsformen brauchen – stärker sinnorientierte Wirtschaftsunternehmen, beseelte Schulen, wirkungsvollere gemeinnützige Organisationen. Jeder, der aus den alten Bahnen ausbricht und sich ins Neue begibt, wird wahrscheinlich auf Widerstände stoßen und als Idealist oder Narr bezeichnet werden (Laloux 2015, S. 9).

Doch am Ende folgen Organisationen immer dem, was in der Welt passiert und nicht umgekehrt. Und das ist weder gut noch schlecht. Wann immer der Mensch sein Weltbild veränderte, wurden wirkungsvollere Organisationsformen entwickelt. Ob es um die Einführung von Scrum, Teilzeit-Führung oder Selbstorganisation geht, es gilt der vielzitierte Satz: „Culture eats strategy for breakfast". Und der Zug rollt unaufhaltsam in die Richtung einer Kulturveränderung. Niels Pfläging, Unternehmensberater und Autor, sieht im Menschenbild die grundsätzliche Voraussetzung für Veränderung. In Anlehnung an Douglas McGregor, ehemaliger Professor für Management am Massachusetts Institute for Technology (MIT), geht Pfläging davon aus, dass nur solche Organisationen den Wandel überleben, die den Menschen als „intrinsisch motivierten, zur Selbststeuerung fähigen und grundsätzlich vertrauenswürdigen Menschen" (Pfläging 2011, S. 35) begreifen.

Agilität setzt grundsätzlich eine geteilte Kompetenz und Verantwortlichkeit aller Beteiligten voraus, da ansonsten zu viel Zeit und Energie für projektferne Themen verschwendet wird. Das Menschenbild ist dementsprechend ein elementarer Baustein für agiles Arbeiten.

Die XY-Theorie von McGregor

Nach der XY-Theorie von McGregor gibt es im Wesentlichen zwei Möglichkeiten (Über-zeugungen), die sich auf den Führungsstil auswirken. Dabei trifft die Theorie X zu, wenn angenommen wird, der Mensch sei an sich nicht zur Arbeit motiviert, unsicher und schwierig. Die Y-Theorie beschreibt den Menschen als leistungswillig, vielseitig und intrinsisch motiviert.

Theorie X:

- Der Mensch ist der Arbeit von Natur aus nicht zugetan und versucht, jede Anstrengung zu ver-meiden.
- Ihm fehlt es an Ehrgeiz, er scheut jegliche Verantwortung.
- Ein großes Streben nach Sicherheit verhindert jedes Risiko.
- Ziele werden nur unter massivem Druck erreicht.
- Unmittelbare und konsequente Führung und Überprüfung der Leistung sind daher notwendig.

Theorie Y:

- Ein grundsätzlicher Arbeitswille wohnt dem Menschen inne. Wenn sie nicht sichtbar ist, ist das nicht angeboren, sondern aufgrund schlechter Arbeitsbedingungen entstanden.
- Ausgestattet mit Selbstdisziplin und Selbstkontrolle akzeptieren Mitarbeiter Ziele und verfolgen diese aktiv.
- Jeder Mensch verfügt über eine Vielzahl von Kompetenzen, die er gerne für das Ziel einsetzt.
- Persönlichkeits- und Kompetenzentfaltung sind daher die besten Voraussetzungen zur Erreichung der Unternehmensziele.
- Mitarbeiter suchen die Verantwortung, wenn das Umfeld es zulässt und belohnt.

Theorie X bringt einen autoritären, Theorie Y einen kooperativen Führungsstil mit sich. McGregor selbst ist der Überzeugung, dass Führung auf der Theorie Y basieren und die Theorie X verworfen werden sollte.

Hand auf's Herz: Nach welcher Theorie wird in Ihrer Organisation agiert und geführt? In fast allen Führungskräfteentwicklungen, die ich (SK) bis jetzt durchgeführt habe, stell-ten mindestens 25 % der Teilnehmer mit dem Kommentar „Einige wollen einfach nicht, die brauchen eine klare Ansage!" die vorgestellten Methoden generell in Frage. Das ist natürlich der vordergründig einfachere Weg, weil mit der Schuldfrage unreflektiertes und autoritäres Führungsverhalten legitimiert wird. Und sicher klappt das im Alltag auch, nur Innovationen bringen wir damit nicht hervor.

Erschreckend fand ich jedoch eine kleine Umfrage, die ich im Rahmen meines Lehr-auftrags an der Universität Bremen mit Master-Studierenden der BWL durchführte: Nur zwei der 40 Teilnehmer kannten die Theorie von McGregor und über 80 % aller Anwesenden waren der Ansicht, dass der typische Angestellte der Theorie X entspricht, also von Natur aus faul und verantwortungsscheu ist. Das wirft kein gutes Licht auf die Ausbildung unserer zukünftigen Manager.

Pfläging (2011) geht noch einen Schritt weiter und diskutiert Kernaussagen aus der Perspektive der heutigen Leistungsgesellschaft (Theorie X) und stellt ihnen die Per-spektive der Wissensgesellschaft (Theorie Y) entgegen. Mit einem konsequent ver-änderten Menschenbild geht aus seiner Sicht ein neuer „Leistungsvertrag" einher. Der

Unternehmenszweck Shareholder Value weicht der Einsicht, dass Gewinn kein Zweck des Unternehmens an sich ist, sondern eine „Nebenbedingung der Geschäftstätigkeit." Gewinnvorhersagen für Aktionäre und Analysten sind aufgrund der Volatilität „leere Versprechungen", Wachstum und Gewinn ordnen sich einem ethischen Grundprinzip unter, da sie kurzfristige Optimierung forcieren statt die langfristige Existenz des Unternehmens zu sichern, individuelle Mitarbeiterleistungen sind in einer Organisation nicht zu beurteilen, da immer die gemeinsame und interaktive Leistung aller Beteiligten zum Erfolg führt, weshalb die Gründe für schlechte Leistung nicht in den Personen, sondern in den zur Verfügung gestellten Rahmenbedingungen zu suchen sind (Pfläging 2011, S. 35–36). Aus dieser Diskussion leitet er 12 Gesetze ab, die er den „Beta-Kodex" (Abb. 2.4) nennt.

Pfläging geht davon aus, dass erfolgreiche Unternehmen in der Wissensgesellschaft die Bedeutung von Strukturen für ihre Leistungsfähigkeit erkennen und sich danach im Denken und Handeln ausrichten. Dabei ist die Rolle des Personalmanagements nicht zu unterschätzen.

Gesetz	Beta...	... statt Alpha
§ 1 Handlungsfreiheit	Sinnkopplung	statt Abhängigkeit
§ 2 Verantwortung	Zellen	statt Abteilungen
§ 3 Leadership	Führung	statt Management
§ 4 Leistungsklima	Ergebniskultur	statt Pflichterfüllung
§ 5 Erfolg	Passgenauigkeit	statt Maximierungswahn
§ 6 Transparenz	Intelligenzfluss	statt Machtstau
§ 7 Orientierung	Relative Ziele	statt Vorgabe
§ 8 Anerkennung	Teilhabe	statt Anreizung
§ 9 Geistesgegenwart	Vorbereitung	statt Planung
§ 10 Entscheidung	Konsequenz	statt Bürokratie
§ 11 Ressourceneinsatz	Zweckdienlichkeit	statt Statusgehabe
§ 12 Koordination	Marktdynamik	statt Anweisung

Abb. 2.4 Der Beta-Kodex und seine 12 Gesetze. (Quelle: In Anlehnung an Pfläging 2011; mit freundlicher Genehmigung von © Campus Verlag GmbH Deutschland 2011. All Rights Reserved)

An dieser Stelle ein kleiner Mutmacher: Wenn sich das alles auch sehr abstrakt und realitätsfern liest, so wohnt diesen Ausführungen eine recht simple Einsicht inne – menschliches Miteinander gilt es auch in Unternehmen zu realisieren. Anfangen könnten wir mit Teilzeit-Führung und einem schrittweise wachsenden Vertrauen in die Kompetenz von Systemen. Agilität beschreibt nichts anderes, als einen sinnvollen und bedachten Umgang mit Menschen in einem Umfeld, das seiner Leistungsfähigkeit angemessen ist. Wenn der „Absprung" vom alten Denken erst geschafft ist, fällt die Entwicklung neuer Strukturen leicht.

Literatur

Bartsch B, Ramge T (2017). Der große Plan. brand eins. (10/2017)

Gloger B, Margetich J (2014) Das Scrum-Prinzip. Schäffer-Poeschel, Stuttgart

Google Careers (2017) Mountain View. https://careers.google.com/locations/mountain-view. Zugegriffen: 13. Dez. 2017

Haken H, Haken-Krell M (1994) Erfolgsgeheimnisse der Wahrnehmung. Ullstein TB, Berlin

Herbold A (2018) Kann man Facebook noch vertrauen? Zeit Online. www.zeit.de/digital/datenschutz/2018-03/datenmissbrauch-cambridge-analytica-facebook-schutz-persoenliche-daten. Zugegriffen: 10. Mai 2018

Höhe S (2017) Durch die Digitalisierung werden Millionen Jobs in Deutschland wegfallen. Mitteldeutsche Zeitung Online. https://www.mz-web.de/wirtschaft/arbeit-durch-die-digitalisierung-werden-millionen-jobs-in-deutschland-wegfallen-26814704. Zugegriffen: 2. März 2018

Horx M (2011) Das Megatrend Prinzip, 1. Aufl. Deutsche Verlags-Anstalt, München

Horx M (2009) Das Buch des Wandels. Wie Menschen Zukunft gestalten. Deutsche Verlags-Anstalt, München

Horx M (2005) Wie wir leben werden. Unsere Zukunft beginnt jetzt. Campus, Frankfurt a. M.

Kruse P (2004) next practice. Erfolgreiches Management von Instabilität. Gabal, Offenbach

Laloux F (2015) Reinventing organizations. Vahlen, München

Lotter W (2017) Lassen wir das! brand eins. (08/2017)

Lotter W (2015) Die Chefsache. brand eins. (03/2015)

Masur J (2017) Job-Hammer. Roboter ersetzen die Hälfte der deutschen Arbeitsplätze. Focus Money Online. https://www.focus.de/finanzen/boerse/zukunft-der-arbeit-die-neue-german-angst_id_6816692.html. Zugegriffen: 1. Apr. 2018

Pfläging N (2011) Führen mit flexiblen Zielen. Campus, Frankfurt a. M.

Die Führung

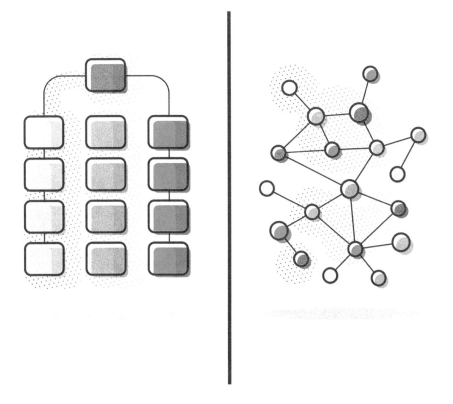

S. Katterbach und K. Stöver, *Effektiver und besser führen in Teilzeit*, https://doi.org/10.1007/978-3-658-22937-5_3

> **Zusammenfassung**
>
> Nie hat man sich so mit dem Thema Menschenführung öffentlich auseinandergesetzt wie heute. Das ist vor dem Hintergrund unserer gesellschaftlichen Entwicklung auch kein Wunder. Die Vernetzung ist allgegenwärtig und verschiebt die Machtverhältnisse. Nahezu unbeschränkter Zugang zu Information und die Möglichkeit, diese aktiv ins Netz zu bringen, führt zu einer Demokratisierung, die nicht politisch initiiert ist. Auf Twitter oder facebook kann jeder fast grenzenlos seine Meinung äußern, unabhängig von Rang oder Status. Auch wenn es sich dabei nicht immer um qualifizierte Beiträge handelt, beeinflusst dieser permanente Austausch von Ansichten das Klima. Walter Benjamin, ein deutscher Philosoph und Kulturkritiker der Frankfurter Schule, konstatierte bereits 1935: „Wann immer sich die Medien ändern, ändert sich die Gesellschaft." Um einen Überblick zu bekommen, hier ein kurzer Abriss zur Entwicklung des Führungsbegriffs, die die These Benjamins stützt.

3.1   Historische Modelle und aktueller Status

Führung hat die Menschheit immer schon beschäftigt. Gemeint ist die personelle, direkte Führung eines Mitglieds der Organisation durch eine andere, hierarchisch höher stehende Person (Berthel und Becker 2013). Zunächst wurde von der Eigenschaftstheorie der Führung ausgegangen, nach der erfolgreiche Führung weitgehend auf die Eigenschaften der Führungsperson zurückgeführt wurde. Dieser Ansatz hat ihren Ursprung in einer sozial-darwinistischen Ethik und besagt, dass es bestimmter intellektueller, psychischer und sozialer Kompetenzen bedarf, um erfolgreich führen zu können. Die Eigenschaftstheorie ist heute nicht vollständig aus der Führungsforschung verschwunden, sondern findet sich in Konzepten des charismatischen Führers und der Attributionstheorien der Führung wieder (Staehle et al. 1999). Auch könnte man in den relativ populären Konzepten der Schlüsselqualifikationen, wie sie z. B. in Assessment-Centern geprüft werden, eine Renaissance eigenschaftstheoretischer Vorstellungen sehen (Neuberger 2002).

Davon abgesehen gibt es aber seit der Mitte des 20. Jahrhunderts einen allgemeinen Wandel in der Organisations- und Führungslehre vor dem Hintergrund der sozialen, politischen und technologischen Veränderungen, die auf die Defizite der Eigenschaftstheorie hinweisen. So vernachlässigt ein solcher Erklärungsansatz z. B. die Relevanz der Situation, in der geführt wird, und die bedeutende Rolle der Geführten. Darüber hinaus basieren diese Konzepte auf der Annahme zeitlicher Kontinuität, die bei steigender Komplexität und Dynamik durch die hohe Wahrscheinlichkeit von plötzlich eintretenden Ereignissen nicht mehr gegeben ist. Neuberger (2002) identifiziert insgesamt neun Gruppen von (älteren und jüngeren) Erklärungsansätzen für den Erfolg von Führung:

1. Eigenschaftstheorie der Führung
   Wie bereits oben erläutert, führt die Eigenschaftstheorie den Erfolg von Führung auf die Persönlichkeit der Führungskraft zurück. Weder die situativen Bedingungen noch Wechselwirkungen mit den Geführten oder die eventuelle Aktualisierung der

Eigenschaften im Verhalten (Führungsstil) finden in diesem Ansatz Berücksichtigung. Das Erklärungsschema lautet: Wer bestimmte Eigenschaften hat, wird erfolgreich führen.

2. Rollentheorie der Führung

Im rollentheoretischen Ansatz der Führung steht die Führungskraft im Mittelpunkt der Erwartungen unterschiedlicher Akteure innerhalb und außerhalb der Organisation. Die Führungskraft muss diese unterschiedlichen und zum Teil gegensätzlichen Erwartungen ausbalancieren und ihr Verhalten daran orientieren. Gleichzeitig muss sie ihre eigene Identität entwickeln. Somit kann die Erfüllung der Erwartungen bestimmter Akteure als Erfolg definiert werden, weitere Erfolgskriterien werden in der Rollentheorie der Führung nicht ausgeführt.

3. Führungsstil

Die Führungsstilforschung geht davon aus, dass der Führungsstil, also das längerfristig relativ stabile und weitgehend situationsabhängige Verhaltensmuster der Führungskraft, maßgeblich für den Erfolg ist. Obwohl angenommen wird, dass der Führungsstil seine Wirkung erst über seine Einwirkung auf die Geführten entfaltet wird, spielen diese keine eigenständige Rolle. Neben Lewins Typologie von Führungsstilen (s. o.) wird zwischen folgenden idealtypischen Führungsstilen unterschieden (Staehle et al. 1999):

- patriarchalischer Führungsstil
- charismatischer Führungsstil
- autokratischer Führungsstil
- bürokratischer Führungsstil

4. Situative Führungstheorie

In der situativen Führungstheorie werden im Gegensatz zu den bisher vorgestellten Ansätzen Einflüsse durch die Situation, die Geführten und das Thema, auf das sich Führung bezieht, ausdrücklich berücksichtigt. Zum Beispiel wird explizit eine Beziehung zwischen Führungsstil und Erfolg durch situative Bedingungen hergestellt. Die erste Variante der situativen Führungstheorien (Neuberger 2002) behandelt die Auswirkungen unterschiedlicher Situationsausprägungen auf den Erfolg eines Führungsstils. In der zweiten Variante bestimmt die Situation den Führungsstil, das heißt, es wird versucht, für jede typische Ausprägung der situativen Variablen den passenden Führungsstiltyp zu beschreiben.

5. Gruppendynamische Führungstheorie und Interaktionstheorie

In der gruppendynamischen Führungstheorie und den Interaktionstheorien der Führung stehen die Interaktionen zwischen allen am Führungsprozess Beteiligten, also sowohl der Führungskraft als auch Geführten, im Mittelpunkt der Analyse. Ziel ist es, die Dynamik dieser Interaktionsbeziehungen zu erfassen und auch die Rollenverteilungen innerhalb der Geführten zu analysieren. Dabei können neben der formal ernannten Führungskraft auch andere, z. B. besonders beliebte oder aktive, Akteure eine gewisse Führungsrolle übernehmen.

6. Erwartungs-Valenz-Theorie

   In der motivationstheoretisch geprägten Erwartungs-Valenz-Theorie wird Führung
   vom Standpunkt der Geführten aus betrachtet. Man geht davon aus, dass die Leistungs-
   anstrengungen der Geführten davon abhängen, in welchem Ausmaß sie davon
   überzeugt sind, dass diese Anstrengungen zum Erfolg führen (Erfolgswahrscheinlichkeit), und welchen Wert sie dem Erfolg beimessen (Erfolgsvalenz). Die Aufgabe der
   Führungskraft besteht darin, sich in die Geführten hineinzudenken. Der Erfolg von
   Führung kann in diesem Modell nur indirekt von der Führungskraft beeinflusst werden, indem sie versucht, die Erfolgswahrscheinlichkeit und -valenz für die Geführten
   zu beeinflussen.

7. Lerntheorie

   Führung kann auch in der Weise verstanden werden, dass die Führungskraft durch
   klare Anweisungen Reize für das gewünschte Verhalten der Geführten setzt und dieses
   Verhalten durch Belohnungen verstärkt bzw. ein Ausbleiben negativ sanktioniert wird.
   Diesem Führungsverständnis liegen lerntheoretische Ansätze aus dem Behaviorismus
   zugrunde. Außerdem basieren sie auf der hierarchischen Macht der Führungskraft,
   die es ihr erlaubt, Ziele auch gegen den Willen der Geführten durchzusetzen (Naegler
   2014, S. 274). Der Erfolg von Führung wird im Rahmen dieses Modells durch die
   Fähigkeiten der Geführten und durch Umwelteinflüsse mit beeinflusst.

8. Attributionstheorie

   Wie bei der Erwartungs-Valenz-Theorie versucht die Führungskraft nach der Attributionstheorie zu verstehen, welche (Führungs-) Einflüsse die Geführten zu einem
   bestimmten Verhalten veranlassen, und richtet ihr Führungsverhalten entsprechend
   dieser Analyse aus. Attribution wird hierbei so verstanden, dass die Führungskraft
   den Geführten bestimmte Ursachen für ihr Handeln zuschreibt, die sie dann auf
   ihr Führungsverhalten überträgt. Die Attributionen werden hierbei von den Überzeugungen und Einstellungen der Führungskraft beeinflusst.

9. Kybernetische Führungstheorie

   Im kybernetischen Ansatz der Führung wird Führung analog dem Modell einer sich
   durch Rückkopplung selbst regulierenden Maschine analysiert. Es wird davon ausgegangen, dass Führung immer wieder nachjustiert bzw. im Sinne einer rollierenden
   Planung bezüglich ihrer Ergebnisse kontrolliert und eventuell angepasst werden muss.
   Das Verhalten der Geführten ist der Prozess, auf den eingewirkt werden muss, um die
   gewünschten Ziele zu erreichen. Die aktuellen Auswirkungen werden laufend kontrolliert und mit den gesetzten Vorgaben verglichen. Liegt eine Diskrepanz vor, werden das Führungsverhalten nachjustiert und die Auswirkungen erneut kontrolliert.
   Dabei werden externe Einflüsse, wie beispielsweise eine Verschlechterung der kon-
   junkturellen Lage oder eine Veränderung der Arbeitsaufgaben, mit berücksichtigt.

Auch wenn in einigen vorliegenden Ansätzen bereits von Führung als einem komple-xen sozialen Prozess ausgegangen wird, gilt es dennoch festzuhalten, dass diese (nicht näher beschriebene) Komplexität in den letzten Jahren einen enormen Schub erhalten hat. Die Dynamisierung der Märkte ist dabei ebenso eine Ursache wie ein grundlegender Wertewandel in unserer Gesellschaft, dessen Speerspitze wir derzeit mit der sogenannten Generation Y und ihren neuen unternehmenskulturellen Erwartungen und Zielen zu ana-lysieren versuchen.

Die beschriebene theoretische Auseinandersetzung zum Thema Führung zeigt den Bedarf an praktisch angepassten Arbeitsmodellen. Teilzeit-Führung übernimmt hier eine „Brückenfunktion". Sie wird sowohl der steigenden Komplexität des Führungsbegriffs selbst als auch der Vielseitigkeit der Anforderungen durch äußerliche Veränderungen gerecht.

Wie Abb. 3.1 zeigt, ist die Situation für Führungskräfte durch veränderte Rahmen-bedingungen hochkomplex geworden. Dafür gibt es keinen „Schuldigen", wie oft gerne am Stammtisch konstatiert wird. Als Ursache für die Unüberschaubarkeit der Situa-tion machen Experten die „komplexe Dynamik der Netzwerke" verantwortlich, die die „Spielregeln in Wirtschaft und Gesellschaft (verändert)" (Kruse und Schomburg 2016, S. 3). Und wenn sich die Vernetzungsdichte erhöht, steigt gleichzeitig die Wahrschein-lichkeit sogenannter Selbstverstärkungsprozesse, bei denen sich Systeme schnell auf-schaukeln in eine Richtung, die vorher nicht abzusehen ist. Kruse und Schomburg (2016) beschreiben eine Machtverschiebung auch innerhalb von Organisationen, was enorme

Abb. 3.1 Das Spannungsfeld einer Führungskraft heute. (Quelle: In Anlehnung an nextpractice Vortrag; mit freundlicher Genehmigung von © nextpractice GmbH Deutschland 2018. All Rights Reserved)

Auswirkungen auf die Strategie und die Hierarchie mit sich bringt. Die klassische Linienhierarchie ist nach Meinung der Experten zu starr, um schnell und effektiv die notwendige Innovationskraft bereitzustellen.

▶   **Aufgepasst, Karl-Heinz!** Es ist im Übrigen keine Schande, sich Hilfe zu holen, Karl-Heinz. Für die Entwicklung der Feldroboter hast Du auch nicht alleine im Kämmerlein getüftelt, sondern Dir Hilfe gesucht in Form von Ingenieuren und Entwicklern. Warum nicht auch für Mitarbeiterführung und Arbeitsinnovationen? Der Blick und die Methodenkompetenz von außen qualifizieren Dich nicht ab, im Gegenteil!

Gefragt ist eine Kompetenz, die bisher dem Diktat von Zielen, Planung, Controlling völlig unterlag: Die „professionelle Gestaltung ergebnisoffener Prozesse" (Kruse und Schomburg 2016, S. 3) wird zur zentralen Führungskompetenz neben der Förderung wettbewerbsübergreifender Kooperationen und einem tiefen Verständnis des Nutzens und der Funktionsweise selbstorganisierter Netzwerke.

Das bedeutet, Führungskräfte müssen ihre Rolle und ihr Selbstverständnis grundlegend neu reflektieren und können nicht mehr auf tradierten Karrierepfaden den Weg nach oben nehmen. In der Praxis zeigt sich bereits deutlich, dass bei dem Versuch, mit den steigenden Anforderungen Schritt zu halten, ein Veränderungsprozess den anderen jagt. Eine Führungskraft aus dem Marketingbereich eines internationalen Getränkeherstellers beklagte sich bereits vor einigen Jahren, dass man einen Veränderungsprozess gar nicht mehr abschließen kann, bevor der nächste schon annonciert ist. Das führt zu einer noch stärker empfundenen Erschöpfung bei den Beteiligten aus Mangel an abschließbaren, messbaren und replizierbaren Arbeitsvorgängen. Schließlich möchte man auch das Ergebnis seiner Anstrengungen sehen und sich ein wenig daran laben, um dann mit neuer Motivation das nächste Ziel anvisieren zu können. Leider scheint genau das nicht mehr zu funktionieren: Gerade in dieser bewegten Zeit, in der sich die Menschen so sehr nach einfachen Lösungen sehnen, sind die „richtigen" Lösungen weit weg. Und um es mit William Ross Ashby zu beschreiben: Komplexe Herausforderungen brauchen komplexe Lösungen (Ashby 1956). Auch die Initiierung von ergebnisoffenen Prozesse widerspricht den tradierten Managementlehren der Vergangenheit völlig und fordert Führungskräfte in ihrer persönlichen Entwicklung immens heraus.

3.2   Neue Führung braucht neue Führungstypen (np-Studie)

Kruse und Schomburg (2016) geben praktische Orientierungshilfen für Führungskräfte, die sich den Rahmenbedingungen einer global vernetzten, hochkomplexen und dynamischen Welt anpassen wollen. Zugrunde liegt eine Studie, die im Auftrag des Bundesministeriums für Arbeit und Soziales (BMAS) und der Initiative *Neue Qualität der Arbeit* (INQA) seit 2012 das kulturelle Kraftfeld der Wertemuster von 400 Führungskräften vermisst. Darüber hinaus wurden in 2015/2016 in der ebenfalls vom BMAS beauftragten Studie „Wertewelten Arbeiten 4.0" 1200 Erwerbspersonen in Deutschland zu ihren Vorstellungen und Bewertungen der Arbeitswelt befragt.

Die den Studien zugrunde liegende Methode basiert auf dem simplen Prinzip des Paarvergleichs. Sie ist weder eindeutig als qualitatives noch eindeutig als quantitatives Messverfahren einzuordnen. Die Befragungstechnik gestattet es, wie bei einem qualitativen Interview frei und nahezu uneingeschränkt zur Bewertung eigene Beschreibungen zu benutzen. Die Ergebnisse spiegeln damit vorgabefrei die Sichtweise eines Individuums wider. Die Befragten konstruieren gewissermaßen während der Befragung ihren eigenen, ganz persönlichen Fragebogen. Eine genaue Beschreibung des Verfahrens „nextexpertizer" und der statistischen Validität ist bei Greve, Freytag und Katterbach (2016) nachzulesen.

Irgendetwas braut sich da zusammen. Aber wie kann man das messen oder analysieren? Je nachdem, welche Perspektive eingenommen wird, zeigt die wachsende Dynamik völlig unterschiedliche Bewertungen auf:

- Kölner Stadtanzeiger (am 01.07.2013): Führung: Arbeitnehmer oft unzufrieden mit ihrem Chef.
- Handelsblatt (am 30.09.2014): Führung: Arbeitnehmer oft zufrieden mit ihren Chefs.
- Die Zeit (am 31.03.2014): Beruf: Deutsche sind zufriedener mit ihrem Job.
- Rheinische Post (am 09.10.2014): Beruf: Mehr als jeder Dritte kann nicht mehr.

Alle Headlines beziehen sich auf Studien, die sicherlich auch seriösen Ursprungs sind. Jedoch zeigt dieses Beispiel, wie stark die Ausgangshypothese die Ergebnisse von Studien beeinflusst. Am Ende wird eben immer nur das abgefragt, was in irgendeiner Form im Kopf des Befragers bereits vorhanden ist. Der Bias wird in der Fragestellung sichtbar. „Wie zufrieden sind Sie mit Ihrem Chef?" suggeriert also, dass es einen Zusammenhang zwischen „Zufriedenheit" und „Chef" gibt. Eine andere Frageform dagegen eröffnet bei dem Befragten die Assoziation, die für ihn persönlich relevant ist. „Was kennzeichnet Ihre Beziehung zu Ihrem Chef?" bringt die individuell empfundene Qualität des Befragten zum Ausdruck und könnte vielleicht beantwortet werden mit einem Begriff wie „Offenheit" oder „Vertrauen". Um kulturelle Muster über die Einzelempfindungen hinaus vergleichbar zu machen, bietet die Methode „nextexpertizer" eine gute Möglichkeit: Wir lesen in den Ergebnissen keine Einzelmeinungen zu einem vorgegebenen Thema, sondern entdecken eine „Meta-Ordnung", ein Muster, das erst sichtbar werden kann, wenn man sich von den Einzelbewertungen und -meinungen löst.

Das BMAS beschäftigt sich nicht ohne Grund schon seit einigen Jahren mit diesem Themenfeld und gründete im September 2012 das Projekt „Forum Gute Führung", das im Rahmen der INQA (Initiative Neue Qualität der Arbeit) gefördert wird. INQA fördert Projekte und Studien, die die Diskussionen und Veränderungen in Gesellschaft und Betrieben unterstützen sollen. Darin werden Fragen wie z. B. „Was sind heute und morgen die Anforderungen an „gute Führung?", „Wie agiere ich als Führungskraft im Sinne des Unternehmens und der Kundinnen und Kunden?", „Wie verhalte ich mich gegenüber meinen Mitarbeiterinnen und Mitarbeitern?", „Hat Führung eine gesellschaftliche Verantwortung?" diskutiert und in gesellschaftspolitisch eingebettete Maßnahmen überführt. Eine dieser Maßnahmen ist es beispielsweise, besonders mittelständischen Unternehmen Beratungsleistung vergünstigt zur Verfügung zu stellen, um sich für die Herausforderungen der Zukunft zu wappnen.

▶   **Aufgepasst, Karl-Heinz!** Karl-Heinz, wäre das nicht zum Beispiel etwas
      für Dein Unternehmen? Das BMAS bietet ein breites Portfolio geförderter
      Beratungsprojekte an: www.inqa.de.

Die Studie untersucht die aktuellen Herausforderungen, die immer drängender zu werden scheinen. Neben dem Ziel, den Dialog anzuregen, soll die Studie die tatsächlichen und von den aktuell in Führungsverantwortung Stehenden wahrgenommenen Handlungsfelder sichtbar machen. Die Ergebnisse bieten darüber hinaus eine Grundlage zur Entwicklung neuer Führungskonzepte, die den komplexen Anforderungen der modernen Arbeitswelt gerecht werden und Unternehmen zukunftsfähig machen (Kruse und Greve 2014).

In ca. zweistündigen Interviews gaben 400 Führungskräfte ihr intuitives Expertenwissen zur Führungskultur in Deutschland ab. Die Stichprobe ist in Abb. 3.2 dargestellt.

Mit ihren eigenen Worten beschrieben die Teilnehmer in den Interviews ihre eigene Situation und die Anforderungen, die sich aus der Veränderung der globalen Rahmenbedingungen aus ihrer Sicht ergeben. Darüber hinaus finden sie ihre subjektive Beschreibung für „gute Führung" und bewerten nach ihren eigenen Begriffen eine Auswahl

		Anzahl Befragte
Unternehmensebenen	1: Vorstandsmitglied	137
	2: Bereichsleitung	116
	3: Abteilungsleitung	102
	4: Teamleitung	33
	5: Mitarbeiter	12
Unternehmensgröße	über 250 Mitarbeiter	233
	51 bis 250 Mitarbeiter	60
	11 bis 50 Mitarbeiter	54
	unter 10 Mitarbeiter	53
Unternehmenstypen	Dienstleistung	233
	Fertigung	82
	Handel	54
	Andere	31
Geschlechtergruppen	Männer	281
	Frauen	119
Altersgruppen	über 50 Jahre	117
	41 bis 50 Jahre	182
	31 bis 40 Jahre	84
	unter 31 Jahre	10
	keine Angabe	7

Abb. 3.2 Stichprobe der Führungsstudie. (Quelle: In Anlehnung an nextpractice Vortrag; mit freundlicher Genehmigung von © nextpractice GmbH Deutschland 2018. All Rights Reserved)

Abb. 3.3 Die Wertewelt „Gute Führung". (Quelle: In Anlehnung an nextpractice Vortrag; mit freundlicher Genehmigung von © nextpractice GmbH Deutschland 2018. All Rights Reserved)

relevanter Führungsstile, Organisationsformen und Managementinstrumente. Insgesamt wurden in den 400 Interviews 4600 frei formulierte Originalaussagen zusammengetragen.

Die in den Interviews entstandenen individuellen Bewertungs- und Bedeutungsräume wurden in einem nächsten Schritt mathematisch zu einem Gesamtbild verdichtet, das die übergreifenden Kulturmuster für „Führung in Deutschland" sichtbar werden ließ (Abb. 3.3). Jedes Einzelinterview wird dann zu einem Messpunkt in einem mathematischen Raum. Die Originalaussagen werden zu 37 positiv und 37 negativ bewerteten Clustern zusammengefasst. Alle 74 Cluster erlauben jederzeit einen Zugriff auf ihre zugehörigen Originalaussagen. Der verdichtete semantische Werteraum dient als vereinfachtes inhaltliches Bezugssystem für die Gesamtheit aller Bewertungen und Entwicklungsprognosen.

Drei Haupttendenzen lassen sich hier bereits ableiten (Kruse und Greve 2014):

1. **„Hierarchie und Planbarkeit werden abgelehnt:** Hierarchisch dominierte Vorausplanungen werden mehrheitlich abgelehnt. Die Zeit des Vordenkens und Anweisens ist vorbei. Die klassische Linienhierarchie wird zum Auslaufmodell erklärt. Die Führungskräfte prognostizieren sich selbst organisierende Netzwerke als Organisationsform der Zukunft.
2. **Ergebnisoffenheit:** Alle 400 interviewten Führungskräfte benennen die Fähigkeit, mit ergebnisoffenen Prozessen umzugehen, als ein zentrales Merkmal von „guter

Führung". Der Bereitschaft, sich auf die Unsicherheit gemeinsamer Suchbewegungen einzulassen, wird eine signifikant höhere Bedeutung beigemessen als dem Management über Zielvereinbarung und Controlling.

3. **Transparenz, Einfühlung und Kooperationen:** Transparenz von Informationen, Integration unterschiedlicher Lebensentwürfe, empathisches Einbeziehen von Mitarbeitenden und die Förderung übergreifender Kooperationen stehen weit oben auf der Wunschliste. Die Führungskräfte sind sich einig, dass einsame Entscheidungen und fertig ausgearbeitete Konzepte angesichts der komplexen Dynamik global vernetzter Märkte nicht mehr angemessen sind.

In welche Richtung die gemeinsamen Suchprozesse gehen müssen und was konkret die Orientierung in diesen Zeiten der Instabilität beinhalten muss, zeigen die folgenden zehn Kernaussagen zu „guter Führung" (vgl. Kruse und Greve 2014):

1. **„Flexibilität und Diversität sind weitgehend akzeptierte Erfolgsfaktoren.**
   Die meisten Führungskräfte sehen individuelle Zeiteinteilung, wechselnde Teamkonstellationen mit beweglichen Führungsstrukturen und wechselnden Teamkonstellationen bereits auf einem guten Weg. Die Idee der Förderung von Unterschiedlichkeit wird partiell bereits umgesetzt, und die Beiträge zur Unternehmenskultur vor allem von den weiblichen Führungsverantwortlichen sehr positiv bewertet.

2. **Prozesskompetenz ist für alle das aktuell wichtigste Entwicklungsziel.**
   Aus Sicht aller 400 Befragten ist die Kompetenz zur professionellen Gestaltung ergebnisoffener Prozesse erfolgsentscheidend. Denn wenn überraschende Hypes die Vorhersagbarkeit in dynamischen Märkten exemplarisch unterminieren, ist ein schrittweises Vorgehen erfolgversprechender und sinnvoller als die Orientierung an langfristigen Planungen.

3. **Sich selbst organisierende Netzwerke sind das favorisierte Zukunftsmodell.**
   Implizit erkennen die Führungskräfte, dass Netzwerkstrukturen am besten geeignet sind, um den Herausforderungen der modernen Arbeitswelt zu begegnen. Durch die kollektive Intelligenz sich selbst organisierender Netzwerke erhoffen sich die Führungskräfte mehr kreative Impulse, eine höhere Innovationskraft, eine Beschleunigung der Prozesse und eine Verringerung von Komplexität.

4. **Hierarchisch steuerndem Management wird mehrheitlich eine Absage erteilt.**
   Dem steuernden Manager nehmen die Führungskräfte nicht mehr ab, dass er die Situation im Griff hat und er alleine die Entscheidungen treffen kann. Komplexität und Dynamik der zukünftigen Arbeitswelt lassen klassische Managementwerkzeuge wie Zielmanagement und Controlling ins Leere laufen. Bei zunehmender Volatilität und abnehmender Planbarkeit wird die klassische Linienhierarchie geradezu als Gegenentwurf von „guter Führung" angesehen.

5. **Kooperationsfähigkeit hat Vorrang vor Renditefixierung.**
Mehr als 50 % der befragten Führungskräfte sind sich einig, dass anstelle von traditionellen Wettbewerbsstrategien das Prinzip Kooperation an Bedeutung gewinnt. Lediglich 29 % der Führungsverantwortlichen bezeichnen ein effizienzorientiertes und auf Profitmaximierung ausgerichtetes Management als ihr persönliches Idealmodell von Führung.

6. **Persönliches Coaching ist ein unverzichtbares Werkzeug für Führung.**
In einer Netzwerkorganisation weichen hierarchische Strukturen. Eigene Ansichten sind darin ein Orientierungspunkt. Es geht nicht mehr darum, mit Befehlsgewalt die Richtung vorzugeben, sondern vielmehr eine Resonanz im System zu erzeugen. Dafür sind Einfühlungsvermögen und Einsichtsfähigkeit wichtige Schlüsselkompetenzen, für die es für alle Akteure im Unternehmen mehr Reflexion und intensiver Entwicklungsbegleitung bedarf.

7. **Motivation wird an Selbstbestimmung und Wertschätzung gekoppelt.**
Die Führungskräfte sind sich einig, dass Gehalt und andere materielle Anreize hinsichtlich der persönlichen Motivation an Bedeutung verlieren und stattdessen Wertschätzung, Entscheidungsfreiräume und Eigenverantwortung wichtiger werden. So bestimmen nicht Statussymbole, sondern Autonomie und der wahrgenommene Sinnzusammenhang einer Tätigkeit das persönliche Engagement.

8. **Gesellschaftliche Themen rücken in den Fokus der Aufmerksamkeit.**
Über 15 % der frei genannten Beschreibungen im Führungskontext beinhalten Fragen zur gesellschaftlichen Solidarität und der sozialen Verantwortung von Unternehmen. So nimmt scheinbar der Ausgleich von Ansprüchen und Interessen verschiedener gesellschaftlicher Gruppen einen wachsenden Raum ein, Gerechtigkeit und Verteilung des Wohlstands werden thematisiert.

9. **Führungskräfte wünschen sich Paradigmenwechsel in der Führungskultur.**
78 % der befragten Führungskräfte sind sich einig, dass Deutschland ohne eine grundlegende
Änderung in der heutigen Führungspraxis weit unter seinen Möglichkeiten bleibt. Ein Blick auf die Langfristentwicklung verschärft diese Einschätzung noch: Betrachtet man die Entwicklung der Führungspraxis in Relation zu der Entwicklung der Führungsanforderungen seit 1950, öffnet sich die Schere zwischen Führungspraxis und Führungsanforderungen seit Jahren immer weiter. An die Stelle rückwärtsgewandter Führungsprinzipien müssen netzwerkorientierte, selbstorganisierende Führungspraktiken treten.

10. **Führungskultur wird kontrovers diskutiert.**

Im Überblick sagen die befragten Führungskräfte, dass sie selber eine Führungspraxis leben, die den Anforderungen schon nicht mehr genügen, geschweige denn, dass sie wegweisend für die Arbeitswelt von morgen wäre. Sie sehen die Kriterien, die ihnen im Kontext „guter Führung" wichtig sind, heute nur knapp zur Hälfte verwirklicht (mittlerer Erfüllungsgrad 49 %). Sie kritisieren damit eine seit Jahren anhaltende Fehlentwicklung der Führungskultur. Schrittweise Verbesserungen reichen ihrer Ansicht nach nicht mehr aus, um den eigenen Anspruch an gute Führung umzusetzen. Gelingt es nicht, diese Lücke zu schließen, nimmt die Gefahr, den Anschluss zu verpassen, in ihren Augen kontinuierlich zu." (Greve et al. 2016, S. 60–61).

Teilzeit-Führung ist kein neues Konzept und es gibt bereits einen großen Erfahrungsschatz und diverse Ergänzungen und praktische Vorbilder. Und doch zahlt es auf einige Bedarfe ein, die aus der Studie hervorgehen und stellt so die Aktualität des Ansatzes unter Beweis. Punkt 1 beschreibt z. B. den Bedarf an mehr Flexibilität und Diversität. Auch Führungskräfte von heute sind nicht mehr homogen in ihrer Karriereorientierung und erwarten von ihrem Arbeitgeber eine Plattform, die Raum lässt für persönliche Interessen, Weiterbildung oder die Familie. Punkt 3 belegt die Notwendigkeit, mit sich selbst organisierenden Netzwerken flexibler den Leistungsanforderungen an die Organisation gerecht werden zu können. Das beinhaltet auch, personenbezogenes Wissen und situativ die Verantwortung zu teilen, was ein wesentlicher Faktor in vielen Teilzeit-Führungsmodellen ist. Auch Punkt 5 belegt den Anspruch auf eine Orientierung in Richtung geteilter Führung: Kooperationsfähigkeit hat Vorrang vor Renditeorientierung. Das gilt sowohl nach außen als auch nach innen. Geteilte Führung kann nur mit dem entsprechenden Mindset bei allen Beteiligten seine positive Wirkung entfalten. Kooperationsfähigkeit und gegenseitige sowie individuelle Verantwortungsübernahme sind die wesentlichen Elemente dafür. Im Idealfall kommt im Sinne von Punkt 7 der Motivationseffekt zur Geltung, der von allen beschrieben wird, die bereits Erfahrung mit Teilzeit-Führung gemacht haben. Jenseits der tradierten Auffassung von Arbeit finden (nicht nur Führungskräfte) mit Teilzeit-Modellen mehr Raum für Selbstbestimmung. Eine wertschätzende Grundhaltung ist dabei wiederum eine notwendige Einstellung und damit Bestandteil des Mindsets. Zu guter Letzt wird in der Diskussion um das Thema Teilzeit-Führung immer wieder auf die Rolle der Frauen in der Gesellschaft abgehoben. Frauen sind jedoch in dieser Auseinandersetzung nur die „Symptomträger" einer gesamtgesellschaftlichen Entwicklung, die den Arbeits- und Führungsbegriff umdefiniert (siehe Abschn. 3.4).

3.2.1 Fünf Führungstypen

Bei aller Gemeinsamkeit in den Einschätzungen der befragten Führungskräfte weisen die Ergebnisse auch große Unterschiede auf, die sich mit inhaltlichen Schwerpunkten beschreiben lassen. Die folgende Typologie, die grundsätzlich fünf recht unterschiedliche Einstellungen abbildet, hilft bei einer Einschätzung darüber, in welcher Form und mit welchen Argumenten die Einführung eines Teilzeit-Führungsmodells vorangetrieben werden kann.

▶ **Fünf Führungstypen**

Typ 1 „Traditionell absichernde Fürsorge" (13,50 %)
Eine gute Führungskraft hat die Fähigkeit, Menschen im direkten Kontakt Sicherheit zu geben und ihnen persönlich den Rücken zu stärken. Gute Führung ist authentisch, kompetent und besitzt natürliche Autorität. Die Loyalität und Zufriedenheit der Mitarbeiter sind das Ergebnis persönlicher Vorbildfunktion und Verantwortungsübernahme. Zentrales Ziel von Führung ist es, langfristig die Arbeitsplätze der Menschen im Unternehmen und stabile Beziehungen und Organisationsverhältnisse zu sichern.

Typ 2 „Steuern nach Zahlen" (29,25 %)
Eine gute Führungskraft ist in der Lage, Menschen so zu organisieren, dass sie auf der Basis eines bestehenden Geschäftsmodells maximalen Profit erwirtschaften. Gute Führung erhöht die Wettbewerbsfähigkeit des Unternehmens über Strategie, Zielvereinbarungen und ein professionelles, auf Kennzahlen gestütztes Controlling. Zentrales Ziel dieses Präferenztyps ist es, eine attraktive Rendite für die Kapitaleigner zu gewährleisten.

Typ 3 „Coaching kooperativer Teamarbeit" (17,75 %)
Eine gute Führungskraft unterstützt und begleitet die Zusammenarbeit in dezentral organisierten, sich flexibel verschiedenen Aufgabenstellungen anpassenden Teams. Gute Führung fördert die Erhöhung der internen Diversität, sorgt für maximale Transparenz von Information und eine gemeinsame Reflexion von Zusammenhängen. Zentrales Ziel ist es, Synergiepotenziale im Unternehmen und in der Kooperation mit externen Partnern zu nutzen.

Typ 4 „Stimulation von Netzwerkdynamik" (24,00 %)
Eine gute Führungskraft lässt viel Raum für Eigeninitiative und begünstigt die ungehinderte, hierarchiefreie Vernetzung aller Akteure im Unternehmen. Gute Führung vereint Menschen mit unterschiedlichen Lebensentwürfen unter einer attraktiven Vision und vertraut auf deren Fähigkeit zur Selbstorganisation. Zentrales Ziel dieses Typs ist die Bewältigung von Komplexität auf vernetzten Märkten durch eigene Netzwerkbildungen.

Typ 5 „Solidarisches Stakeholder-Handeln" (15,50 %)
Eine gute Führungskraft motiviert hauptsächlich über persönliche Wertschätzung, Selbstbestimmung und die Sinnhaftigkeit gemeinsamer Arbeitszusammenhänge. Gute Führung ist offen für basisdemokratische Teilhabe und fördert solidarisches Handeln. Über die Aushandlung gemeinsamer Werte wird die Dynamik in den Netzwerken im Zaum gehalten. Zentrales Ziel ist es, die Interessen aller relevanten Stakeholder optimal auszubalancieren.

Eine Führungskraft, die dem Führungstyp 1 entspricht, setzt auf Stärke und natürliche Autorität. Sie ist dementsprechend eher in einer älteren Tradition verhaftet und fragt sich, wie denn jemand führen kann, der nicht kontinuierlich anwesend ist. Teilzeit-Führung ist dieser Person unheimlich und sie versteht ihre Rolle als tragendes Element für das Wohlergehen der Mitarbeiter und der Organisation. Um einer potenziellen Bedrohung dieses Status' aus dem Weg zu gehen, wird sie versuchen, die Nachteile des Konzepts zu finden und in den Vordergrund zu stellen. Hier ist ein schrittweises Vorgehen angemessen, um niemandem das Gefühl zu vermitteln, ein „Verlierer" zu sein. Kleine Pilotprojekte könnten bei diesem Führungstypus Überzeugungsarbeit leisten.

Dem zweiten Führungstyp sollte man Studien zur Verfügung stellen, aus denen beweisbar hervorgeht, dass Teilzeit-Führung die Rendite erhöhen kann. Er ist höchstwahrscheinlich der Ansicht, dass menschliche Aspekte keinen zu großen Raum in der Organisation einnehmen sollten. Wer sein Kind betreuen möchte, kann ja zuhause bleiben. Im Unternehmen geht es um berechenbare Prozesse mit einem guten Ergebnis. Eine pragmatische und berechenbare Perspektive, sachlich und zielorientiert vorgetragen, ist also besonders wichtig für die Überzeugungsarbeit.

Eine Führungskraft des Typs 3 brauchen Sie wahrscheinlich gar nicht zu überzeugen. Sie ist bereits gut ausgestattet für Teilzeit-Führung. Kooperation ist als wichtiges Element seines Mindsets die Basis für eine Bereitschaft, sich mit dem Thema auseinanderzusetzen und einen Schritt in die Richtung neuer Arbeitsmodelle zu gehen. Beachten sollte man jedoch, dass ein kontinuierlicher Informationsaustausch gewährleistet ist und Raum für Synergien besteht. Denn auch bei dieser Führungskraft wird es eine gedankliche Verknüpfung von Führung und Zeit geben.

Wir durften während unserer Recherche zu diesem Buch eine Führungskraft des Typs 4 kennenlernen. Julian Vester ist Gründer und Geschäftsführer der Agentur „elbdudler" in Hamburg. Für ihn, wie für viele andere Vertreter der Generation Y (siehe Kap. 6), ist es völlig egal, wer in welcher Position wie lange und wo arbeitet. Er gibt seine Vision in die Organisation und vertraut darauf, dass sie von allen verstanden und geteilt wird. Klassische Menschenführung ist ihm unheimlich, denn er versteht gar nicht, warum man Menschen zwingen sollte, in einem standardisierten Umfeld standardisierte Aufgaben zu tun. Kreativität (und damit Ertrag) wird aus seiner Sicht aus einer intrinsischen Motivation aller Mitarbeiter genährt.

Vester unterscheidet sich damit nur marginal vom Führungstyp 5. Die Interessen aller relevanten Stakeholder sind ihm relativ unwichtig. Im Gegensatz zu Typ 5 steht nämlich für ihn weniger die Profitabilität im Vordergrund, sondern vielmehr die Lust am Tun und dem damit verbundenen Erfolg. Doch auch eine Führung dieses Typs muss nicht langatmig von Teilzeit-Führung überzeugt werden. Jedoch sollte auch hier bei der Darstellung darauf geachtet werden, dass das Konzept zum „Wohle aller" als wichtiger Beitrag fungiert.

3.2.2   Roadmap für die Entwicklung „guter Führung"

Schaut man sich die Ergebnisse der Führungsstudie genauer an, wird die Notwendigkeit von Teilzeit-Führungsmodellen deutlich. Basierend auf dem von 400 Führungskräften intuitiv beschriebenen Kraftfeld der deutschen Führungskultur lassen sich ausgehend von der aktuellen Führungspraxis drei aufeinander aufbauende Entwicklungsstufen „guter Führung" ableiten (vgl. Greve et al. 2016):

- Stufe 1:
  Der Schwerpunkt des Führungshandelns wird von Effizienz und Ertrag zu Kreativität und Erneuerung wechseln. Linienhierarchie, Zielemanagement und Controlling werden durch flexible Organisation in dezentralen Teams ersetzt, die als Treiber von Kreativität, Kooperation und Veränderung fungieren werden. Ein wesentlicher Teil der Flexibilisierung wird sich auch in Arbeitszeitmodellen niederschlagen. Geschäftsmodelle werden auf den Prüfstand gestellt. Der Schwerpunkt von Führung wird sich von instrumentell gestützten Führungssystemen zu Identitätsbildung, Team-Coaching und Empowerment verlagern. Aus Management wird Leadership werden.
- Stufe 2:
  In der zweiten Entwicklungsstufe von „guter Führung" werden Teamstrukturen zunehmend durch selbstorganisierende Netzwerke ergänzt oder ersetzt. Mit der Nutzung sozialer Medien in der Kommunikation innerhalb des Unternehmens und nach außen wird der direkte hierarchische Einfluss weiter abnehmen, Teilzeit-Führung wird ein selbstverständlich integriertes System sein. Die Transformation zum Enterprise 2.0 wird noch einmal deutlich die Selbstbestimmung der Mitarbeitenden erhöhen und die Kosten der Zusammenarbeit verringern. Die Unternehmensprozesse werden beschleunigt und die Wahrscheinlichkeit kreativer Impulse wird weiter steigen. Ohne eine attraktive Vision und ohne verbindlich vereinbarte Regeln wird jedoch das Risiko eines Verlustes an gemeinsamer Ausrichtung wachsen. Führung wird dann die Aufgabe haben, über die Definition von Rahmenbedingungen und die Vermittlung von Sinnzusammenhängen die wachsende Eigendynamik zu kanalisieren und eine Synchronisierung der Aktivitäten sicherzustellen. Führung wird immer indirekter werden und Führungskräfte werden selbst eine intensive, begleitende Reflexion benötigen, um den Anforderungen gerecht werden zu können.
- Stufe 3:
  Als Konsequenz dieser Entwicklung wird in der dritten Stufe von „guter Führung" die Einbettung der Unternehmensaktivitäten in einen stabilisierenden Wertekanon erfolgen. Aus der „Wert"-Orientierung der Shareholder-Value-Perspektive wird die „Werte"-Orientierung eines solidarischen Stakeholder-Handelns unter Berücksichtigung flexibler Arbeitszeitmodelle und individueller Bedürfnisse auch auf der Arbeitnehmerseite (vgl. Greve et al. 2016).

Teilzeit-Führung unterstützt in der Entwicklung eines neuen Führungsverständnisses den Kollektivgedanken und die Selbstorganisation und ist damit ein wichtiges Element der Organisationsentwicklung.

3.3   Arbeitskultur im Wandel

Vernetzung mit Vernetzung kontern: In einer komplexen, vernetzten und unvorhersehbaren Situation sind einfache Lösungen meistens unzureichend (Ashby 1956).
Daher gewinnt die individuelle „Fähigkeit, sich möglichst angstfrei und neugierig auf
unkalkulierbare Marktdynamiken einzulassen" (Kruse und Schomburg 2016, S. 5) an
Bedeutung.

Es gilt, sich eine Stabilität höherer Ordnung zu erschließen, unabhängig von Hierarchie und Anwesenheitszeiten: Wenn das Alltagsgeschäft jederzeit infrage gestellt,
Strukturen und Abläufe permanent verändert und selbst die grundsätzliche Existenz-
berechtigung von Unternehmen von heute auf morgen infrage gestellt werden können,
muss die Stabilität aus einem übergeordneten Gemeinsamen entstehen. Das geht nur
über die Kraft einer spürbaren Kultur, mit der sich Menschen identifizieren und dadurch
Orientierung und Stabilität erfahren.

> Führung in einem solchen Kontext erweist sich somit als visionärer, demokratischer und
> indirekter als das traditionelle Führen im Modus eines stabilen Funktionierens, wie es in den
> vergangenen Jahrzehnten möglich war (Kruse und Schomburg 2016, S. 5).

Teilzeit-Führung gibt Teams und Organisationen die Möglichkeit, den steigenden Bedarf
an Abstimmung in komplexen Situationen zu „üben" und ein gemeinsames Verständnis
für die Notwendigkeiten zu entwickeln. Darüber hinaus gilt es, stärker und authentischer
als Vollzeit-Führungskräfte eine Vision zu repräsentieren.

Aufbruchsstimmung generieren: „Nichts verändern zu wollen, ist [...] keine persönliche Trägheit, sondern ein evolutionäres Erfolgsprinzip" (Kruse und Schomburg 2016,
S. 5). Wie können Mitarbeiter in einer vernetzten Welt, in der die Kraft der Ideen und
des Neuen ganz dringend und permanent gebraucht werden, von ihren Führungskräften
genau dazu ermuntert werden? Nur mit bedingungsloser Offenheit und maximaler
Förderung des Unternehmertums auch jedes einzelnen Mitarbeiters kann ein Umfeld
wachsen, das das Unmögliche zu ermöglichen verspricht und eine kollektive Lust an
der Entwicklung erzeugt. Motor dieser Entwicklung kann jedoch nicht die einzelne
Führungskraft sein. Sie braucht als Basis, sozusagen als Nährboden, eine authentische
Kultur, den Mut zum Risiko und die Zuversicht in die eigenen Fähigkeiten, mit Niederlagen oder Fehleinschätzungen umgehen zu können.

Jedoch erfordert der Umgang mit diesen neuen Führungsparadigmen auch ein völli-
ges Umdenken in Bezug auf die Rolle und den Status der Personen und damit völlig
neue Anforderungen an die Persönlichkeit potenzieller Führungskräfte. Beispielsweise
ist die nachwachsende Generation der Digital Natives, also der Generation, die mit den
digitalen Medien aufgewachsen ist, durch ihre Sozialisation mit dem Internet ein wichtiger Impulsgeber für die Veränderungsrichtung des Führungsparadigmas (Small und
Vorgan 2009). Verbunden mit dieser Generation ist die Fähigkeit, sich einzubringen, über
Partizipation ganz neue Strukturen mit Leben zu füllen und innovative Ideen über die

START	Handlungsstrategie		Handlungsstrategie	
	Steuerung	Regelung	Versuch und Irrtum	Selbst-organisation
Systemzustand	**stabil**	**stabil**	**instabil**	**instabil**
Organisation	**einfach**	**komplex**	**einfach**	**komplex**
Funktionsweise	Ursache – Wirkung	Soll-, Ist-Abgleich	Such-bewegung	Muster-wechsel
Segelmetapher	Management von Stabilität (exploitation)		Management von Instabilität (exploration)	

Abb. 3.4 Management von Stabilität und Instabilität: Handlungsstrategien für Führung. (Quelle: In Anlehnung an nextpractice Vortrag; mit freundlicher Genehmigung von © nextpractice GmbH Deutschland 2018. All Rights Reserved)

Resonanz im Netz zu promoten. Crowdfunding-Projekte sind nur ein Beispiel für das Potenzial dieser neuen Strukturen, alte Wirkweisen außer Kraft zu setzen und damit „die derzeit noch vorherrschende Vorstellung von gesellschaftlicher Machtausübung an vielen Stellen grundlegend in Frage" zu stellen (Kruse und Schomburg 2016).

Wie die Befragten der Studie zu „guter Führung" die Gegenwart und Zukunft sehen und welche Konsequenzen sich daraus in Zukunft für Organisationen, Unternehmer, Manager und Führungskräfte ergeben, spiegelt sich in den fünf Führungstypen wider, die aus der Studie hervorgegangen sind und die in Abschn. 3.2.1 dargestellt werden.

In Abb. 3.4 steht die Handlungsstrategie in unterschiedlichen Systemzuständen im Mittelpunkt. Vor dem Hintergrund wachsender Flexibilisierung kommt der Selbst-organisation eine immer größere Bedeutung zu. Besonders Teilzeit-Führung braucht die Kompetenz, den Systemzustand einschätzen und den Mitarbeitern transparent machen zu können, um auch in Abwesenheitszeiten erfolgreiches Arbeiten sicherzustellen.

3.4 Führung in Vernetzung und Komplexität

Mit der grundlegenden Unterscheidung zwischen der Führung in stabilen Phasen einer Organisation im Gegensatz zur Führung in instabilen Phasen hat Peter Kruse sich sei-nen Ruf als „Change-Papst" bereits in den 90er Jahren verschafft (s. Abb. 3.2). In sei-nem Buch „Management von Instabilität" (2004) gibt er Führungskräften mit der beschriebenen Handlungsstrategie eine Orientierungshilfe, welches Führungsverhalten der jeweiligen Situation in der Organisation angemessen ist. Es geht also nicht mehr nur darum, sich einen Führungsstil auszusuchen, der dann in allen Situationen mit allen Mitarbeitern schon irgendwie funktioniert, sondern zu verstehen, in welcher Phase sich die Organisation (das System) augenblicklich befindet. Zusätzlich besteht die Herausforderung zu erkennen, wie die Mitarbeiter individuell mit Veränderungen umgehen (man könnte es Empathie nennen) und über das notwendige Wissen über „Menschen in Veränderungen" zu verfügen, um bestmöglich intervenieren und begleiten zu können (die Führungskraft als Coach).

„Kognitive Diversität" ist das zentrale Produktionsmittel der Wissensökonomie" (Horx 2005, S. 142). Doch wie kann eine Führungskraft erkennen, wer was kann und weiß und welche Potenziale in ihm schlummern? Zwar hält das moderne Personalmanagement viele Messmethoden, Tests und ausgeklügelte Auswahlverfahren vor, doch ist die Personalabteilung sehr weit weg vom Tagesgeschäft und Hilfestellung nur selten zu bekommen. So wird in Zukunft von einer Führungskraft erwartet, mit qualifizierter Menschenkenntnis, psychologischem Know-how und einem Methodenkoffer zur Mitarbeiterführung ausgestattet zu sein. Egal, ob sie in Teilzeit arbeitet oder eine 60-Stunden-Woche absolviert. Nimmt man noch die als selbstverständlich angenommene außergewöhnliche fachliche Expertise hinzu, so entsteht daraus ein Anforderungsprofil, das von den meisten normalen Menschen nicht erfüllt werden kann. Deshalb steht auch im Verständnis von Führung ein Paradigmenwechsel an. In agilen Organisationen werden Führungspositionen bereits heute situativ, und der Aufgabe entsprechend, auf Zeit gewählt. Darin wird die eindeutige Tendenz sichtbar, sich vom guten alten „Peter-Prinzip" zu verabschieden, das in stetiger Konsequenz Menschen auf Positionen hievt, denen sie nicht mehr hundertprozentig gewachsen sind. Die Zeiten des „Bewährungsaufstiegs" sind wohl vorbei.

Nur eine Kultur, die einen tragfähigen gemeinsamen Identitätskern besitzt, ist in der Lage, Vernetzung zu fördern und damit den vollen Mehrwert des im Unternehmen vorhandenen Erfahrungswissens zu realisieren. Ohne ein ehrliches Monitoring der Erwartungshaltungen und Wertvorstellungen der Mitarbeiter und Führungskräfte verbleibt eine Mehrwert stiftende Zusammenarbeit sehr schnell auf der Ebene gut gemeinter Appelle.

> Anders als in den Paradigmen von Peter Drucker und Fredmund Malik der letzten 25 Jahre wird das Management […] nicht zu einer eigenständigen Profession. Manager nehmen die Funktion erfahrener Mitarbeiter ein […] (Gloger und Margetich 2014, S. 28).

Das heißt auch, dass die Führungsrolle innerhalb von Teams von einem auf den anderen Mitarbeiter überträgt, je nach Aufgabe, Kenntnissen und Teamkonstellation und völlig unabhängig davon, ob jemand in Voll- oder in Teilzeit arbeitet.

Literatur

Ashby WR (1956) An Introduction to Cybernetics. Springer US, New York

Berthel J, Becker FG (2013) Personal-Management. Grundzüge für Konzeptionen betrieblicher Personalarbeit, 10. Aufl. Schäffer-Poeschel, Stuttgart

Gloger B, Margetich J (2014) Das Scrum-Prinzip. Schäffer-Poeschel, Stuttgart

Greve A, Freytag V, Katterbach S (2016) Unternehmensführung und Wandel aus Sicht der Wirtschaftsförderung. Springer Gabler, Wiesbaden

Horx M (2005) Wie wir leben werden. Unsere Zukunft beginnt jetzt. Campus, Frankfurt a. M.

Kruse P, Greve A (2014) Monitor. Führungskultur im Wandel (Initiative Neue Qualität der Arbeit). http://www.inqa.de/SharedDocs/PDFs/DE/Publikationen/fuehrungskultur-im-wandel-monitor.pdf?__blob=publicationFile. Zugegriffen: 10. Aug 2016

Kruse P, Schomburg F (2016) Ohne Paradigmenwechsel wird es nicht gehen. In: Geramanis O, Hermann K (Hrsg) Führen in ungewissen Zeiten. Impulse, Konzepte und Praxisbeispiele. Springer Fachmedien, Wiesbaden, S. 3–15

Naegler H (2014) Personalmanagement im Krankenhaus, 3. Aufl. MWV Medizinisch Wissenschaftliche Verlagsgesellschaft, Berlin

Neuberger O (2002) Führen und führen lassen. Ansätze, Ergebnisse und Kritik der Führungsforschung, 6. Aufl. UTB, Stuttgart

Small G, Vorgan G (2009) iBrain: Wie die neue Medienwelt das Gehirn und die Seele unserer Kinder verändert. Kreuz, Freiburg

Staehle WH, Conrad P, Sydow J (1999) Management. Eine verhaltenswissenschaftliche Perspektive, 8. Aufl. Vahlen, München

4 Kultur in ihren unterschiedlichen Facetten

© Springer Fachmedien Wiesbaden GmbH, ein Teil von Springer Nature 2019
S. Katterbach und K. Stöver, *Effektiver und besser führen in Teilzeit*,
https://doi.org/10.1007/978-3-658-22937-5_4

Zusammenfassung

Die Deutsche Bank will einen kulturellen Wandel, die Daimler AG schickt als Ausdruck ihrer Bemühungen um eine neue Kultur ihren Vorstandsvorsitzenden in Jeans und ohne Krawatte zu öffentlichen Events und VW appelliert lautstark: „Wir müssen anständiger werden!". Verantwortung, Kreativität und offener Austausch sind die am höchsten gehandelten Kulturgüter in deutschen Konzernen. Doch leider lässt sich diese Kultur nicht einfach einführen. Sie ist ein Konstrukt, das von einer Gemeinschaft in ihren Einstellungen und ihrem Verhalten geteilt wird und das sich auch nur durch die Gemeinschaft verändert. Und zwar von ganz alleine. Jeder redet über Kultur. Doch die wenigsten wissen, was es ist. Deshalb hier eine kleine Sammlung relevanter Ansätze, die für die Einführung oder Umsetzung von Teilzeit-Führung für Praktiker wie für Betroffene wichtig sind. Denn nur wenn die Regel hinter einer Haltung, einem Verhalten bekannt ist, können Veränderungen greifen.

4.1 Kultur als Begriff

Für Klimecki und Probst (1987) ist Kultur ein Konzept, das implizit, geistig,. teilweise unbewusst, nicht direkt sichtbar, selbstverständlich und gewissermaßen undiskutierbar ist. Ein bunter Strauß aus Werten, Normen, Deutungen, Gefühlen, die wie ein Filter rationale und materielle Faktoren überlagern.

Klimecki und Probst (1990) geht davon aus, dass ein System, also eine Gruppe von Menschen gemeinsam, seine Kultur erfindet und entwickelt. Als prägend werden dabei die Muster beibehalten, die sich in irgendeiner Form als nützlich für die Gemeinschaft herausgestellt haben. Das geschieht in selbstorganisierten, reflexiven Entwicklungsprozessen und ist nicht das Werk eines Einzelnen oder einer Gruppe. Nützliche Muster sind keineswegs immer positiv in unserem Alltagsverständnis. Es kann sein, dass ein negatives Verhalten der Gemeinschaft auf eine ganz bestimmte Art nutzt. So könnte es z. B. sein, dass in einem Unternehmen ständig in Abwesenheit schlecht über Kollegen gesprochen wird. Vordergründig findet das niemand schön. Der Nutzen für die Gemeinschaft könnte darin liegen, dass sich die Beteiligten im Augenblick ihres Austauschs über jemand anderen besonders einig, vertraut und nah sind. Das wirkt sich wiederum positiv auf das subjektive Zugehörigkeitsgefühl des Einzelnen aus. Wenn nun ein neues Mitglied in die Gemeinschaft kommt, werden ihm diese Regeln weitergegeben, manchmal sogar sehr deutlich. Das lässt über lange Zeitspannen kulturelle Muster stabil bleiben. Und selbst die rationale Ansage: „Wir wollen nicht mehr schlecht übereinander reden" ordnet sich mangels emotionaler Alternativen dem alten, stabilen Muster unter. So sind sie, die Menschen. Sie verhalten sich eben nicht logisch, sondern psychologisch.

Unausgesprochene Regeln sind mächtig

Als ich (KS) vor vielen Jahren während meines Grundstudiums Silke Katterbach als Dozentin kennenlernte, hat sich ein von ihr genanntes Beispiel regelrecht in meinen Kopf gebrannt. Unternehmenskultur war für mich damals ein weiter Begriff und so recht wusste ich nicht, wo er beginnt und wo er endet. Sie beschrieb eine Situation als Beraterin in einem Unternehmen, das sie bis dahin noch nicht kannte. Am ersten Tag wurde ihr angeboten, dass sie sich einen Kaffee aus der Mitarbeiterküche holen dürfte, es stünde alles bereit und sie dürfe sich bedienen. Dies tat sie und kam nach wenigen Minuten mit einer gefüllten Tasse Kaffee zurück in den Raum, in dem sich Stille, Entsetzen, fast Angst bemerken ließ. Nach einer kleinen Weile wurde ihr der Grund für diese merkwürdige Reaktion genannt: Sie hatte den Becher des Chefs genommen.

Luhmann (1995) ergänzt in seiner Kulturdefinition eine Art Gedächtnis sozialer Systeme, vor allem des Gesellschaftssystems. Jedes Individuum nimmt unbewusst im Laufe seines Lebens die Muster und Regeln seiner gesellschaftlichen Umgebung auf und bezieht sie in sein Verhalten in Gemeinschaften ein. So entstehen aus historischen Erfahrungen einer Gesellschaft kulturelle Regeln. Die Nachkriegsgeneration sprach nicht über Hitler, Konzentrationslager und die schrecklichen Auswirkungen eines zuvor geteilten absurden politischen Systems. Bis heute sind Diskussionen über diese Themen für Viele schwierig und werden eher vermieden.

Es wird deutlich, dass Kultur nicht auf einfache Regeln und Definitionen zu reduzieren ist. Für die meisten Menschen ist Kultur Theater, Kunst und Literatur. Wir möchten jedoch verstehen, was hinter diesen künstlerischen Ausdrucksformen liegt. Kruse (2004) definiert Kultur dementsprechend als Produkt und Ursache menschlichen Handelns. Sie entsteht aus gemeinsamen Aktivitäten einer Gemeinschaft und gibt gleichzeitig den Rahmen vor, innerhalb dessen sich Individuen in eine gemeinsame Richtung verhalten. Dabei stabilisiert sie den Einzelnen mit der Gewissheit, dass wer die Regeln befolgt, zur Gemeinschaft gehört. Das passiert natürlich nicht bewusst. Das Kaffeetassenbeispiel oben zeigt, was passiert, wenn man die Regel oder das Muster (noch) nicht kennt. Man gehört eindeutig nicht zur Gemeinschaft und bekommt das durch Ablehnung deutlich gezeigt. In Veränderungsprozessen fragen wir deshalb gerne die „Neuen" in der Abteilung oder Organisation, welche kulturellen Regeln sie (noch) identifizieren können. Denn das System ist sehr gut darin, das Muster schnell zu vermitteln und das neue Element in sein stabilisierendes Kulturgerüst zu integrieren. Kultur wirkt in Organisationen bewahrend. In Abschn. 4.3 werden wir daher eine Kultur für Teilzeit-Führung beschreiben und Möglichkeiten aufzeigen, Kulturwandel nicht vorzuschreiben (weil es einfach nicht funktioniert), sondern selbstorganisiert entstehen zu lassen.

4.2   Unternehmenskultur

Edgar H. Schein gehört mit seinen Aussagen zu Kultur und Werteebenen zu den anerkanntesten Experten auf dem Gebiet der Organisationspsychologie (Greve et al. 2016). Er definiert die Kultur so:

> Ein Muster gemeinsamer Grundprämissen, das die Gruppe bei der Bewältigung ihrer Probleme externer Anpassung und interner Integration erlernt hat, das sich bewährt hat und somit als bindend gilt; und das daher an neue Mitglieder als rational und emotional korrekter Ansatz für den Umgang mit diesen Problemen weitergegeben wird (Schein 1995, S. 25).

Die impliziten Regeln in einer Organisation, die sich meistens als stabilisierende Faktoren einer Veränderung widersetzen (Begrüßungsrituale, Symbole für Führung, Kommunikationsmuster etc.), sind für Schein lediglich Manifestationen einer darunterliegenden Kultur. Damit übt er berechtigterweise Kritik am allzu leichtfertigen Gebrauch des Begriffs Kultur von Managern und Mitarbeitern, was sich häufig in den einfachen Formeln „unsere Art zu arbeiten" oder „unsere Werte" ausdrückt. Für Schein bedeutet eine Auseinandersetzung mit der Organisationskultur ein Verständnis der verschiedenen Ebenen und die Fähigkeit, die tiefsten Ebenen aufzudecken. Denn erst durch ein gemeinsames Wissen darum kann Kultur gemeinschaftlich „gesteuert" werden. Nur dann kann eine Gruppe lernen, mit Problemen umzugehen und erlebt dadurch eine tiefe Verbundenheit.

Die erste Ebene des Modells in Abb. 4.1 wird durch die Artefakte abgebildet. Sie beinhalten sämtliche Parameter, die sichtbar, hörbar und fühlbar sind. Sie sind frühzeitig evident, wenn jemand auf eine neue Gruppe trifft und deren Kultur noch nicht kennt. Dies können die Sprache, die räumliche Umgebung, die Kleidung sowie Rituale und andere sichtbare Bräuche sein. Es ist nicht leicht, diese sichtbaren Bilder zu deuten, obwohl es simpel erscheint, sie zu beobachten.

Die zweite Ebene ist die der bekundeten Werte. Sie reflektiert das Gefühl für das Richtige, wie beispielsweise der gemeinsame Umgang untereinander oder das Gespür für Handlungen. Muss eine Gruppe ein Problem lösen, werden Vorschläge gesammelt und diskutiert. Ist dabei einer der Vorschläge ausgewählt worden, für das Problem passend gewesen und hat im weiteren Verlauf das Problem gelöst, ist der Wert akzeptiert. Innerhalb dieser Ebene wäre eine Implementierung von Teilzeit-Führung denkbar, sodass sie anschließend als normal und richtig wahrgenommen werden könnte (Homma und Bauschke 2010).

Sind die anfänglich unsicheren Werte akzeptiert und zu den Grundprämissen zugehörig geworden, werden diese nicht mehr erörtert oder infrage gestellt, sie gehören zur Unternehmenskultur und bilden ein festes Modell. Nur wenn die Grundprämissen richtig verstanden werden, können die Artefakte interpretiert und die Werte beurteilt werden. Es ist notwendig, alle Ebenen zu durchdringen, um die Organisationskultur eines Unternehmens umfassend zu verstehen (Schein 1995).

Abb. 4.1 Die drei Ebenen der Unternehmenskultur. (Quelle: Adaptiert nach Schein 2003, mit freundlicher Genehmigung von © EHP-Verlag Andreas Kohlage Deutschland 2003. All Rights Reserved)

Für Externe ist es schwer, in ein Unternehmen einzutreten, da erst nach einer gewissen Zeit die Unternehmenskultur unbewusst adaptiert und in das eigene Werterepertoire übernommen wird.

Die beste Strategie für eine Integration liegt in einer erhöhten Aufmerksamkeit für die Ebene der Artefakte: beobachtbares Verhalten, eine bestimmte Sprachregelung und offensichtliche (aber nicht explizit) getroffene Vereinbarungen, wie die mit der Kaffeetasse. So wirken bestimmte Marotten oder Regeln noch sehr stark auf das Befinden eines Neulings. Er nimmt eine hektische und laute Atmosphäre oder die stets geöffneten oder geschlossenen Türen noch sehr bewusst wahr und gibt sich große Mühe, sich schnell in das Regelwerk einzufügen. Doch diese Regeln sind eben nicht die Kultur des Unternehmens, sondern nur die Artefakte. Die darunterliegenden Kulturmerkmale und Überzeugungen müssen nicht zwangsläufig ebenso unterschiedlich sein. Um an diese Ebene zu gelangen, bedarf es einer großen Anstrengung, muss man sich doch aus dem Korsett geteilter und selbstverständlicher Muster lösen. Schein vergleicht diese schwierige Aufgabe mit dem Versuch, ein schweres Badehandtuch gleichzeitig hochzuhalten und auszuwringen.

Geht eine Gruppe jedoch diese schwierige Aufgabe an, gelangt sie in der Diskussion an die Werte des Unternehmens. Wie in einer Psychotherapie taucht man durch mehrfaches Fragen nach dem „Warum" tiefer in die Wertewelt der Organisation ein.

Mit „Warum?" den Werten auf den Grund gehen

- Warum gibt es bei uns nur Führung in Vollzeit? – Weil Führungskräfte präsent sein müssen.
- Warum müssen Führungskräfte präsent sein? – Weil sie spontan Entscheidungen treffen und für die Mitarbeiter ansprechbar sein müssen.
- Warum müssen Führungskräfte spontan Entscheidungen treffen und für die Mitarbeiter ansprechbar sein – Weil die Mitarbeiter sonst verunsichert sind.
- Warum sind die Mitarbeiter sonst verunsichert? – Weil sie ohne eine starke Hand nicht arbeiten können.
- Warum können Mitarbeiter ohne eine starke Hand nicht arbeiten? – Weil sie die Verantwortung nicht alleine tragen können.
- Warum können Mitarbeiter die Verantwortung nicht alleine tragen? – Weil sie dafür nicht bezahlt werden und die Konsequenzen nicht übernehmen wollen …

Um nun tiefer an die kulturellen Wurzeln zu gelangen und sich nicht mit womöglich irgendwann einmal entwickelten Leitbildern und ihrer vordergründigen Absicht auseinanderzusetzen, ist ein weiteres Feld zu explorieren: Die Historie des Unternehmens, also die Werte und Überzeugungen, die eine kleine Gruppe von Gründern einer kleinen Gruppe von Mitarbeitern mit auf den Weg gegeben haben und die, aus der Rückschau betrachtet, das Unternehmen zum Erfolg geführt haben. So kann es sein, dass der Gründer eines Maschinenbauunternehmens vor 60 Jahren Tag und Nacht gearbeitet hat, um die Organisation aufzubauen. Er war der Überzeugung, dass ein „guter Chef" rund um die Uhr für seine Mitarbeiter da sein muss und dass die Entscheidungsgewalt ausschließlich bei ihm und seinen engsten Vertrauten liegt. Darüber hinaus gab ihm der Erfolg seines Unternehmens vielleicht recht in der Annahme, dass nur einer das Sagen haben kann und dass seine Mitarbeiter immer wieder kontrolliert werden müssen, um seinen hohen Qualitätsansprüchen gerecht zu werden. Sicher hat er sich mit Menschen umgeben, die auch bereit sind, viel zu arbeiten und ihn in seiner Überzeugung von Führung und Zusammenarbeit unterstützen. Heute nennt man dieses Phänomen „Cultural Fit": Wir suchen Leute, die zu uns passen, was meistens heißt, dass sie ähnliche Werte und Überzeugungen haben. Unser Maschinenbauer ist also die Keimzelle der Werte, die auch 60 Jahre später noch ihre Wirkung im Unternehmen entfalten, da sie systematisch weitergereicht wurden über viele Mitarbeitergenerationen, auch, wenn er selbst vielleicht schon lange nicht mehr präsent ist.

Je mehr erfolgreiche Produkte er entwickelt, desto schneller werden diese Werte „allgemein und selbstverständlich". Sie werden zu unausgesprochenen und unbewussten Annahmen über die Welt und das Zustandekommen von Erfolg und damit nach und nach zur „Essenz der Unternehmenskultur" (Schein 2003, S. 35). Kultur erfüllt in diesem Sinne für Schein zwei wesentliche Kriterien:

1. Kultur ist stabil und schwer zu verändern.
2. Kultur ist nur schwer erklärbar, da sie ein von allen geteiltes und als selbstverständlich angenommenes mentales Modell ist.

Die Auseinandersetzung mit der Unternehmenskultur ist modern, bleibt jedoch häufig an der Oberfläche der Artefakte. Das führt dazu, dass Mitarbeiter sagen, ihr Unternehmen würde sich nie verändern, Teilzeit-Führung käme für sie nicht infrage. Diesen tief verankerten Glaubenssätzen werden wir uns im Rahmen dieses Buches noch mit praktischen Ansätzen zur Umsetzung des Teilzeit-Führungsmodells widmen. Dabei werden wir nicht den häufig gemachten Fehler begehen, eine Unternehmenskultur zu bewerten. Es gibt keine gute oder schlechte, richtige oder falsche. Denn mit einer Bewertung kann niemand etwas anfangen. Wir orientieren uns ausschließlich daran, inwieweit die Kultur den Unternehmenszielen hinderlich ist im Zusammenspiel mit einem sich verändernden Umfeld. Deshalb ist es förderlich, sich nicht zu sehr von Management-Hypes beeinflussen zu lassen, sondern stattdessen jeden Einzelfall sorgfältig auf hemmende und fördernde Kulturmerkmale hin zu analysieren und daraus den passenden Entwicklungsweg abzuleiten. Die Aussage des neuen VW-Vorstands Herbert Diess, bei VW stünde ein Kulturwandel an, man müsse „anständiger" werden, hat den Charakter einer Beschwörung des Unmöglichen. Denn allein durch Neubesetzungen und offizielle Regelveränderungen kann nach Schein Kulturveränderung nicht stattfinden. Andere prominente Beispiele der Wirtschaft aus den letzten Jahren sprechen in diesem Sinne für Scheins Modell.

Für diese Analyse ist ein externer Blick notwendig. Wie oben beschrieben, ist es eine fast unmögliche Aufgabe für Mitglieder einer Organisation, die Werte und Annahmen herauszufinden, die ihr alltägliches Verhalten maßgeblich beeinflussen. Sie haben eine unumstößliche Überzeugung davon, dass dieses Verhalten „richtig" ist. Die methodische Herausforderung liegt für die Beratung darin, die kulturellen Kraftfelder sichtbar und explizit zu machen. Ein einfacher Rückschluss vom beobachtbaren Verhalten auf die darunterliegenden Annahmen funktioniert eben nicht. Für diesen Prozess braucht es nicht nur etwas Zeit, sondern auch eine uneingeschränkte Akzeptanz der Verantwortlichen eines Unternehmens, sich die „DNA" der eigenen Organisation mal auf allen Ebenen genau anzuschauen. In Tab. 4.1 gibt Schein (2003) einen Überblick über die nicht greifbaren Dimensionen der Unternehmenskultur.

▶   **Aufgepasst, Karl-Heinz!** Karl-Heinz, hier bist Du gefragt! Du bist die Person in Deinem Unternehmen, die es in der Hand hat, die Grundlagen für das Entstehen einer zeitgemäßen Unternehmenskultur zu legen. Dafür reicht es nicht, zu predigen, Du musst Dir schon die Mühe machen, die Kultur in Deinem Unternehmen zu verstehen und die zugrunde liegenden Werte herauszufinden. Auch wenn Du es womöglich nicht wahrhaben möchtest, aber wenn Du alte Muster über Bord wirfst und Neues probierst, Dich dazu regelmäßig mit Deinen Angestellten austauschst, wirst Du davon profitieren. Und Dein Unternehmen! Wenn Du neue Schritte gehst, habt ihr als Unternehmen eine Chance, die bestehende Kultur aufzubrechen und Raum für positive Entwicklungen zu schaffen.

Tab. 4.1 Grundlegende Facetten der Kultur. (Quelle: In Anlehnung an Greve et al. 2016; mit freundlicher Genehmigung von © Springer-Verlag GmbH Deutschland 2008. All Rights Reserved)

Kultur ist tief	Es ist nicht ausreichend, lediglich die Oberfläche zu betrachten und unmöglich, diese zu manipulieren und zu verändern. Die Kultur ist stärker als die einzelnen Mitarbeiter, sie verleiht ihrem Alltag Bedeutung und Berechenbarkeit. Die Mitarbeiter lernen, was funktioniert, und entwickeln Überzeugungen und Annahmen, die allmählich ins Unterbewusstsein übergehen und unausgesprochen steuern, wie man handelt, nachdenkt und wahrnimmt
Kultur ist breit	Eine Gruppe, die lernt, in ihrem Umfeld zu überleben, lernt etwas über alle Aspekte ihrer äußeren und inneren Beziehungen. Überzeugungen und Annahmen entstehen im Alltag, beispielsweise wie man mit dem Chef umgeht, wie mit Kunden, welche Karrieremöglichkeiten es gibt, was man braucht, um vorwärts zu kommen etc. Die Entschlüsselung der Kultur kann also zu einem unendlichen Prozess werden, deshalb hilft es, die Unternehmenskultur unter einem spezifischen Aspekt oder aus einem bestimmten Grund verstehen zu wollen
Kultur ist stabil	Die Mitglieder einer Gruppe wollen an ihren kulturellen Annahmen festhalten, da Kultur Sinn stiftet und das Leben berechenbar macht. Menschen mögen keine chaotischen, instabilen Situationen und bemühen sich um Stabilität. Deswegen löst jeder anstehende Wandel in der Kultur große Ängste und Widerstände aus. Wenn bestimmte Elemente der Kultur verändert werden sollen, muss klar sein, dass es sich dabei um die stabilsten Teile des Unternehmens handelt

Doppler und Lauterburg (1996) beschreiben Kultur als kanalisierend für das Verhalten der Menschen, um Komplexität zu reduzieren. Sie ist die Basis für eine Orientierung nach innen und außen, ohne die das System nicht funktionsfähig ist. Sie nennen die Normen und Werte sehr praxisnah „Spielregeln", deren Kenntnis eine Voraussage über das Verhalten der anderen Systemmitglieder erlaubt und damit das Umfeld berechenbar macht. Dem kommt ein besonderer Stellenwert vor dem Hintergrund eines sich wandelnden Führungsverständnisses zu, das den Beteiligten einen größeren Handlungsspielraum einräumt als die klassisch hierarchische Führungsautorität. Damit kommt der inneren Stabilität eine neue und wichtige Ordnungsfunktion zu. Transparente Normen und Werte schaffen dann den Rahmen, um sich mit der Organisation zu identifizieren und daraus die Sicherheit zu schöpfen, sich selbst organisieren zu können und dabei die gemeinsame Zielrichtung nicht aus den Augen zu verlieren.

Die systematische Auseinandersetzung mit der Unternehmenskultur ist also der effizienteste Weg zur Einführung eines Teilzeit-Führungsmodells. Da sich aber viele Unternehmen strategisch an vermeintlich aussagekräftigen Zahlen und Fakten orientieren, um über Messung und Berechnung im immer instabiler werdenden Umfeld Stabilität zu gewinnen, rücken innovative Arbeitskonzepte wie Teilzeit-Führung immer wieder allzu stark in den Hintergrund. Deshalb werden heute noch Führungspositionen (fast) ausschließlich in Vollzeit ausgeschrieben. Experten fordern daher einen Impuls aus der

Politik, durch gesetzliche Bestimmungen eine Teilzeit-Führung zu fördern und zu fordern (Webber und Williams 2008), auch, um den langwierigen Prozess über Kulturanalyse und -veränderung zu beschleunigen.

Für viele Unternehmen und Mitarbeiter ist die Anwesenheits- oder Präsenzkultur eines der wesentlichen Leitbilder von Führung und zeugt von Engagement und Zielstrebigkeit. Ein hohes Maß an Erreichbarkeit und zeitlichem Engagement sind für viele Vorgesetzte ein Leistungsmaßstab und lassen unterbewusst eine Unternehmenskultur entstehen, die für Teilzeitmanager schwer zu erfüllen ist. Für viele Manager ist Führen in Teilzeit nicht denkbar und inkompatibel mit einem Leistungsversprechen als vertrauensvoller und fürsorglicher Leiter eines Teams.

Das Beispiel „elbdudler": Wie ein Gründer die Entstehung einer ganz eigenen Kultur beeinflusst

Im Januar dieses Jahres habe ich (KS) Julian Vester, Gründer und Geschäftsführer der Digitalagentur elbdudler in Hamburg, zu einem Interview getroffen. Ich wollte mehr über seine Art der Führung erfahren und wie er Teilzeit-Führung sieht. Vester vertritt die Meinung, dass Mitarbeiter effektiv arbeiten, wenn sie frei sind in ihren Gestaltungsspielräumen und nicht an feste Arbeitszeiten gebunden sind. Präsenz hat in erster Linie nicht zwangsläufig etwas mit Leistung zu tun, Vester beschreibt es wie folgt:

Wenn man Anwesenheit mit Leistung gleichsetzt, dann ist es sinnvoll, alles Mögliche zu kontrollieren. Dann ist es auch sinnvoll Arbeitszeiten zu erfassen, eine Stempeluhr zu haben, dann ist es auch sinnvoll Urlaubstage zu zählen und dann ist es auch sinnvoll Home-Office zu beschränken, weil ehrlich gesagt: Im Home-Office wird nicht so viel gearbeitet wie in der Firma, es sei denn, es geht darum, eine Aufgabe fertigzustellen. Dann ist es egal, wo das passiert und deswegen denken wir eher in Aufgaben. [...] Trotzdem sind hinter diesen Aufgaben auch Zeiten hinterlegt, weil ja eine gewisse Planung von unseren Projektmanagern vorgenommen werden muss. [...] Ob Du das jetzt von 09:00 Uhr bis 12:00 Uhr machst oder nachts oder wann auch immer, ist erst einmal egal.

Deshalb gehen wir jetzt ganz stark wieder zu dem über, wie wir lustigerweise früher gearbeitet haben, also wir iterieren ganz stark immer unsere Systeme: Leute bekommen einfach Aufgaben und Deadlines, fertig. Wie sie sich organisieren, das bleibt dann ihnen überlassen und ich brauche das dann auch nicht zu überwachen. [...] Man spart sich dadurch sämtliche Kontrollstrukturen und -mechanismen, die nichts mit der Wertschöpfung an sich zu tun haben. Da versucht man, was zu kontrollieren, was man gar nicht kontrollieren kann und das kostet nur Geld, aber es bringt niemanden was. Uns wird manchmal nachgesagt, dass wir so Hippies sind, dabei sind wir viel leistungsorientierter, weil wir diesen ganzen Schmu einfach wegschneiden, der nichts mit der Wertschöpfung zu tun hat.

Das Beispiel „elbdudler" zeigt, dass Kultur in einem Raum entsteht, der ihr von Gründern implizit gegeben wird. Mit der Überzeugung, dass nichts unmöglich ist, werden iterative Schritte möglich, diskutieren Mitarbeiter auf Augenhöhe und initiieren selber Veränderungen zum Wohle der Organisation.

4.3   Wie sieht eine (Organisations-) Kultur für Teilzeit-Führung aus?

Um Teilzeit-Führung eine Chance im Unternehmen zu geben, sollte die Organisationskultur also untersucht werden, um mögliche Hindernisse aufzuspüren und möglichst eine Veränderung herbeizuführen. Jedoch ist dabei zu beachten, dass nicht ausschließlich die Kultur „verantwortlich" ist für innovative Arbeitsmodelle. Ken Wilbers beschreibt in einem Vier-Quadranten-Modell die verschiedenen Dimensionen für die Veränderung als gleichwertig (Abb. 4.2).

In den Diskussionen um Teilzeit-Führung werden jedoch häufig nicht alle vier Quadranten des Modells in Abb. 4.2 betrachtet, sondern lediglich die Organisationsstruktur, also der untere rechte Quadrant. Hier lassen sich aus auf der vermeintlich sicheren Basis harter Faktoren immer wieder Argumente finden, ein innovatives Arbeitsmodell abzulehnen. Und selbst wenn es bereits eingeführt ist, zieht der organisatorische Aspekt große Aufmerksamkeit auf sich. Sicher muss es eine organisatorische und strukturell abgesicherte Basis geben, ausschlaggebend für die Akzeptanz des Modells innerhalb der Organisation sind jedoch nach der Wechselsituation die Variablen:

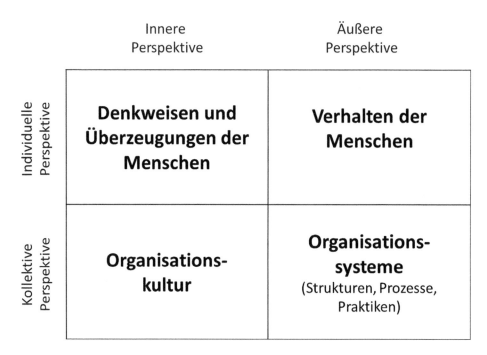

Abb. 4.2 Vier-Quadranten-Modell nach Ken Wilbers. (Quelle: In Anlehnung an Laloux 2015; mit freundlicher Genehmigung von © Verlag Franz Vahlen GmbH Deutschland 2014. All Rights Reserved)

(1) Legitimität des Wechsels nach den informalen Normen und Wertvorstellungen; (2) bürokratische Regulierung der Position und des Wechsels; (3) Herkunft des neuen Chefs aus der Organisation oder von außen; (4) Persönlichkeit des Vorgängers (Luhmann 2016, S. 23).

Besonders der letzte Aspekt ist wichtig für unser Anliegen, denn wir können bei der Einführung von Teilzeit-Führung auf den „Rebecca-Mythos" setzen. Der besagt, dass es für die Gruppe eine Chance bedeutet, wenn die neue Führungskraft ein „anderes Etikett" trägt. Dann geht man davon aus, dass auch Entscheidungen und Verhaltensmuster grundlegend anders sein werden als beim Vorgänger. Oft schöpfen dann diejenige Hoffnung, die vorher unzufrieden waren und sie können im Idealfall zu einem positiven Aufschaukelungseffekt beitragen. Gelingt das nicht, z. B. weil es eine große Gespaltenheit der Einstellungen gibt, besteht nach Luhmann die Gefahr,

daß neue Erwartungen sich nicht in der Linie bilden, die den Zwecken der formalen Organisation entspricht und ihre Führungsstruktur unterstützt, sondern daß sich – eben als Folge des Führungswechsels – eine selbstbezogene informale Organisation absondert, sich Cliquen von Altansässigen bilden, die den Vorgesetzten ausschließen, ihn einspinnen und auf seine formalen Befugnisse reduzieren (Luhmann 2016, S. 35–36).

Die Entscheidung darüber, in welche Richtung sich das System bewegt, fällt in relativ kurzer Zeit und es gilt daher, alle Voraussetzungen im Vorfeld dafür zu schaffen, dass ein positiv verstärkender Effekt einsetzt.

Auch Luhmann betont, dass bei aller Homogenität und Begrenztheit durch die Organisationskultur durchaus ein Spielraum für gegenseitige Anpassung existiert. Doch gilt es, ähnlich wie bei Schein, die subjektiven und kollektiv geteilten Einstellungen und Prämissen bewusst zu machen, um individuelle Anpassungen zu erleichtern. Wir kommen also nicht umhin, miteinander einen Diskurs zu führen, der in vielen Organisationen (noch) als Zeitverschwendung oder auch als unnützer Psychokram abqualifiziert wird. Als Tugenden des Fortschritts bezeichnet Luhmann die Fähigkeit einer Organisation, sich diesen Themen zu widmen. Dazu gehört

Ausdrucksvorsicht und Takt; ein weiter Zeithorizont; Sinn für weitläufige, komplexe und indirekte Folgen des eigenen und des fremden Handelns, für den Machtwert, die Statusimplikationen und Präzedenzwirkung aller Ereignisse, für sich ergebende Konsenschancen und für Gewinn durch Umwege; die Wartefähigkeit, insbesondere die Fähigkeit, die Befriedigung eigener Gefühle und Selbstdarstellungsbedürfnisse zurückzustellen, bis der rechte Augenblick dafür gekommen ist; die Fähigkeit zum Aushalten und zum Ausgleich von Spannungen; die innere Bereitschaft, sich mit zweitbesten Lösungen abzufinden und Tatsachen als solche anzuerkennen, besonders wenn über sie entschieden worden ist; und als Voraussetzung all dessen: Selbstdisziplin (Luhmann 2016, S. 50).

▶ **Aufgepasst, Karl-Heinz!** Stelle Dich bei Deinem Vorhaben im Zusammenhang mit Teilzeit-Führung der Frage, welche Grundannahmen und Werte der Organisation berührt werden und initiiere einen offenen Diskurs im Unternehmen darüber. Außerdem solltest Du viel Aufmerksamkeit auf Deinen Vorgänger verwenden und die Unterschiede als Chance für diejenigen verstehen, die Probleme mit ihm hatten. Mache deutlich, wie Du Deine Rolle verstehst und welche Normen und Werte Du mit Deinen Mitarbeitern teilst, um die Voraussetzung für mehr Selbstorganisation zu schaffen.

Das alles neben den umfangreichen Aufgaben des Tagesgeschäfts zu bewerkstelligen, ist keine leichte Aufgabe. Allerdings sind diese kulturellen Themen genau die, die langfristig zu einer reibungslosen Zusammenarbeit, größerer gegenseitiger Akzeptanz und erhöhter Flexibilität mit der zur Verfügung stehenden Zeit führen werden. Ganz abgesehen davon, dass der Spaß und die Motivation steigen und damit eine höhere Effizienz erwartbar ist.

Literatur

Doppler K, Lauterburg C (1996) Change Management – Den Unternehmenswandel gestalten, 5. Aufl. Campus Verlag, Frankfurt/Main

Greve A, Freytag V, Katterbach S (2016) Unternehmensführung und Wandel aus Sicht der Wirtschaftsförderung. Springer Gabler, Wiesbaden

Homma N, Bauschke R (2010) Unternehmenskultur und Führung. Den Wandel gestalten-Methoden, Prozesse, Tools. Gabler, Wiesbaden

Klimecki RG, Probst GJB (1990) Entstehung und Entwicklung der Unternehmenskultur. In: Lattman C (Hrsg) Die Unternehmenskultur – Ihre Grundlagen und ihre Bedeutung für die Führung der Unternehmung. Physica, Heidelberg, S 41–67

Kruse P (2004) next practice. Erfolgreiches Management von Instabilität. Gabal, Offenbach

Laloux F (2015) Reinventing organizations. Vahlen, München

Luhmann N (1995) Kultur als historischer Begriff. In: Luhmann N (Hrsg.) Gesellschaftsstruktur und Semantik. Studien zur Wissenssoziologie der modernen Gesellschaft, Bd. 4. Suhrkamp, Frankfurt a. M.

Luhmann N (2016) Der neue Chef. Suhrkamp, Berlin

Probst GJB (1987) Selbst-Organisation. Parey, Berlin

Schein EH (1995) Unternehmenskultur. Ein Handbuch für Führungskräfte. Campus, Frankfurt a. M.

Schein EH (2003) Organisationskultur, 3. Aufl. EHP, Bergisch Gladbach

Webber G, Williams C (2008) Mothers in "Good" and "Bad" part-time jobs different problems, same results. Gend Soc 22(6):752–777

Die Theorie (der Teilzeit-Führung) 5

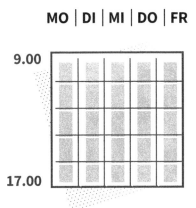

© Springer Fachmedien Wiesbaden GmbH, ein Teil von Springer Nature 2019
S. Katterbach und K. Stöver, *Effektiver und besser führen in Teilzeit*,
https://doi.org/10.1007/978-3-658-22937-5_5

Zusammenfassung

Der Trend ist mittlerweile eindeutig: Maximale Flexibilität mit den eigenen Ressourcen ist für immer mehr Menschen ein Grundwert des Lebens. Teilzeitarbeit ist in Deutschland weitverbreitet, besonders unter Frauen (Hipp, Stuth, Management und Teilzeitarbeit. Wunsch und Wirklichkeit. Wissenschaftszentrum Berlin für Sozialforschung. https://bibliothek.wzb.eu/wzbrief-arbeit/WZBriefArbeit152013_hipp_stuth. pdf. Zugegriffen: 15. März 2016, 2013a) und führt nach wie vor zu einer ungleichen Einkommenssituation von Frauen und Männern. Das Rollenbild hat sich verändert, und immer mehr Männer sehen sich nicht mehr vordergründig in der Rolle des Ernährers einer Familie, sondern als Partner in Familie und Beruf. Vor dem Hintergrund aktueller wirtschaftlicher und gesellschaftlicher Entwicklungen ist es an der Zeit, auch die Ressourcen der Menschen für die Zukunftsgestaltung einzubeziehen, die nicht unbedingt in Vollzeit arbeiten möchten oder können. Umfangreiches Erfahrungswissen bereits durchgeführter Teilzeit-Modelle kann dabei ebenso unterstützen wie die kritische Betrachtung der gesellschaftlichen Rahmenbedingungen.

5.1   Arbeitszeit wird kein Frauenthema bleiben

Es sind in Deutschland immer noch Frauen, die hauptsächlich ihre Arbeitszeit reduzieren. Das gilt für alle Berufsgruppen. Frauen gehen sehr viel häufiger dadurch das Risiko ein, ihre Karriere für das Familienleben zurückzustellen und begegnen nach ihrer Rückkehr aus Elternzeit häufig kleineren und führungsfernen Aufgabenfeldern (Habermann-Horstmeier et al. 2009). In Abschn. 1.3 haben wir bereits auf den Gender Pay Gap hingewiesen (die Tatsache, dass Frauen im Durchschnitt 22 % weniger verdienen als Männer). Dieser Wert basiert auf der häufig von Frauen gewählten Teilzeittätigkeit oder dem Arbeitsbereich. In den schlechter bezahlten Berufen arbeiten mehr Frauen als Männer (z. B. Alten- und Krankenpflege). Bei gleicher Qualifikation und Erfahrung verdienen Frauen immer noch ca. 6 % weniger als ihre männlichen Kollegen. Erstaunlich, dass sich diese Quote eisern hält, trotz lautstarker Proteste. Im Jahr 2018 gilt noch der Wert aus dem Vorjahr.

Führungsverantwortung zu übernehmen, ist bei hoher Qualifikation oder/und besonderem Engagement im Beruf keine Seltenheit, wird jedoch nach wie vor an Vollzeitbeschäftigung gekoppelt und damit auch heute noch überwiegend den männlichen Kollegen zugewiesen. Erwartet eine weibliche Führungskraft jedoch ein Kind und nutzt die Möglichkeit der Elternzeit, ist es für sie schwer, wieder in den Beruf einzusteigen und die Führungsaufgaben mit einem reduzierten Stundenumfang wieder aufzunehmen. Dabei betonen Wirtschaftsvertreter immer wieder, „wie wertvoll gut ausgebildete Frauen für den Standort Deutschland sind, legen selbst große, international agierende Unternehmen ihren Mitarbeiterinnen erhebliche Steine in den Weg, wenn diese ihre Arbeit in Teilzeit wieder aufnehmen wollen" (Litzig 2017). Die Fachanwältin für Arbeitsrecht berichtet über z. T. absurde Argumente der Arbeitgeber, die dann nicht selten vor Gericht entkräftet werden. Was das für die weitere Zusammenarbeit bedeutet, kann sich jeder vorstellen. Verantwortlich für diese schwierige Situation, der sich in erster Linie Frauen ausgesetzt sehen, ist ein recht konservatives Frauenbild in unserer Gesellschaft, das die aktive Mutterrolle als widersprüchlich zu verantwortungsvollen Aufgaben im Beruf sieht. Das lässt sich durch Zahlen bestätigen: 1995 nahmen Frauen 20 % der leitenden Positionen in der Privatwirtschaft ein, 20 Jahre, viele Initiativen, Proteste und Lippenbekenntnisse später sind es 30 %. Doch das gilt nicht für die 200 größten Unternehmen Deutschlands; hier sitzen in den Vorständen 92 % Männer. Außerdem haben weibliche Führungskräfte durchschnittlich weniger Mitarbeiter als ihre männlichen Pendants (Pfund 2017).

Doch mit der Veränderung der Arbeitswelt und der gesellschaftlichen Umbewertung von Familie streben mehr und mehr Männer eine Teilzeitarbeit in Führungspositionen an (Wanger 2015). Wirtschaft und Politik sind daher nach wie vor gefordert, die Weichen für sinnvolle Konzepte zu stellen. Staatliche Unterstützung könnte z. B. eine Form der Familienarbeitszeit fördern, bei der Mann und Frau gleichzeitig die Arbeitszeit reduzieren, um gemeinsam Kinder zu erziehen und gleichzeitig ihrer beider Karrierechancen zu behalten. In der Start-up-Szene, mit ihrer wichtigen Bedeutung für die wirtschaftliche Entwicklung, taucht ein weiteres Problem auf: Kapitalgeber für potenzielle Unternehmensgründer sind in der Regel Männer. Und nach Kahnemann (Abschn. 1.4.1.6) folgen sie einem Prinzip, das ihnen sicher nicht bewusst, gleichzeitig aber diskriminierend ist: Ein Forscherteam der Harvard Universität fand heraus, dass die gleichen Eigenschaften bei Frauen negativ und bei Männern positiv wirken. Einer arroganten Frau wird also eher ein emotionales Defizit unterstellt, dem Mann dagegen spricht man eine gute Voraussetzung für wirtschaftlichen Erfolg zu. Dementsprechend bekommen weit weniger Frauen eine Finanzierung für ihre Start-up-Idee als Männer.

Die Berichterstattung zum Gender Pay Gap ist umfangreich und sehr aktuell. In der Regel schreiben weibliche Autoren über ein Frauenproblem und zitieren weibliche Experten. Mögliche Veränderungsansätze richten sich als Appell an Frauen, über besseres Verhandlungsgeschick und Netzwerke (männlichen Vorbilds) die Lücke auszugleichen. Oder es werden unpersönliche Statements („man muss", „es sollte" etc.) in einen undefinierten Raum gerufen. Es scheint also nach wie vor eine männliche Entscheidungsinstanz zu geben, der diese ganzen Appelle und Aufrufe relativ egal sind. Doch wird sich das Problem der ungleichen Chancenverteilung zwischen Männern und Frauen durch die klare Rollenzuweisung der Frau als für alles Soziale zuständig zunehmend verlagern. Der Druck wächst auch durch die nachfolgenden Generationen. Das „Frauenproblem" Teilzeit-Führung ist auf dem Weg, sich in ein Familien- und Vorsorgeproblem zu wandeln, das die gesamte Gesellschaft zu tragen hat. Leider werden durch die gängige Praxis noch viele Frauen zunächst den höheren Preis zahlen müssen.

Solche Wirkzusammenhänge zwischen Gesellschaft und Ökonomie transparent zu machen und daraus eine gemeinsame Wertebasis zu entwickeln, ist die Voraussetzung für die Innovationsfähigkeit einer Organisation. Ein erfolgreiches Unternehmen ist das Zusammenspiel von flexiblen, engagierten und zufriedenen Mitarbeitern und einer gesunden Unternehmenskultur. Individuelle Freiräume und Gestaltungsmöglichkeiten der Arbeitszeit, sowie ein Ausgleich zwischen Privatleben und Beruf fördern die Motivation, Gesundheit und Zufriedenheit von Führungskräften und deren Mitarbeitern (Polomski 2011). Lässt ein Unternehmen sich auf Teilzeitangebote und die Einführung lebensphasengerechter Arbeitszeit ein, wird es laut Arbeitsmarktforschern als Resultat qualifizierte, offene und motivierte Arbeitnehmer langfristig an sich binden können (Fauth-Herkner und Wiebrock 2017).

Und noch einmal: „elbdudler" zum Thema Familie

Gründer und Geschäftsführer der Digitalagentur elbdudler aus Hamburg, Julian Vester, zum Thema Familie:

> Ich beobachte, dass Mütter enorm schnell sind irgendwie, vielleicht rede ich mir das auch nur ein, aber ich glaube das schon. Die müssen ihr Kind aus der KiTa abholen, da gibt es gar keine Möglichkeit, die Zeit zu vertrödeln. Was ich aber auch feststelle, ist, dass Kinder natürlich oft krank sind und die Mütter dann ausfallen. Das ist die andere Seite, aber was ist denn die Alternative? […] Da muss man auch an die Gesellschaft denken, das gehört einfach dazu.

Auch ich (KS) kann diese Beobachtung, die Vester beschreibt, feststellen. Ich habe mehrere Jahre in einem deutschen Konzern gearbeitet und hierbei viele weibliche Kolleginnen bei der Arbeit erlebt. Mütter, die ihre Kinder zu einer bestimmten Zeit von Kindergarten oder Schule abholen mussten, haben sich konzentriert an ihre Arbeit gemacht und Flurfunk und Kaffeepausen vermieden. Sie waren leistungsbereit, motiviert und engagiert. Zudem waren sie häufig dankbar, dass sie noch eine Aufgabe neben der Kindererziehung hatten und sich im Job beweisen konnten. Dies hat sich in der Qualität der Arbeit positiv gespiegelt. Mein ehemaliger Vorgesetzter hat diese Wahrnehmung bestätigt und sich in seinem Team bewusst für Mütter in Teilzeit ausgesprochen, weil er sie als wertvolle Ressource sieht.

Der Personal- und Organisationsreferent Thomas Böhle befasst sich ebenso seit vielen Jahren mit dem Thema Teilzeit-Führung und erstellt regelmäßig Fachartikel und Leitfäden zur Teilung von Führungspositionen für eine bessere Akzeptanz von verantwortungsvollen Teilzeittätigkeiten.

> Teilzeit bietet die Chance, das Potenzial der Mitarbeiterinnen und Mitarbeiter voll auszuschöpfen und den Beschäftigten lebensphasenbezogene Arbeitszeitgestaltung anzubieten: Eine Win-win-Situation für beide Seiten (Böhle 2014, S. 2).

Es stellt sich die zentrale Frage, was Teilzeit-Führung im Genauen ist, was sie auszeichnet, welche Bedeutung Teilzeit-Führung aktuell in Deutschland hat, wie sie bisher umgesetzt wird und was getan werden kann, um dieses Konzept auszuweiten. Darüber hinaus sind Messkriterien zu definieren, um die betriebswirtschaftlichen Effekte im gängigen, zahlenorientierten Umfeld attraktiv zu machen. Daher zunächst ein Fakten-Check.

Die Boston Consulting Group prognostiziert in einer Studie bereits für 2030 einen Mangel an 45 Mio. Beschäftigten. In Deutschland waren es 2015 bereits 250.000 unbesetzte Stellen für Fachpersonal. Bis zu 2,4 Mio. Frauen stünden zur Verfügung, wenn es bessere Integrationsmöglichkeiten von Familie und Beruf durch flexiblere Arbeitszeitmodelle gäbe (Hackl und Gerpott 2015).

> Spätestens heute, in der Mitte des zweiten Jahrzehnts im neuen Jahrtausend, zeigt sich, dass wir dringend umlernen müssen: Obwohl sich weltweit Produktion, Konsum- und Arbeitswelt markant verändert haben, leben wir in Bezug auf Mentalität und Vokabular noch im Zeitalter der industriellen Revolution. Noch immer denken wir in Begriffen wie „Vollzeit/Teilzeit" oder Work-Life-Balance; hie und da trifft man sogar Eltern, die sich für ihre Sprösslinge noch den ‚Job für's Leben' wünschen (Siegel 2016, S. 143).

Mit den nachkommenden Generationen und ihren veränderten Anforderungen an Arbeit ist die Herausforderung für ältere Führungskräfte immens; der Fokus auf Hierarchie bringt keine Vorteile mehr für das Unternehmen und sollte der Bereitschaft weichen, eine humanere Arbeitswelt zu gestalten. Ein wichtiger Trigger wird dabei auch der „Female Shift" sein, ein Megatrend, der im Jahr 2030 bereits jede zweite Führungsposition durch eine Frau besetzt sieht. Es gibt bereits erste Ansätze, die mit Leitfäden zur väterorientierten Personalarbeit dem damit veränderten Rollenbild in jungen Familien Rechnung tragen. Doch ist all das auf einer theoretischen Basis schnell und leicht gesagt. Gehen wir einen Schritt weiter und schauen uns an, was Teilzeit-Führung überhaupt ist und welche guten Beispiele Quellen für Ideen und Möglichkeiten der Umsetzung bieten können.

5.2 Teilzeit-Führung – eine Begriffsdefinition

In Teilzeit beschäftigte Führungskräfte sind in Deutschland eine Ausnahme. Eine durchschnittliche Führungskraft ist männlich und vollzeitbeschäftigt. Jede vierte Führungskraft ist eine Frau, jede Zehnte davon arbeitet in Teilzeit. Es ist nach wie vor üblich, dass besonders Führungskräfte in Vollzeit beschäftigt sind, denn häufig wird eine tägliche Verfügbarkeit mit Leistungsbereitschaft gleichgesetzt. Mitarbeiter, die über die Arbeitszeit hinaus arbeiten und täglich im Unternehmen sind, werden beständig als einflussreicher wahrgenommen als Teilzeitkräfte. Tägliche Verfügbarkeit steht dabei für Engagement und Ehrgeiz. Dass eine Führungskraft in Teilzeit arbeitet, gilt noch immer als Ausnahmeerscheinung (Abrell 2015). Firmenchefs und Führungskräfte in Vollzeit akzeptieren selten Kollegen in Teilzeit, die gleichzeitig mit ähnlichen Aufgaben betraut sind (eine rühmliche Ausnahme ist in Abschn. 9.6 nachzulesen). Nur wenige Unternehmen und Einrichtungen rufen aktiv zur Einbeziehung von Teilzeit-Führungskräften auf und fordern eine zunehmende Umsetzung (Ladwig und Domsch 2017).

Das Beschäftigungsverhältnis von Führungskräften in Teilzeit wird als atypisch definiert. Es zeichnet sich durch die verkürzte Arbeitszeit gegenüber Vollzeitkräften aus, wird jedoch gleichzeitig von verantwortungsvollen und entscheidungsrelevanten Aufgabenfeldern begleitet.

Eine feste Arbeitszeit wird der Teilzeit-Führung nicht zugeordnet. Sie unterliegt einer Bandbreite von Arbeitszeitmustern, die nah an der Vollzeitnorm liegen, aber auch wenige Stunden in der Woche betragen können. Eine Führungsaufgabe in Teilzeit wird in den meisten Fällen individuell mit der Führungskraft anhand der Arbeitssituation und den zu bearbeitenden Aufgabenfeldern vereinbart. Ein pauschales Arbeitszeitmodell gibt es nicht.

Bisher haben sich einige Modelle für eine Führungsteilzeittätigkeit bewährt. In der Praxis werden diese Beispiele Best Cases genannt.

5.3   Aktueller Forschungsstand

In der deutschsprachigen Literatur wird Teilzeit-Führung seit Ende der Achtzigerjahre diskutiert und durch mehrere Studien näher untersucht. Die Forschung bewegt sich hierbei fast ausschließlich im Umfeld von Frauenquoten und Führungsrollen für Frauen (Domsch et al. 1994; Baillod 2001). Zu Beginn der Neunzigerjahre wird ein Wertewandel sowie eine Änderung der gesellschaftlichen Normen als Ausgangspunkt für den Wunsch nach Teilzeitarbeit in Verbindung mit Führung angenommen. Frühere Forschungsergebnisse zu Teilzeit-Führung sind in der amerikanischen Literatur kaum zu finden, ebenso verhält es sich mit anderen englischsprachigen Räumen. Zumeist handeln Artikel von Teilzeitarbeit im Bereich der Assistententätigkeit, jedoch nicht in Führungspositionen (Durbin und Tomlinson 2010).

Studien zu Teilzeit-Führung aus Deutschland und der Schweiz und die zugrundeliegenden Methoden werden in Tab. 5.1 für den Zeitraum der Achtziger- und Neunzigerjahre vorgestellt. Die Ergebnisse basieren auf individuellen Befragungen.

Die ersten Studien wurden mithilfe von Interviewleitfäden und Fragebögen durchgeführt. Die Forschungsgruppe Hamburg, bestehend aus Domsch, Kleiminger, Ladwig und Strasse, führte in den Jahren 1993 und 1994 eine Studie in der öffentlichen Verwaltung der Stadt Hamburg durch (Domsch et al. 1994). Zum Zeitpunkt dieser Studie wurde Teilzeitarbeit in Deutschland als eher verantwortungsarme und niedrig bezahlte Stellung im Beruf wahrgenommen. Umso mehr überraschten die empirischen Auswertungen der Autoren.

Das Untersuchungsdesign sah wie folgt aus:

- Analytische Bewertung von Job-Sharing-Modellen in Führungspositionen mithilfe von Interviewleitfäden (Arbeitsanalytische Vorarbeit)
- Schaffung eines Kriterienkataloges für die Beurteilung der Teilzeiteignung von Führungsaufgaben (Kriterien der Bewertung)
- Arbeitsanalytische Betrachtung und Bewertung von Vollzeit-Führungspositionen hin zu teilbaren Teilzeitarbeitsstellen (Umsetzung durch Interviewleitfäden)
- Entwicklung von Gestaltungsmaßnahmen, um Kritiker zu überzeugen und Widerstände zu überwinden (Strategie der Akzeptanz)

Tab. 5.1 Überblick deutschsprachiger Studien zu Teilzeit-Führung zwischen 1989 und 2001. (Quelle: Eigene Darstellung in Anlehnung an Hollnagel 2006, S. 21 ff.)

Jahr	Autor	Methode	Ergebnisse
1989	Hegglin	Fragebogen 103 Vollzeit-Führungskräfte 15 % weiblich	50 % Interesse an Teilzeit 75 % waren für die Schaffung von Teilzeit-Führungsstellen 18 % äußerten Angst vor Machtverlust, Rollenverlust
1989	Battis	Fragebogen Leitfadeninterviews 74 Teilzeit- sowie 48 Vollzeitmitarbeiter	Motive: Kinderbetreuung, mehr Freizeit, Gesundheit Vorteile: Work-Life-Balance, Gleichberechtigung, Effizienz, motivierte Mitarbeiter
1993	Ergenzinger	Fragebogen 29 Firmen aus der Schweiz	66 % hatten bereits Teilzeit-Führungsmodelle (Einzelfälle durch Urlaub oder Pension) in der Firma Initiative zu 75 % durch Mitarbeiter
1994	Domsch et al.	Leitfadeninterviews Sieben Job-Sharing-Partner, Leitung und Mitarbeiter	Motive: Familie, Zeit für Partner, Freizeit, Bildung Sieben von vierzehn waren aus Teilzeittätigkeiten befördert zu Führungsaufgaben Initiative durch Mitarbeiter
1999	Vedder	Fragebogen 54 der damals umsatzstärksten Unternehmen Interviews 13 Führungskräfte in Teilzeit	Durchschnittlich 25 h wöchentliche Arbeitszeit 50 % der Befragten wollten langfristig in Teilzeit arbeiten und führen Vorteile: Höhere Effektivität und Motivation, Zufriedenheit steigt Nachteile: Machtverlust, Zeitdruck, Organisationsgeschick ist gefragt, reduzierte Karrierechancen Höhere Akzeptanz bei dem Motiv Kinderbetreuung als bei Wunsch nach Freizeit
2001	Melchers/Zölch	Interviews 12 Teilzeit-Führungskräfte (davon sechs Job-Sharer) 18 Mitarbeiter	Durchschnittliche Arbeitszeit 50–80 % Motive: Kinderbetreuung Umsetzung: Vorgesetzter wichtige Schlüsselperson, eingesparte Prozente meist für andere Teilzeitkräfte eingesetzt Durchsetzungsprobleme: Vorurteile, Keine Akzeptanz durch das Unternehmen/Chef

Im Fazit macht das Team der Forschungsgruppe Hamburg deutlich, dass es keine sach-rationalen Gründe gegen Teilzeit-Führung gibt, sondern dass die größten Schwierig-keiten der Umsetzung im beruflichen Umfeld der Mitarbeiter mit Teilzeitwunsch liegen. Aussagen wie „Führung ist nicht teilbar oder" Führung geht nicht in Teilzeit sind demnach die stärksten Hindernisse und reduzieren dementsprechend den Mut zur Umsetzung. Ideologien und Denkmuster verursachen Umsetzungsblockaden und widersetzen sich rationalen Begründungen. Die Herausforderung besteht also darin, diese Denkmuster aufzubrechen und Kritiker von Teilzeit-Führung zu überzeugen. Die Forschungsgruppe Hamburg forschte weiter und erhielt in weiteren Studien eine Bestätigung ihrer Ergebnisse, die ein Dilemma verdeutlichen: Der Wunsch nach Teil-zeit-Führung nimmt zu, auf der anderen Seite erfolgt eine häufig schwach begründete Ablehnung der Unternehmung.

Im Jahr 2005 hat sich das Bundesministerium für Familie, Senioren, Frauen und Jugend (BMFSFJ) des Themas „Vereinbarung von Beruf und Familie" angenommen und Handlungsbedarf angemeldet. In einer Broschüre über familienfreundliche Arbeitsmaß-nahmen wurde das Thema der flexiblen Arbeitszeitmodelle dargestellt. Das BMFSFJ macht deutlich, dass innovativen Arbeitsmodellen mehr Bedeutung beigemessen wer-den sollte und eine Lösung für berufstätige Eltern nicht in starren Vollzeitarbeits-modellen liegt. 2014 wurde ein weiteres Forschungsprojekt vom BMFSFJ initiiert. Im Zentrum der Untersuchung stand gemischte Führung von Frauen und Männern in Top-Management-Positionen, da dies zunehmend von Arbeitnehmern nachgefragt wird. Teilzeit-Führung wird im Ergebnis vorwiegend von Frauen genutzt, die eine Familie gegründet haben. Für Männer sowie kinderlose Frauen ist das Thema Teilzeit und Füh-rung bisher nicht nennenswert in Verbindung zu bringen (Szebel-Habig 2014).

Die Anzahl der Studien und Literaturbeiträge zu Teilzeit-Führung zeigt ein zunehmendes Interesse für das Modell und es gibt Hinweise auf eine steigende Akzep-tanz (Usadel 2016). Diesem Trend folgend forscht die Universität Trier seit 2015 intensiv zu Teilzeit-Führungsmodellen. Unter dem Namen FIRA wird an dem Projekt „Führung in reduzierter Arbeitszeit" geforscht. Demnach sieht die deutliche Mehrheit der Führungskräfte einen hohen Bedarf an flexiblen Arbeitszeitmodellen und daraus resultierend einen Wettbewerbsvorteil für Unternehmen, die neue Arbeitszeitmodelle herausarbeiten und etablieren (Universität Trier 2015). Unter der Leitung von Prof. Dr. Thomas Ellwart werden aktuell konkrete Führungsmodelle in reduziertem Stunden-umfang miteinander verglichen und auf ihre Wirkung geprüft. Das Team erforscht zudem, welchen Einfluss Teilzeit-Führung auf das Rollenverständnis und die Identität einer Führungskraft hat und ob die reduzierte Arbeitszeit zu größeren Belastungen und Stresssituationen führt (Universität Trier 2017).

Während meiner Recherche (KS) bin ich auf eine Veröffentlichung der Hans-Böckler-Stiftung gestoßen. Im Frühjahr 2016 publizierte sie eine Studie, welche sich mit Führen in Teilzeit beschäftigt und den Fokus auf die Möglichkeiten und Grenzen des Modells im Polizeidienst legt. Hierbei ist mir aufgefallen, dass im Polizeidienst die Akzeptanz nach Teilzeit-Führung deutlich positiver zu sein scheint als in anderen Unternehmen.

Dies korreliert mit der Aussage eines befreundeten Polizisten. Er arbeite in einem 80-Prozent-Modell und ist so zufrieden wie noch nie. Dafür musste er sich weder anstrengen, noch Überzeugungsarbeit bei seinem Vorgesetzten leisten. Es sei schlichtweg „nichts Besonderes" und schon gar nicht, wenn er Familienvater ist. Sieht der Vorgesetzte dies jedoch anders, ist der Schritt in Richtung Teilzeitarbeit mühsam. Dies passt zu den Aussagen der Studie, welche folgende Aussagen innerhalb des Polizeidienstes ergaben:

1. Die Vorgesetzten gelten als entscheidender Schlüsselfaktor.
2. Viele Beamte sehen Familie und Gesundheit vor Karriere und Beruf.
3. Der Wunsch nach Teilzeit-Führung ist bei vielen da, nur wenige trauen sich, ihn zu äußern/umzusetzen.
4. „Ein Schritt der längst überfällig war!" (Jochmann-Döll 2016, S. 95)
5. Der Einfluss auf Kollegen ist kaum spürbar.
6. Männer äußern den Wunsch nach Teilzeit.
7. Die Nachfrage steigt und die Modelle werden besser (Jochmann-Döll 2016).

Die aufgezählten Punkte verdeutlichen, dass nicht alleine die intrinsische Motivation des Arbeitnehmers ausreichend ist. Vertrauen zu Vorgesetzten und dem Arbeitgeber, eine Identifikation mit dem Sinn der Organisation sind wichtige Faktoren, sich für ein Teilzeit-Führungsmodell zu entscheiden. Gut umgesetzt ist Teilzeit-Führung kaum wahrnehmbar, ein negativer Einfluss auf Kollegen und Kunden ist bei funktionierenden Teams mit Teilzeit-Führung nicht zu erwarten.

In Deutschland arbeiten aktuell weniger als 5 % aller Führungskräfte in Teilzeit, in Irland rund 11 % der Führungskräfte in Teilzeitmodellen, in den Niederlanden sind es 12 % und es ist davon auszugehen, dass zukünftig Teilzeitkräfte mit Führungsaufgaben in der Arbeitswelt eine wichtige Rolle einnehmen werden. Diese notwendige Entwicklung außer Acht zu lassen, hätte verheerende Folgen für den Arbeitsmarkt. Studien belegen, dass durch die Einstellung von Teilzeitkräften ein größerer Pool an Arbeitnehmern zur Verfügung steht und gleichzeitig Teilzeitmitarbeiter ein hohes Maß an Flexibilität und Motivation in ihre Arbeit einfließen lassen (Hipp und Stuth 2013b).

Insgesamt ist eine Zunahme der Beschäftigung mit dem Thema Teilzeit-Führung zu beobachten. Immer häufiger taucht das Thema auch in Fachzeitschriften, Zeitungen und auch Onlinemagazinen oder Blogeinträgen auf. Der Tenor ist dabei grundsätzlich positiv. Regelmäßig erscheinen Befragungen oder kurze Studien, die in Arbeitnehmermagazinen online zu finden sind. Matthias Kaufmann hat im Namen des Karriere Spiegel im November 2017 einen aussagekräftigen Artikel veröffentlicht, der zusammenfasst, dass Personalchefs neue Arbeitsmodelle und Stichworte –wie Flexible Vollzeitarbeit – nicht pauschal erschaudern lassen, dass es sogar einige Hinweise auf eine zunehmende Beschäftigung mit dem Thema unter Entscheidern gibt (Kaufmann 2017).

Die Daten basieren auf einer Befragung des Ifo-Instituts und sind ein Teil der Flexindex-Erhebung, die u. a. Themen wie flexible Arbeitsgestaltung und deren Instrumente sowie Minijobs, Zeitarbeit, Überstunden und Arbeitszeitkonten untersucht. Die

Befragung fand im dritten Quartal des Jahres 2017 statt, also im Vorfeld der Bundestags-wahl in Deutschland. Man könnte also annehmen, dass das politische Interesse erwacht ist.

Kaufmann (2017) thematisiert das erweiterte Recht auf Teilzeit. Hierbei gab rund die Hälfte der Befragten an, dass sie mit keinerlei Auswirkungen auf den Personalbestand ihres Unternehmens rechnen. Knapp 34 % der Befragten glauben gar an ein Wachstum und nur 21 % halten einen Stellenabbau durch das Recht auf Teilzeit für realistisch. Bereits heute gilt für viele Arbeitnehmer in Deutschland dieses Recht; es ist daher zu begründen, warum ein Arbeitgeber einem an Teilzeit interessierten Arbeitnehmer die Möglichkeit dazu verwehrt.

Das Thema der flexiblen Vollzeit wird ebenfalls diskutiert, um die häusliche Pflege von Angehörigen, die Kinderbetreuung oder die eigene Weiterbildung zu fördern, bzw. überhaupt erst zu ermöglichen. Arbeitnehmer sollen dabei die Möglichkeit haben, ihre Wochenarbeitszeit um bis zu zehn Stunden zu reduzieren, um ihren individuellen Wün-schen nachgehen zu können. Dabei handelt es sich um die Idee, die Grenzen zwischen Vollzeit – und Teilzeitarbeit verschwimmen zu lassen. Unterstützung findet diese Idee bereits durch die IG-Metall. Auch hier gaben die Befragten an, dass sie mit mehr positi-ven als negativen Effekten rechnen und der Entwicklung positiv gegenüberstehen.

Zuletzt ist eines der Dauerthemen das Rückkehrrecht in Vollzeit. Ist ein Mitarbeiter erst einmal in Teilzeit beschäftigt, ist es nicht selbstverständlich, dass er sich zeit-nah in einer Vollzeitarbeitsstelle wiederfindet, zum Ärger einiger Politiker und auch Angestellter. Zur Diskussion steht hier immer wieder eine Gesetzesklausel, die eine Rückkehr nicht ausschließt, sondern unterstützt. Dies ist bei den befragten Personalern nicht auf große Zustimmung gestoßen und lediglich 12 % gehen hier von positiven Ent-wicklungen aus (Kaufmann 2017).

Eine grundsätzliche Flexibilisierung der Arbeit wird viel diskutiert, vor allem im Zusammenhang mit den Möglichkeiten, Hürden und Risiken der Heimarbeit (Home-Office). Hier gibt es eine klare Trendlinie: Immer mehr Angestellte können sich eine Arbeit außerhalb der geschäftlichen Räume vorstellen und schätzen flexible Arbeits-modelle. In einem Artikel des Magazins managerSeminare wurde eine Umfrage des Personalberatungsunternehmens SThree mit rund 1164 Beschäftigten veröffentlicht. Das Ergebnis spricht für sich und wird durch diverse andere Befragungen unterstützt: 73 % der Befragten würden sich ihre Arbeitszeit gerne selber einteilen, 39 % wünschen sich dazu mehr Zeit im Home-Office. Die Befragten stützten dabei ihre Argumente mit einer höheren Motivation und einer gesteigerten Effizienz im Home-Office (Lambers 2017). Der Untertitel des Artikels beschreibt den aktuellen Status quo in Deutschland treffend mit „Wunsch und Wirklichkeit klaffen in Deutschland weit auseinander".

Dogsharing, Carsharing, Bikesharing, Deutschland ist im Teilfieber und die gemein-schaftliche Nutzung bestimmter Güter erlebt in den vergangenen Jahren einen regelrechten Hype. Diese gesellschaftlichen Trends machen sich in der Arbeitswelt deutlich bemerk-bar und führen zu einem veränderten Anspruch an die Arbeitsorganisation. TopSharing wird zunehmend erforscht und erfolgreich umgesetzt. Personalberater, HR-Manager und viele weitere Personenkreise versuchen bereits, Lösungen zu entwickeln und die Verunsicherung dadurch zu mildern. Unternehmen stehen unter einem dauerhaften Anpassungsdruck, die Konkurrenz schläft bekanntlich nicht, und so ist es die logische Konsequenz, dass das Tempo weiter steigen muss. Doch Musterlösungen können nur eine Hilfestellung leisten, darüber hinaus ist ein hohes Maß an Flexibilität erforderlich, um individuelle Lösungen zu entwickeln und trotzdem Schritt zu halten.

Unter dem Titel „Väter und Vereinbarkeit" hat das Unternehmensnetzwerk „Erfolgsfaktor Familie" einen Leitfaden initiiert, der das neue Rollenverständnis in die Arbeitspraxis übersetzen soll. Die alten Klischees „Mann im Büro, Frau übernimmt Kindererziehung" hebeln die Wirtschaft in Zukunft aus. Laut „Erfolgsfaktor Familie" wünschen sich rund 79 % der Väter mehr Zeit mit ihrem Nachwuchs und der gesamten Familie, mehr als ein Drittel der Väter würde laut Väterreport 2016 gern in Teilzeit arbeiten, Überstunden abbauen oder langfristig in 80-Prozent-Positionen tätig sein. Ferner empfinden es 60 % der Eltern mit Kindern unter drei Jahren als ideal, wenn beide Elternteile sich familiär engagieren, bisher leben dies aber nur 14 % in der Realität aus (Bundesministerium für Familie, Senioren, Frauen und Jugend 2017).

Im Jahr 2018 hat ein weiterer Interessenskreis im Hinblick auf Teilzeitarbeit für Diskussionen gesorgt. Die Metallindustrie hat die 28-Stunden-Woche ins Gespräch gebracht und damit deutlich gemacht, dass sie keineswegs die Trendwende verschlafen will. Laut der Süddeutschen Zeitung ist die zukünftige Arbeitswelt auf Experimente angewiesen, wenn sie in Zeiten der Digitalisierung am Ball bleiben möchte. Und der erste Schritt ist getan: Arbeitnehmer können ihre wöchentliche Arbeitszeit von 35 h auf 28 h verringern, wenn sie verwandte Angehörige pflegen oder ihre Kinder betreuen wollen. Als Ausgleich wurde vereinbart, dass für Interessierte auch Verträge mit einer Arbeitszeit von mehr als 40 h geschlossen werden dürfen (Piper 2018).

Im Jahresgutachten der Wirtschaftsweisen 2017/2018 fand der Vorsitzende Christoph Schmidt klare Worte zum Thema Arbeitszeit. Er nennt den klassischen Acht-Stunden-Tag veraltet und fordert eine Reform des Arbeitszeitgesetzes. Darin soll die maximale Arbeitszeit nicht im täglichen Zeitrahmen betrachtet werden, sondern als Wochenarbeitskontingent verstanden werden. Für die einen mag dies nach einem Wandel hin zu familienfreundlichen Arbeitszeiten klingen, Gewerkschaften schlagen indes Alarm und fürchten eine versteckte Mehrarbeit. Schmidt verfolgt den Gedanken, dass digital agierende Unternehmen flexible Arbeitskräfte benötigen, die nicht allein von 9 Uhr bis 17 Uhr erreichbar sind, sondern auch bereit sind, im Home-Office Mails zu beantworten und außerhalb der üblichen Arbeitszeit an Telefonkonferenzen teilnehmen zu können. Dafür sind sie an anderer Stelle nicht beschäftigt und holen sich die nötigen „Ruhezeiten". Für Schmidt ist eine solche Regelung keine versteckte bzw. heimliche Ausweitung der Beschäftigung, sondern ein wichtiger Schritt zur notwendigen Flexibilisierung (Statistisches Bundesamt 2017).

5.4   Modelle der Teilzeit-Führung

5.4.1   Vollzeitnahe Teilzeitarbeit

Eines der am häufigsten umgesetzten Teilzeitarbeitsmodelle ist das der vollzeitnahen Teilzeitarbeit. Hierbei wird die wöchentliche Arbeitszeit auf 75–90 % gesenkt, sodass der Mitarbeiter weitestgehend anwesend ist (EAF Berlin 2016). Wenn in Deutschland eine Führungskraft in Teilzeit arbeitet, erfüllt sie mit durchschnittlich 30 gearbeiteten Stunden in der Woche dieses Modell (Mogler 2013).

Manuela Schwesig, ehemalige Leiterin des Bundesfamilienministeriums, und der ehemalige Präsident der Deutschen Industrie- und Handelskammer, Eric Schweitzer, geben ihr eindeutiges Votum für dieses Arbeitsmodell:

> Wir wollen Arbeitgeber motivieren und dabei unterstützen, mehr branchen- und betriebsspezifische Arbeitszeitmodelle anzubieten, die flexibel und familienfreundlich sind. Vollzeitnahe Teilzeitangebote spielen dabei eine besondere Rolle, da sie den Wünschen vieler Eltern entsprechen und es besser erlauben, Familie und Beruf mit Führungsaufgaben zu vereinbaren (Bundesministerium für Familie, Senioren, Frauen und Jugend 2016, S. 4).

Die Verteilung der Arbeitszeit kann in diesem Modell individuell gestaltet werden, sodass die Führungskraft mehrere Tage in der Woche halbtags anwesend ist oder drei bis vier Tage Vollzeit arbeitet. Ein vollzeitnahes Teilzeitmodell ist recht beliebt bei Führungskräften, da es einen geringen Einfluss auf die tägliche Arbeit hat und die Führungskraft als Ansprechpartner weiterhin überwiegend zur Verfügung steht. Weiterhin ist die Umsetzung einfach und durch die geringen Fehlzeiten wird die Abwesenheit von Kollegen nur schwach wahrgenommen (EAF Berlin 2016). Damit bietet sich dieses Modell auch für ein konservativ geprägtes Unternehmen an, in dem Führung nach wie vor an Anwesenheit geknüpft wird. Ohne eine grundsätzliche Auseinandersetzung zu Führung und Kommunikation kann mit vollzeitnaher Arbeit ein erster Schritt getan werden.

Leider findet man immer wieder Hinweise darauf, dass bei diesem (wie auch einigen anderen Teilzeit-Führungsmodellen) zwar die Arbeitszeit, nicht jedoch das Arbeitspensum reduziert wird. So wird nicht selten implizit erwartet, dass die gleiche Arbeit in kürzerer Zeit erledigt wird. Klare Absprachen und offen kommunizierte Möglichkeiten und Grenzen sind die Voraussetzung dafür, dass dieses Modell funktioniert.

5.4.2   Kadermodell

Komplexer ist die Gestaltung einer Teilzeit-Führungstätigkeit mit dem Kadermodell. Der Begriff Kader wird in diesem Zusammenhang für außerordentlich qualifizierte und talentierte Führungskräfte genutzt, die meistens aus dem eigenen Unternehmen rekrutiert werden. Ihnen wird eine zweite Person an die Seite gestellt, mit der sie eng zusammenarbeiten. Das kann z. B. in Form eines Job-Sharing organisiert sein, bei dem beide auf der gleichen Hierarchieebene stehen. Üblicher ist jedoch ein Tandem, dass also einer Führungsposition eine Art Assistenz zur Seite gestellt wird. Diese Variante der Teilzeit-Führung verfolgt die Idee, dass der kostenintensivere Mitarbeiter seine Arbeitszeit und sein Gehalt reduziert und durch diese Ersparnis eine zweite, günstigere Assistenzkraft eingestellt wird, die der Führungskraft Unterstützung bietet. Dieser Assistent fängt zudem die Abwesenheiten der Teilzeitkraft auf und ist in alle relevanten Vorgänge eingebunden, sodass keine Einschränkungen in der Ansprechbarkeit festzustellen sind. Über Vertretungsregelung im Urlaub entstehen keine Wissens- oder Auskunftslücken und im Falle des Ausscheidens eines Tandempartners aus dem Unternehmen bleibt dessen Wissen dem Unternehmen erhalten. So ist das Kadermodell nicht nur ein geeignetes Instrument für Teilzeit-Führung, sondern übernimmt gleichzeitig einen Aspekt der Nachwuchsförderung im Unternehmen, indem junge, talentierte Arbeitnehmer einen erfahrenen Kollegen langfristig begleiten können und dadurch eigene Kompetenzen erwerben. Das Kadermodell ist aus Sicht der Unternehmen vielversprechend, da es kostengünstig ist, wenig Aufwand mit sich bringt und ein nachhaltiges Personalentwicklungsinstrument für Teilzeit-Führungskräfte darstellt (Turkmani 1998).

5.4.3 Top Sharing

Das Top Sharing ist ein beliebtes Arbeitsmodell bei Führungskräften und setzt eine zweite Führungskraft für einen Arbeitsbereich voraus. Zwei Führungskräfte der gleichen Hierarchiestufe teilen sich eine Managementtätigkeit. Sie arbeiten an unterschiedlichen Tagen und erledigen die gleichen Aufgaben. Im oberen Management wird diese Möglichkeit der Teilzeit-Führung auch Top Sharing genannt und stammt, wie das Job Sharing, aus den USA. Es fand zunächst wenig Aufmerksamkeit in Deutschland.

Bei diesem Modell ist darauf zu achten, dass es Arbeitszeitüberschneidungen der beiden Arbeitsplatzinhaber gibt, um wichtige Abstimmungen vorzunehmen. So kann z. B. eine Führungskraft montags und dienstags in Vollzeit arbeiten und mittwochs halbtags, die zweite arbeitet dann – im Idealfall – ebenso mittwochs halbtags, donnerstags und freitags wäre sie dann für alle anstehenden Aufgaben zuständig. Beide Führungskräfte erhalten für gleiche Aufgaben das gleiche Gehalt und tragen gemeinsam die Verantwortung für das gesamte Aufgabenfeld.

Kritiker führen ins Feld, dass es nicht ausreichen kann bei der Vielzahl der Aufgaben, sich nur einen halben Tag auszutauschen. Dabei wird enorm unterschätzt, wie positiv sich ein gemeinsames Verständnis und gegenseitiges Vertrauen auf das Arbeitsergebnis auswirken. Es ist dementsprechend sehr darauf zu achten, dass die Tandem-Partner sich sowohl fachlich, als auch persönlich stark auf den jeweils anderen einlassen können.

5.4.4 Job/Top Splitting

Ein weiteres Teilzeit-Führungsmodell ist das Job Splitting. Der Begriff steht für das Aufteilen von Führungsaufgaben auf zwei teilzeitbeschäftigte Führungskräfte, die sich eine Vollzeitstelle teilen. Dabei verfügt jeder einzelne über einen eigenen und individuell verhandelten Arbeitsvertrag. Sie nehmen weiterhin, im Gegensatz zum Job Sharing, ihre Führungs- und Fachaufgaben unabhängig voneinander wahr und müssen sich dementsprechend nicht zwingend regelmäßig absprechen. Dadurch entstehen kaum Schnittstellen innerhalb der geteilten Stelle und es ergibt sich nur unregelmäßig ein Interaktions- und Kooperationsbedarf.

Für Führungskräfte, die nach diesem Modell arbeiten, ergeben sich die gleichen Freiräume, die sie bei einer normalen Vollzeit-Führung in Anspruch nehmen könnten. Auf der anderen Seite gewährleistet dieses Modell keine Vertretungsregelung, da die einzelnen Arbeitsbereiche getrennt voneinander bleiben und damit nicht ohne weiteres bei Abwesenheit dem anderen zugeordnet werden können. Darüber hinaus wird auch das jeweilige Wissen nicht geteilt, sodass wenig Nutzen aus der Job-Splitting-Stelle entsteht, wenn einer der beiden Fachkräfte das Unternehmen verlässt oder erkrankt. Ideal für ein Job-Splitting-Modell sind Tätigkeiten, die auf einzelne Bereiche wie beispielsweise Marketing, Vertrieb, Controlling etc. ausgerichtet sind.

▶ **Aufgepasst, Karl-Heinz!** Karl-Heinz: Hier ist es noch mal wichtig zu erkennen, dass Teilzeitarbeit nicht gleichzusetzen ist mit „wenig Anwesenheit" und dadurch einer geringen Produktivität. Die soeben aufgeführten unterschiedlichen Möglichkeiten zeigen, dass es viele Einsatzoptionen und auch Chancen durch Teilzeit gibt. Die vielen Modelle lassen sich auf unterschiedlichste Bereiche eines Unternehmens anwenden und können so Schritt für Schritt den Weg hin zu einer funktionierenden und effektiven Teilzeit-Führung ebnen. Frage Dich, an welcher Stelle ein Pilotprojekt sinnvoll sein würde!

5.5   Erfolgreiche Ansätze zur Teilzeit-Führung in ausgewählten Unternehmen

5.5.1 elbdudler GmbH – Vollzeitnahe Teilzeitarbeit

Wer schon immer einmal in einer Kirche arbeiten wollte und innovative Arbeitsmodelle schätzt, könnte sich bei elbdudler durchaus wohlfühlen. Die elbdudler GmbH ist eine Digitalagentur mit Sitz in Hamburg. Die Agentur beschäftigt rund 120 Mitarbeiter, Tendenz steigend. Elbdudler verkörpert wohl das, was sich viele Arbeitgeber vornehmen und viele Arbeitnehmer wünschen: Alle Mitarbeiter können frei entscheiden, wie sie am besten arbeiten, ob in Vollzeit oder Teilzeit, ob im Büro oder im Home-Office. Starre Regeln und feste Abläufe sucht man hier vergebens, aber das ist auch gar nicht gewollt.

Die Gründer von elbdudler teilen eine besondere Überzeugung vom Sinn und Zweck ihrer Arbeit und wie Zusammenarbeit zu sein hat. Diese Überzeugung ist spürbar. Lange Change-Management-Prozesse gibt es hier nicht, wenn etwas umgesetzt werden soll, wird es diskutiert und anschließend übernommen – oder eben auch nicht. Julian Vester ist Gründer und einer der Geschäftsführer von elbdudler und hat uns einiges über seine Überzeugungen mitgeteilt.

Geschäftsführer Julian Vester zum Thema Teilzeit

Vester und ich (KS) unterhalten uns schon eine Weile im Rahmen des Interviews, ich frage ihn allerhand Dinge über Job, Karriere, was er über Führung denkt und so langsam komme ich zu dem Thema Teilzeit. Zähneknirschend spreche ich das aus, bei dem so mancher Geschäftsführer zusammenzuckt: „Habt ihr eigentlich viele Teilzeitkräfte und wenn ja, wie läuft das bei euch ab?" (bei meinem alten Arbeitgeber musste ich in mehreren Gesprächen hieb- und stichfest erläutern, wie ich denn auf die Idee käme, in Teilzeit arbeiten zu wollen – ich sei ja noch so jung). Vester kann über so ein Verhalten nur müde lächeln. Seine Antwort lässt mich aufhorchen:

Ich kann Dir mal sagen, wie der Prozess abläuft, wenn einer hier Teilzeit arbeiten will. Dann sagt der: ‚Ich würde gerne Teilzeit arbeiten.' Und dann sage ich: ‚Ja!' Fertig! Jeden Wunsch, wie jemand arbeiten will, haben wir bisher möglich gemacht. Es gibt auch Leute, die wollen ganz lange von Zuhause aus arbeiten oder mal aus dem Ausland und das machen wir und das machen wir auch möglich. Warum auch nicht? Ich verstehe immer nicht, dass es da überhaupt eine Diskussion darüber gibt. Warum denn nicht? Klar, muss man dann organisatorisch immer ein bisschen planen, aber das klappt.

Erfrischend einfach klingt das Konzept, eben kein festes Konzept zu haben. Stattdessen bringen Vester und seine Mitarbeiter den Einzelfall immer wieder mit dem gemeinsamen Ziel in Verbindung und lassen sich nicht vom Wesentlichen ablenken. So sieht wahrscheinlich die Zukunft aus. Daher lohnt es sich, immer mal wieder dort hinzuschauen, wo Neues entsteht.

▶   **Von Anfang an selbstorganisiert** Klare Rahmenbedingungen lassen maximale Selbstorganisation zu. Das System verhält sich intelligent. Mit der Gründung der Agentur vor 10 Jahren wurden demokratische Prozesse als Entscheidungsgrundlage für innerbetriebliche Abläufe und Regelungen etabliert. Dieses Prinzip nachträglich einzuführen, ist weitaus schwieriger.

5.5.2   DATEV eG – Diverse Modelle der Teilzeit-Führung

Die DATEV eG ist ein Softwareanbieter für Wirtschaftsprüfer, Steuerberater, Rechtsanwälte und deren Mandanten. Das Unternehmen beschäftigte 2017 rund 7300 Mitarbeiter und erwirtschaftete einen Umsatz von 978 Mio. EUR. Es hat seinen Sitz in Nürnberg und versteht sich als Vorreiter in Sachen innovativer Personalpolitik (DATEV eG 2018). Im

Jahr 2011 wurde die Initiative „Führen in Teilzeit" durch die Geschäftsführung gegründet, die sich mit flexiblen Arbeitsbedingungen befasst. Hintergrund ist die zunehmende Notwendigkeit, als Unternehmen stärker den individuellen und biografischen Situationen der Führungskräfte gerecht zu werden (Kratzer und Neidl 2011).

Ein weiteres Ziel der DATEV eG ist es, die eigene Attraktivität als Arbeitgeber zu steigern, um langfristig Mitarbeiter zu gewinnen und angesichts des Fachkräftemangels innovative Lösungen für zukünftige und bestehende Führungskräfte zu entwickeln. Damit reagiert sie aktiv auf die Veränderungen des Arbeitsmarkts und nähert sich den Wünschen nachfolgender Generationen an. Nach eigener Einschätzung geht das Unternehmen einen unumgänglichen Schritt, um als Hightech-Unternehmen auch zukünftig attraktiv für Führungsnachwuchs zu sein.

Im Jahr der Studie (2011) waren bei der DATEV eG rund 22 % der Führungskräfte weiblich. Aufgrund der häufigen Doppelrolle als Mutter und Mitarbeiterin erkannte das Unternehmen, dass besonders für Frauen das Thema Teilzeit-Führung wichtig ist. Bisher arbeiteten 40 % der Frauen und 5,2 % der Männer in Führungspositionen in Teilzeit. Die Initiative „Führen in Teilzeit" sollte die Voraussetzung für eine ausgewogene Führungsquote auch in Teilzeit schaffen, um Führungsaufgaben, berufliche Entwicklung und das Familienleben in Einklang bringen zu können (König 2013).

Alle Mitarbeiter in Führungsrollen wurden eingeladen, an einer Onlineumfrage teilzunehmen und zu beurteilen, inwiefern für sie ein Teilzeit-Arbeitsmodell infrage kommen könnte. Insgesamt nahmen an dieser Umfrage 47 % aller Führungskräfte teil, unter den 30- bis 40-Jährigen lag die Teilnahmequote bei 95 %. Offensichtlich ist also für diese Altersgruppe Führen in Teilzeit besonders interessant. Die Ergebnisse zeigen, was die DATEV eG bereits vermutet hatte: Der überwiegende Teil von 81 % sprach sich für das Führen in Teilzeit aus. Besonders wurden familiäre Hintergründe als Motive genannt (Kratzer und Neidl 2011). Für DATEV ist es besonders wichtig, alle Führungskräfte als Zielgruppe anzusprechen. Es wird nicht differenziert zwischen weiblichen oder männlichen Führungskräften.

Die Umsetzung des Projekts soll kaskadenförmig stattfinden. Dabei werden zunächst alle Führungskräfte aufgefordert, einen Abwesenheitsvertreter zu bestimmen und ihm Aufgaben zu delegieren. Dieser wiederum verteilt die ihm zugewiesenen Aufgaben im Team. Als nicht delegierbar wird dabei disziplinarische Führung festgelegt, zentrale Führungsaufgaben und -instrumente können nicht durch andere übernommen werden. Die Führungskraft ist für Zielvereinbarungen, Zielbewertung, Mitarbeitergespräche und Personalbeurteilungen nach wie vor zuständig und kann diese Aufgaben nicht abgeben. Damit eine Führungsposition in Teilzeit erfolgreich sein kann, gaben die Führungskräfte bei der DATEV eG an, dass festgelegte Regularien eingehalten werden sollten.

Diese Regularien sehen wie folgt aus:

- Eine Vorabprüfung des jeweiligen Aufgabengebietes auf Probleme oder Barrieren
- Mindestens 25 h wöchentliche Arbeitszeit
- Erreichbarkeit und Flexibilität durch einen Telearbeitsplatz bzw. Home-Office

- Klärung von Vertretern im Team
- Fest definierte Kompetenzen des Abwesenheitsvertreters
- Jährliches Feedback für alle Betroffenen

Weiterhin veröffentlicht die DATEV eG im firmeneigenen Intranet Orientierungshilfen und Rahmenbedingungen, die den Führungskräften Unterstützung für die praktische Umsetzung liefern. Eine Checkliste mit delegierbaren Aufgaben soll z. B. die Führungskräfte dazu ermutigen, Aufgaben abzugeben und mehr Vertrauen in das eigene Team zu entwickeln. Damit Führungskräfte in Teilzeit nicht auf sich allein gestellt sind, gibt es Vorbilder innerhalb des Unternehmens, die bereits in Teilzeit führen und mit ihren Erfahrungen hilfreich zur Seite stehen. Texte und Erfahrungsberichte über die Tätigkeit als Teilzeit-Führungskraft werden in der Mitarbeiterzeitschrift veröffentlicht, um die Akzeptanz für neue Führungsmodelle zu fördern und Nachwuchskräften einen leichteren Einstieg zu ermöglichen. Durch kontinuierliche Veröffentlichung relevanter und „echter" Artikel, die von den Betroffenen selbst verfasst werden, kann sich Teilzeit als Teil der Unternehmensphilosophie verfestigen (König 2013).

Frau Claudia Puchta war zum Zeitpunkt der Initiative Teamleiterin der Entwicklung und gab in einem Interview an, dass für sie die Verbindung zwischen Führungsverantwortung und gleichzeitiger Rückzugsmöglichkeit innerhalb der Familie wichtig ist. Sie schätzt das Vertrauen ihrer Führungskraft und die Möglichkeit, in Teilzeit verantwortungsvolle Aufgaben zu übernehmen. Sie betont, dass die Arbeit innerhalb des Teams sehr gut funktioniert und dass durch ihre bedingte Abwesenheit eine höhere Verantwortung für die einzelnen Mitarbeiter entsteht und diese motivierter und selbstständiger arbeiten.

Frau Ulrike Hering wurde als Teamleiterin befragt. Für sie war einer der Schlüsselfaktoren zum Gelingen der Initiative, dass die (Teilzeit-)Führungskraft mit Weitblick und Organisation arbeitet. Flexibilität, Organisationstalent und der Blick über den Tellerrand sind notwendige Voraussetzungen für eine erfolgreiche Umsetzung und steigende Akzeptanz von Teilzeit-Führung im Unternehmen (Kratzer und Neidl 2011).

Die Nachfrage nach Teilzeit-Führung hat bei der DATEV eG seit der Initiative 2011 zugenommen, was den positiven Eindruck bestärkt, der durch viele positive Rückmeldungen von Mitarbeitern und Führungskräften bereits entstanden war.

Die Menschen fragen, die es angeht!
Hier geht der Impuls ebenfalls von der Unternehmensleitung aus. Angestoßen durch die Notwendigkeit, sich als Arbeitgeber für zukünftige Mitarbeiter attraktiv zu machen, mündeten die Ideen in der Flexibilisierung der Arbeitszeit auch für Führungskräfte. Bemerkenswert an diesem Beispiel ist die Vorab-Befragung potenziell an Teilzeit-Führung interessierter Mitarbeiter. Bevor wir einfach etwas in die Organisation geben, fragen wir zunächst mal nach dem Bedarf. Das einfache Regelwerk macht darüber hinaus die Umsetzung relativ einfach. Die Erfolge werden sichtbar gemacht und damit als Erfahrungswert von der Gesamtorganisation adaptiert.

▶ **Aufgepasst, Karl-Heinz!** Frage Deine Leute, was sie brauchen, Karl-Heinz!
    Und werde dann aktiv. Dies ist ein schönes Beispiel, dass es klappen kann, und
    dass es einen ersten Schritt von der Unternehmensführung braucht.

5.5.3   Commerzbank AG – Top Sharing

Die Commerzbank AG beschäftigt aktuell rund 50.000 Mitarbeiter und erzielte im vier-
ten Quartal 2017 90 Mio. EUR als Konzernergebnis (Commerzbank AG 2018a). Sie
bietet ihren Mitarbeitern flexible Arbeitszeitmodelle an und unterstützt Teilzeitmodelle.
Auch Teilzeit-Führung ist möglich. Dabei fokussiert sich die Commerzbank auf zwei
wesentliche Teilzeit-Führungsmodelle.

Das erste Modell ist das Vertretermodell für Führungskräfte in Teilzeit. Hierbei wird
die fachliche Führung geteilt. Das zweite Modell ist das Top Sharing, bei dem sowohl
die fachliche als auch die disziplinarische Führung gemeinsam übernommen wird
(Commerzbank AG 2018b). Tanja Mumot und Christian Bürgel leiten gemeinsam eine
Duisburger Filiale der Commerzbank AG. Mumot und Bürgel schätzen die flexible Art
der Beschäftigung aufgrund der positiven Begleiterscheinungen und beschreiben sich
selbst als motivierter als zuvor. Montags bis mittwochs ist Christian Bürgel der Leiter
in der Filiale, donnerstags und freitags Tanja Mumot. Mittwochs und freitags ist die
Übergabe für den jeweils anderen, damit die Top-Sharing-Partner explizit wissen, was
der andere in der Zeit der Abwesenheit abgesprochen und bearbeitet hat. Nach Bürgels
Einschätzung sind gegenseitiges Vertrauen und ein gemeinsamer, ähnlicher Führungsstil die wichtigsten Erfolgsfaktoren für geteilte Führung. Doch auch Organisations-
geschick und eine detaillierte Absprache sind für ihn äußerst wichtig. Mumot betont,
dass die Commerzbank AG durch Führungskräfte in Teilzeit profitiert und eine Vielzahl
von Vorteilen generiert. Sie sieht sich und ihren Partner Bürgel als zufriedene, positive
und engagierte Führungskräfte, die hoch motiviert ihrer Tätigkeit nachgehen und zudem
familienbewusst leben und arbeiten können. Genau diese Merkmale spiegeln sich in
einer vorteilhaften Umgangsweise und Arbeitsmoral im Beruf wider. Die Leistungen der
Top-Sharing-Partner werden gut bewertet. Bürgel stimmt seiner Kollegin in allen Punkten zu und sieht ein höheres Ideenpotenzial in der Teilzeit-Führung, da zwei Personen
mehr Ideen generieren können als eine Person allein (Bundesministerium für Familie,
Senioren, Frauen und Jugend 2018).

Das Miteinander ist der Schlüssel
Top Sharing braucht eine Vertrauensbasis zwischen den teilenden Partnern. Beiden ist
bewusst, dass sie zusammen mehr sind und leisten können als jeder einzeln. Klare Organisation und präzise Kommunikation entscheiden darüber hinaus über den Erfolg des
Modells.

▶ **Aufgepasst, Marie!** Marie, haben wir an Dich gedacht. Wäre es nicht möglich,
    dass Du Dir einen Tandem-Partner suchst und Dich mit einer zweiten Person

auf eine adäquate Vollzeitstelle bewirbst? Sicherlich wird so mancher Personaler im Bewerbungsgespräch verwundert schauen, aber warum nicht auch mal
etwas Neues wagen und einen Schritt weiterdenken? Altbewährtes kann jeder,
Umdenken nicht! Daher nur Mut und einfach mal offen bei potenziellen Arbeitgebern anrufen und sich ein Feedback zum eigenen Teilzeitwunsch einholen.
Gehe weiter offensiv und konsequent vor und orientiere Dich an Erfolgsbei-
spielen. Rückhalt und zusätzliche Möglichkeiten bieten Dir Portale wie z. B.
www.tandemploy.de.

5.5.4   Robert Bosch GmbH – Vollzeitnahe Teilzeitarbeit

Die Robert Bosch GmbH ist weltweit als Technologie- und Dienstleistungsunternehmen
bekannt. Sie beschäftigte im Jahr 2017 weltweit knapp 402.000 Mitarbeiter und erwirtschaftete einen Umsatz von 78,1 Mio. EUR (Robert Bosch GmbH 2018). Den Mitarbeitern stehen diverse Möglichkeiten der Teilzeitarbeit offen, u. a. auch in Form von
Teilzeit-Führung. Kathrin Stübbe ist eine der Führungskräfte bei der Robert Bosch
GmbH, die ein Team in Teilzeit führt. Stübbe ist im Forschungsbereich Softwareintensive
Systeme beschäftigt und für 50 Mitarbeiter verantwortlich (Kruthaup 2016). Sie führt seit
vielen Jahren erfolgreich in Teilzeit ihr Team und ist mit der Berufswahl sehr zufrieden.
Stübbe arbeitet in einem vollzeitnahen Teilzeitmodell und besetzt eine 70-Prozent-Stelle.
Montags und mittwochs arbeitet sie bis nachmittags, dienstags und donnerstags meistens bis 18 Uhr und am Freitag ist sie nicht im Büro. Bei Bedarf bleibt Stübbe länger
im Büro und ist zeitlich flexibel. Im Gegensatz zu einer Führungsaufgabe in Vollzeit
musste sie sich an die neuen Gegebenheiten erst gewöhnen. Aufgaben, die sie früher in
Vollzeit alleine erledigt hat, gibt sie heute teilweise weiter. Ihr Stellvertreter übernimmt
sämtliche Aufgaben, die nicht mit dem Führen der Gruppe zusammenhängen. Für Stübbe
war es zunächst nicht leicht, auch Verantwortung abzugeben. Jedoch liegen alle diszipli-
narischen Aufgaben nach wie vor in ihrer Hand. Sie vertritt die Meinung, dass fast alle
Positionen in Teilzeit ausgeübt werden können und auch Führungskräfte keine Angst vor
dieser Herausforderung haben sollten (Stübbe 2018). Wichtig sind aus ihrer Sicht genaue
Absprachen und Vertrauen zu allen Betroffenen. Den größten Einfluss haben die Unternehmensleitung und die Vorgesetzten selbst. Eine Führungskraft in Teilzeit ist auf Unterstützung und Befürwortung aus dem beruflichen Umfeld angewiesen (Kruthaup 2016).

▶   **Eigenverantwortung ersetzt Kontrolle** Der zentrale Punkt liegt in diesem
    Beispiel in der Verantwortungsübergabe und dem Vertrauen in die Fähig-
    keiten der Mitarbeiter. Es ist die Umkehrung der klassischen Annahme, eine
    Führungskraft müsse in allen Bereichen die größte Expertise haben. Das
    Prinzip, Freiraum und Verantwortung abzugeben, führt zu einem erheblich
    verminderten Kontrollbedarf und damit zu mehr Zeit für wirklich wichtige
    Führungsaufgaben.

5.5.5 Trumpf GmbH & Co. KG – Teilzeit Invest

Stefan Stagel ist Abteilungsleiter bei der Trumpf GmbH & Co. KG und nimmt als Führungskraft die Möglichkeiten eines Teilzeit-Invest-Kontos in Anspruch. Die Trumpf GmbH & Co. KG ist ein weltweit führendes Unternehmen für Werkzeugmaschinen, Laser und Elektronik für industrielle Anwendungen. Im Unternehmen sind rund 12.000 Mitarbeiter beschäftigt, diese erwirtschafteten im Geschäftsjahr 2016/2017 einen Umsatz von 3,111 Mrd. EUR (Trumpf GmbH & Co. KG 2018).

Stagel war einer der ersten Mitarbeiter, die das „Familien- und Weiterbildungskonto" eingerichtet haben, das die Trumpf GmbH & Co. KG für ihre Mitarbeiter einführte. Durch das Teilzeit-Invest-Programm seines Arbeitgebers sah er die Möglichkeit, Zeit anzusparen und dadurch über eine längere Dauer mit seiner Familie zusammen zu sein. Bis zu sechs Monate freie Zeit können die Mitarbeiter ansparen. Bevor eine Führungskraft dann für längere Zeit das Unternehmen verlässt, wird eine Vertretung angelernt, sodass die gewohnte Geschäftstätigkeit trotz Abwesenheit gewährleistet ist. Stagel hat in einem Zeitraum von zwei Jahren Arbeitsstunden angespart und weniger Gehalt bekommen. 15 h konnte er pro Monat ansparen und auch Gehaltserhöhungen auf seinem Konto verrechnen lassen. Während dieser „Ansparphase" arbeitete er eng mit seinem zukünftigen Vertreter zusammen, den er anlernen und an seinem Erfahrungswissen teilhaben lassen konnte. Er nutzte seine angesparte Zeit für einen ausgedehnten Urlaub mit der Familie und ist von diesem Konzept total überzeugt. Besonders schätzt er das Engagement seines Arbeitgebers, das sich u. a. dadurch zeigt, dass alle zwei Jahre die Mitarbeiter nach ihrer wöchentlichen Wunscharbeitszeit gefragt werden, damit möglichst jeder seinen individuellen Wünschen angepasst arbeiten kann (Waechter und Grass 2015).

Die Praxisbeispiele haben verdeutlicht, dass Führen in Teilzeit mit individuellen Maßnahmen und konkreten Absprachen umsetzbar ist und sowohl für Unternehmensleitung als auch angestellte Mitarbeiter fortschrittliche Wirkung in Bezug auf Motivation und Arbeitnehmerzufriedenheit erzielen kann. Etwaige Negativberichte sind nicht in der Praxisliteratur zu finden.

▶   **Investition zahlt sich durch bleibendes Wissen aus** Arbeitszeitkonten sind immer stärker gefragt. Jedoch sind längere Abwesenheitszeiten nur dadurch zu kompensieren, dass eine Vertretung zuvor tiefen Einblick in den Arbeitsbereich erhält, die Stelle also über eine gewisse Zeit doppelt unterhalten wird. Dazu bedarf es einer nicht geringen Investition des Arbeitgebers.

▶   **Aufgepasst, Karl-Heinz!** Karl-Heinz, könntest Du Dir ein solches Vorgehen auch in Deinem Unternehmen vorstellen? Es ist doch eine tolle Ergänzung zu anderen Angeboten Deines Unternehmens und die Mitarbeiter würde es vielleicht zusätzlich motivieren und dadurch auch gegebenenfalls binden? Besonders für Deine jüngeren Arbeitnehmer könnte es attraktiv sein und bereits in den Vorstellungsgesprächen thematisiert werden, so bekommst Du auch einen Eindruck, wie Deine zukünftigen Arbeitnehmer ticken.

5.6   Erfolgsfaktoren der Teilzeit-Führung

Aus der Arbeitnehmerperspektive scheint die Möglichkeit, Führungsaufgaben in Teilzeit auszuüben, auf den ersten Blick viele Vorteile mit sich zu bringen. Freie Arbeitszeitgestaltung, weniger Stress und mehr Zeit für das Privatleben sind hierbei die Hauptmerkmale (Rössler und Renning 2017). Doch auf der anderen Seite scheuen Mitarbeiter negative Konsequenzen. Die Befürchtung, Ansehen und Einfluss innerhalb des Unternehmens zu verlieren, sind häufig genannte Argumente, die Mitarbeiter davon abhalten, den Wunsch nach Teilzeit in die Wirklichkeit umzusetzen (Fauth-Herkner und Wiebrock 2017).

Fragt man Angestellte, aber auch Führungskräfte, dann ist für die meisten ein zentrales Problem ausschlaggebend, sich dem Thema gar nicht erst zu nähern: Teilzeitarbeit wird wegen der geringeren Präsenz im Unternehmen mit weniger Engagement und Motivation gleichgesetzt. Eine Vielzahl von Studien belegen, dass diese Kausalität ein Trugschluss ist. Im Gegenteil: Führungskräfte in Teilzeit geben an, dass sie relativ gesehen mehr Überstunden verzeichnen als ihre Kollegen in Vollzeit. Dies liegt an der Ausgestaltung der Teilzeitarbeit selbst. Personenbezogene Führungsaufgaben sind oft nicht in der reduzierten Arbeitszeit zu bewältigen. Die Arbeitszeit nimmt für Viele nicht im gleichen Maße ab wie das Gehalt. Sie leisten daher durchschnittlich mehr für weniger Geld (Bauernfeind et al. 2017), was aus arbeitsrechtlicher und arbeitsethischer Perspektive nicht unproblematisch ist.

▶   **Aufgepasst, Marie!** Hier ist auch Dein Einsatz gefragt, Marie! Nur allein die Teilzeit-Führungsstelle zu besetzen und pünktlich zum vereinbarten Feierabend das Unternehmen zu verlassen, macht weder einen guten Eindruck bei Deinen Kollegen noch ist es immer möglich, punktgenau die Arbeitsstelle zu verlassen. Dein Arbeitgeber kommt Dir mit der Teilzeit-Führung entgegen, so komme ihm auch entgegen und beweise durch Deine Flexibilität, dass Du diesen „Vertrauensvorschuss" zu schätzen weißt. Natürlich soll aus einer vereinbarten 28-Stunden-Woche keine dauerhafte 35-Stunden-Woche werden, in Ausnahmefällen wirst Du ein Eigeninteresse daran haben, gemeinsam mit den Kollegen etwas zu Ende zu bringen. Davon profitieren alle.

Diese Mehrbelastung stellt für Teilzeit-Führungskräfte oft kein Problem dar, sie fühlen sich eher motiviert wegen der Flexibilität und Entscheidungsfreiheit in Bezug auf ihre Arbeitszeit und nehmen dafür auch Überstunden bis zu einem gewissen Grad in Kauf. Besonders Frauen sind noch in der Situation, neben der Familie ihre Karriere fortzuführen (vgl. Abschn. 5.1) (Kronenberg 2017). Unter Berücksichtigung gesellschaftlicher Entwicklungen wird es für Männer jedoch auch immer attraktiver, ihre Arbeitszeit zu reduzieren.

Das vermutlich häufigste Argument für Teilzeit-Führung ist die Reduktion von Stress und der dadurch entstehende Ausgleich zwischen Arbeit und Privatem. Die Work-Life-Balance ist für viele Arbeitnehmer ein erstrebenswertes Ziel und wird zunehmend höher bewertet. Weniger Stress bedeutet im subjektiven Empfinden eine höhere Widerstandskraft, ein besseres Immunsystem und eine geringere Anfälligkeit für immer häufiger auftretende psychische Belastungssymptome. Mit einem zunehmenden Gesundheitsbewusstsein bewerten viele Arbeitnehmer diese Vorteile höher als materiellen Wohlstand (höheres Gehalt). Individuell größere Ausgeglichenheit wird dann auch im Umfeld einer Teilzeit-Führungskraft wahrgenommen, was gleichzeitig einen atmosphärischen Vorteil bringt (Fauth-Herkner und Wiebrock 2017; Köster 2017). Statistisch bleiben Teilzeitkräfte länger in ihrer Position als ihre Kollegen in Vollzeit, was die Fluktuation merklich einschränkt.

Darüber hinaus ist durch den demografischen Wandel und die damit verbundene Alterung unserer Gesellschaft (Wermelskirchen 2011) zu erwarten, dass für ältere Arbeitnehmer die Pflege ihrer Angehörigen ein wichtiger werdendes Thema sein wird. Im Jahr 2015 betrug das Durchschnittsalter in Deutschland 46,2 Jahre, im Jahr 2030 wird es voraussichtlich 50 Jahre betragen (Statista 2015). Doch nicht nur die Verpflichtung, sich für die ältere Generation zu engagieren, sondern auch der zunehmende Wunsch nach Familienzusammenhalt und intensiven Kontakt zu Eltern und Großeltern prägt die Notwendigkeit, sich stärker mit dem Thema Teilzeit-Führung auseinanderzusetzen. Die Möglichkeit in Teilzeit zu arbeiten und damit Zeit und Freiräume für die persönlichen Belange zu haben, ist ein nennenswerter Vorteil (Kühl 2016).

▶   **Aufgepasst, Karl-Heinz!** Karl-Heinz, hier solltest Du die Ohren spitzen. Du bemerkst, dass Dir wichtige und sehr gut ausgebildete Arbeitnehmer abwandern. Frage Dich (und sie), warum das so ist. Es hat sie scheinbar nicht genug in Deinem Betrieb gehalten, wenn dann noch hinzukommt, dass es immer schwieriger wird, neues Personal zu rekrutieren und das Angebot an Arbeitnehmern abnimmt, wäre es an der Zeit, sich dieser Entwicklung zu stellen. Mit Teilzeitstellen könntest Du diejenigen zurück auf den Arbeitsmarkt holen, die viele Jahre eine Nebenrolle gespielt haben: Mütter und Teilzeitväter.

Bisher werden wenige Gründe genannt, warum Teilzeit-Führung eine Ausnahme in deutschen Chefetagen bleibt. So ist gemäß zahlreichen Studienergebnissen noch die Befürchtung verankert, dass die Kosten für Teilzeitmitarbeiter zu hoch sind. Sie erwirtschaften zu wenig, als dass ihre Teilzeittätigkeit vollends akzeptiert und amortisiert wäre, lautet das Argument.

Die zunehmende Flexibilität und die zusätzliche Büroausstattung bei Job-Sharing-Positionen schrecken zugleich einige Unternehmen ab. Kosten werden gegenüber Chancen und Nutzen der neuen Arbeitsmodelle höher bewertet. Dabei ist ein Argument auf den ersten Blick logisch und nachvollziehbar: Teilzeitkräfte verursachen ebenso Kosten für Seminare und Weiterbildungen, können dies aber nicht in der gleichen Zeit erwirtschaften wie Vollzeitmitarbeiter. Der tatsächliche Nutzen ist dagegen schwer in Zahlen und Fakten zu messen (siehe Abschn. 1.5) und wird deshalb häufig unterbewertet: Sie minimieren Krankheitskosten durch weniger Ausfälle, sie minimieren Einstellungskosten durch geringere Fluktuation und sie tragen in einem nicht unerheblichen Maß zu einer offenen und flexiblen Unternehmenskultur bei. Nicht selten gelten sie zusätzlich als Pioniere in ihrem Führungsverständnis. Aufgrund dessen lässt sich ein Trend erkennen: Bereits jeder zehnte Mitarbeiter versucht eine Führungsaufgabe statt in Vollzeit in Teilzeit auszuüben und zunehmend lernen Unternehmen die Vorzüge von Teilzeitkräften zu schätzen (Viering 2009). Es handelt sich also nicht mehr um vereinzelt auftretende Ausnahmen, und Experten warnen vor einem erheblichen Schaden, der Unternehmen einholen wird, wenn sie nicht auf Führungskräfte in Teilzeit zurückgreifen, da ihnen wichtige und außergewöhnliche Talente verloren gehen. Findet ein hoch qualifizierter Berufseinsteiger nicht das von ihm gewünschte Arbeitszeitmodell in einem Unternehmen, sucht er sich mit einer hohen Wahrscheinlichkeit ein attraktiveres Unternehmen und wohlmöglich eines, das Teilzeitarbeit anbietet oder sich toleranter in Bezug auf individuelle Arbeitszeitgestaltungen der Mitarbeiter zeigt.

Die Treiber für ein rasches Umdenken sehen Experten in verschiedenen Aspekten. In der Übersicht unten wird deutlich, dass nicht ein einzelner Aspekt letztendlich ausschlaggebend sein wird, sich neuen Modellen der Arbeitszeit zu widmen, sondern die Gesamtheit der Entwicklungen, die den Druck auf Unternehmen weiter wachsen lassen wird.

Die Expertenmeinungen kompakt

Kühl (2016) beschreibt, dass der **demografische Wandel** als externer Treiber einen großen Anteil zur Umgestaltung und Anpassung bisheriger Arbeitsmuster beiträgt. Sinkende Geburtenraten und ein gleichzeitig zunehmendes Qualifikationsniveau führen zu einer Auslese von Fachkräften.

Rüß (2017) betont die ungleiche Bezahlung von Männern und Frauen als Treiber. Das führt zu einer Verfestigung tradierter Rollenmuster, wonach Frauen für die Familie zuständig sind, und verursacht gleichzeitig einen enormen **Verlust durch brachliegende Ressourcen** und Expertisen.

Für Broel (2013) ist die Zeit vorbei, in der sich Unternehmen die Mitarbeiter aussuchen konnten. Sein Fokus liegt also darauf, Teilzeit-Führung als zentrales Element eines **attraktiven Arbeitgebers** zu verstehen, um langfristig existenzfähig zu bleiben.

Meffert et al. (2012) gehen einen Schritt weiter und sehen Teilzeit-Führung als Merkmal einer **Unternehmenskultur,** die nicht nur Mitarbeiter als Ressourcen nutzt, sondern ihr Markenversprechen eines attraktiven Arbeitgebers nach innen und außen hält.

Sattelberger (2011) ist überzeugt, dass Freiheit und Flexibilität für die eigene Weltreise, Weiterbildung oder politisches Engagement wichtige Faktoren für erfolgreiches Arbeiten und die Motivation der Mitarbeiter sind. Der **gesellschaftliche Trend des Generationenwechsels** ist für ihn der stärkste Treiber.

Abrell (2015) sieht in der **wachsenden Gesundheitsorientierung** einen wichtigen Faktor. Teilzeit-Führungskräfte sind seltener krank, zufriedener und motivierter, was zu einer Kostenreduktion und höherer Effizienz führt.

Der ehemalige Personalvorstand der Deutschen Telekom, Thomas Sattelberger, hat sich bereits vor vielen Jahren mit den Themen Frauenquote und Führen in Teilzeit beschäftigt. Im letzten Jahr erschien seine Biografie, in der er die Probleme in deutschen Großkonzernen, aber auch mittelständischen Unternehmen analysiert. Für ihn sind allzu starre Denkmuster die Ursache für verpasste Chancen und mangelnde Zukunftsfähigkeit. Mit Blick auf Fachkräftemangel, Unzufriedenheit und mangelnde Leistung fordert er Unternehmen auf, sich auf die tatsächlichen gesellschaftlichen Gegebenheiten zu konzentrieren, statt viel Energie auf den Erhalt tradierter Muster zu verschwenden. Personalpolitik betrifft nicht nur Vollzeitkräfte, sie muss sich den individuellen Anforderungen einer modernen Gesellschaft stellen und Beratungsangebote machen (Sattelberger 2011). Unter der Führung von Sattelberger hat die Deutsche Telekom das Prinzip „Step-out-Step-in" eingeführt. Mitarbeiter erlangen dadurch ein hohes Maß an Flexibilität und können je nach Wunsch das Unternehmen für bis zu zwei Jahre verlassen, ohne die Zugehörigkeit zum Unternehmen zu verlieren. Heute ist Sattelberger Förderer und Unterstützer von Initiativen (z. B. INQA: Initiative neue Qualität der Arbeit) des Bundesministeriums für Arbeit und Soziales (BMAS) und gilt nach wie vor als Erneuerer unseres Arbeitsverständnisses in Deutschland.

5.7   Grenzen der Führung in Teilzeit

Sicher gibt es keine objektiven Grenzen für Teilzeit-Führung. Immer mehr „Pioniere" versuchen, Managern und Führungskräften das Thema Teilzeit näherzubringen. Der Vorstandsvorsitzende der Allianz, Michael Diekmann, lässt dazu aktuell ein Programm ausarbeiten (Obmann 2011). Kritiker sehen die Grenzen der Teilzeit-Führung in der klassischen Organisation bei einer Reduktion der Arbeitszeit um 50 %. Und selbst das funktioniert nur mit Job Sharing (oder Top Sharing), also mit einer weiteren Person des gleichen Status. Alles machbar, sagen Befürworter; die eigentliche Hürde ist eher emotional, denn es bedeutet Überwindung, sich als jemand zu outen, dem etwas anderes neben der Arbeit auch wichtig ist. Thomas Sattelberger hat in seiner Funktion als Telekom-Personalvorstand mit Angeboten für Führungskräfte zumindest Resonanz erzeugt und das Interesse männlicher Manager geweckt. Obmann (2011) sieht die eigentliche Grenze der Teilzeit-Führung in einer immer noch wirksamen Präsenz- und Kontrollkultur, mit der sich noch viele männliche Führungskräfte schwertun. Doch das Telekom-Beispiel zeigt, dass gezielte Aktionen der Unternehmensführung diese Grenzen überwindbar machen können.

Für Teilzeit-Führungskräfte selbst liegt die größte Hürde darin, ihr Führungsverständnis in Richtung Delegation und Verantwortungsübergabe anzupassen und sich auf die wesentlichen Aspekte ihrer Tätigkeit zu konzentrieren. Wer seinen Mitarbeitern nichts zutraut oder ihnen gar nicht vertraut, bekommt Probleme. Das bedeutet auch, die eigene Arbeit gut zu organisieren und über wirksame Kommunikation die Eigenverantwortung im Team zu stärken. Auch in Ausnahmesituationen präsent zu sein und wichtige Entscheidungen zu treffen, ist eine Voraussetzung für erfolgreiche Teilzeit-Führung. Sigmar

Gabriel, ehem. Vizekanzler und Außenminister, beschrieb in einem Interview, seine Frau sei berufstätig und mittwochs hole er seine Tochter aus der Kita ab. Für diese Äußerung erntete er den hämischen Titel „Teilzeitminister". Einen Knall hätten Leute, die das behaupten, erwiderte Gabriel. Er arbeite 70 h in der Woche und die Welt funktioniere auch, wenn man nicht 24 h an ihr arbeite (Wiler und Jäger 2014). Sehr fremdbestimmte, komplexe und unvorhersehbare Führungsaufgaben, wie sie in hohen politischen Ämtern vorkommen, sind mit den gängigen Teilzeit-Führungsmodellen nicht auszufüllen. Der Begriff „Teilzeitminister" zielt eher darauf ab, Gabriel für seine öffentliche Aussage zu seinem Familienbild als „Weichei" darzustellen.

Auch die Rechtsprechung setzt der Teilzeit-Führung Grenzen. Trotz des Teilzeit- und Befristungsgesetzes, das Teilzeitarbeit fördern und die Diskriminierung von teilzeitbeschäftigten Arbeitnehmern verhindern will, können betriebliche Gründe das grundsätzliche Recht auf Teilzeit-Führung aushebeln. Was genau betriebliche Gründe sein können, ist im Gesetz nicht definiert und Arbeitgeber sind in der Pflicht, sie als plausible und nachvollziehbare Beeinträchtigungen des Organisations- oder Arbeitsablaufs oder der Sicherheit im Betrieb auszuweisen. Auch unverhältnismäßig hohe Kosten, die durch die veränderte Arbeitszeit entstehen, können zu einer Ablehnung führen. Arbeitsrechtlich stellen sich nach wie vor einige Fragen bei der Reduktion der Arbeitszeit einer Führungskraft. Was geschieht mit dem Dienstwagen, mit Leistungsprämien oder zu vielen Überstunden? Diese Diskussionen zeigen, dass es nach wie vor schwierig ist, sein Recht auf Teilzeit-Führung in einem Umfeld einzuklagen, das dem Modell kritisch gegenübersteht. Es wird sich im Zweifel immer ein Argument für oder gegen das Arbeitsmodell finden lassen. Am besten funktioniert es daher in einem aufgeschlossenen und diskussionsbereiten Umfeld, das die Einsicht teilt, mit modernen Arbeitsmodellen zukunftsfähig zu sein. Nur mit dieser gemeinsamen Überzeugung können alle Beteiligten davon profitieren und im Einzelfall nach der richtigen Lösung suchen.

Bei der Recherche zu diesem Kapitel las ich einen Artikel auf Zeit Online. Es handelt sich um ein Interview mit Brigitte Abrell, die einen Ratgeber „Führen in Teilzeit" (2015) veröffentlichte (Hockling 2015). Besonders interessant fand ich die Kommentare der Leser. Bei der Lektüre wurde mir eine weitere Grenze von Teilzeit-Führung deutlich: Es sind nicht nur unsere tradierten Rollenbilder, die den Mann als Ernährer und die Frau als Mutter definieren, es gibt darüber hinaus eine immer lauter werdende Debatte über die Unfähigkeit viel zu hoch bezahlter Manager, die sich im anonymen Raum des Internets deutlichen Ausdruck verschafft. Aus der vermeintlich politisch motivierten Klassenkampf-Perspektive wird die eigene Rolle als einfacher Mitarbeiter zum Opfer der gesellschaftlichen Situation umdefiniert. Das erklärt den spürbaren, aber subtilen Widerstand vieler Mitarbeiter gegenüber Führungskräften allgemein, den ich auch in der Beratung wahrnehme.

> Schön, dass hier mal wieder eifrig darüber diskutiert wird, ob Angehörige der selbsternannten „Leistungselite" auch in Teilzeit ihren Job machen können. Dass ein beträchtlicher Anteil der Arbeitnehmerschaft hierzulande nur müde lächeln kann weil dieser eben selbst von einem Vollzeitjob kaum leben kann, ist natürlich kein Thema (Sonntag 2015).

Wenn diese vermeintlich privilegierten Nichtskönner dann auch noch über eine Reduzierung ihrer (ohnehin schon völlig nutzlosen) Arbeitszeit nachdenken, um es sich im Leben gutgehen zu lassen, geht diese Gruppe auf die Barrikaden. Wenn es also nicht gelingt, diese durchaus politische Dimension des Themas in Unternehmen zu diskutieren, hat Teilzeit-Führung keine Chance.

In Abschn. 2.2 haben wir bereits versucht darzustellen, welche enormen Umbrüche uns im Zusammenhang mit der fortschreitenden Digitalisierung erwarten. Schwer vorstellbar, dass in dieser Welt von morgen nicht auch Roboter Brötchen verkaufen oder die Heizung reparieren. Selbst die Krankenpflege oder der chirurgische Eingriff sind nicht mehr reine Menschensache. Das Argument, dass nicht jeder Beruf in Teilzeit machbar ist, löst sich damit mehr und mehr auf. Doch heute gilt diese Grenze noch. Brötchen zu verkaufen geht nun mal (noch) nicht vom Home-Office aus.

Dennoch: Teilzeit-Führung ist nicht allein durch externe Faktoren begrenzt. Eine der stärksten Begrenzungen sind mangelnder Mut oder die Angst vor negativen Folgen. Statusverluste, Karriereeinbußen oder spöttische Aussagen von Kollegen möchte man nicht ertragen. Wer steht schon gerne im Mittelpunkt, nicht wegen der guten Zusammenarbeit, sondern weil etwas umgesetzt wurde, was rechtlich zwar möglich ist, menschlich aber noch zu wenig akzeptiert wird? Es gehört eine Menge Mut und Selbstvertrauen dazu, sich als Pionier der neuen Aufgabe zu stellen und sich im Unternehmen einen „unbequemen" Namen zu machen. Betriebsräte sind aufgefordert, im Sinne der Organisation und besonders im Interesse der Mitarbeiter aktiv Teilzeit-Führung zu bewerben und damit auch in der neuen Arbeitswelt eine wichtige Rolle einzunehmen. Zu oft beschränkt sich ihr Engagement auf die Wahrung eines Status quo aus der Zeit der industriellen Revolution. Tradierte Rollenmuster und Denkweisen manifestieren sich auch über mangelnde Innovationskraft der Arbeitnehmervertretung und hemmen damit die Kulturentwicklung.

Nicht selten fehlen das Interesse und die Kompetenz, professionelles Change-Management zu betreiben, was ebenfalls eine Bremse für Teilzeit-Führung ist. Erst mit einem Generationenwechsel an der Spitze werden dann neue Ansätze möglich. Für Viele ist die Wartezeit auf das „Aussterben" der Alten zu lang und sie gehen.

Literatur

Abrell B (2015) Führen in Teilzeit. Voraussetzungen, Herausforderungen und Praxisbeispiele. Gabler, Wiesbaden

Baillod J (2001) Teilzeitarbeit und Job Sharing in Führungspositionen. Beschäftigungswirksame Arbeitszeitmodelle. vdf Hochschulverlag, Zürich, S 287–330

Bauernfeind A, Prößl, S, Warkus A (2017) Praxisbeispiel Commerzbank AG: Top-Sharing und das Vertretermodell. In: Karlshaus A, Kaehler B (Hrsg) Teilzeitführung Rahmenbedingungen und Gestaltungsmöglichkeiten in Organisationen. Gabler, Wiesbaden, S 167–173

Böhle T (2014) Führen in Teilzeit. Personal- und Organisationsreferat der Landeshauptstadt München

Broel S (2013) Chefposten für Zwei? JobSharing für Führungskräfte. Diplomica, Hamburg

Bundesministerium für Familie, Senioren, Frauen und Jugend (2016) Familienbewusste Arbeitszeiten. https://www.bmfsfj.de/blob/93754/a8a5b1857507181ec5409751ac589c75/familienbewusste-arbeitszeiten-leitfaden-data.pdf. Zugegriffen: 4. Juni 2017

Bundesministerium für Familie, Senioren, Frauen und Jugend (2017) Väter und Vereinbarkeit. Ein Leitfaden für väterorientierte Personalpolitik. Netzwerkbüro „Erfolgsfaktor Familie", Berlin

Bundesministerium für Familie, Senioren, Frauen und Jugend (2018) Steckbrief. https://www.erfolgsfaktor-familie.de/zum-nachmachen-erfahrungen-aus-dem-arbeitsleben/detail/beispiel/commerzbank-ag-tanja-mumot-und-christian-buergel-job-sharing-in-kombination-mit-vollzeit-naher-teilz.html. Zugegriffen: 2. Mai 2018

Commerzbank AG (2018a) Commerzbank im Überblick. Zahlen und Fakten. https://www.commerzbank.de/de/hauptnavigation/konzern/commerzbank_im__berblick/zahlen___fakten/fakten.html. Zugegriffen: 2. Apr. 2018

Commerzbank AG (2018b) Für jede Lebenslage das passende Angebot. https://www.commerzbank.de/de/nachhaltigkeit/governance/mitarbeiter/vereinbarkeit_von_beruf_und_familie/vereinbarkeit_von_beruf_und_privatleben_1.html. Zugegriffen: 2. Apr. 2018

DATEV eG (2018) …was Sie über DATEV wissen sollten. https://www.datev.de/web/de/m/ueber-datev/das-unternehmen/kurzprofil. Zugegriffen: 10. Apr. 2018

Domsch ME, Ladwig DH (2017) Chancen und Risiken bei der Implementierung von Teilzeitführung. In: Karlshaus A, Kaehler B (Hrsg) Teilzeitführung Rahmenbedingungen und Gestaltungsmöglichkeiten in Organisationen. Gabler, Wiesbaden, S 115–126

Domsch ME, Kleiminger K, Ladwig DH, Strasse C (1994) Teilzeitarbeit für Führungskräfte. Ergebnisse einer Studie der F.G.H. Forschungsgruppe Hambur. Personalführung 1(1995):32–37

Durbin S, Tomlinson J (2010) Female part-time managers. Networks and career mobility. Employ Soc 4(24):621–640

EAF Berlin. Diversity in Leadership (2016) Flexibles Arbeiten in Führung. Ein Leitfaden für die Praxis. http://www.eaf-berlin.de/fileadmin/eaf/Projekte/Dokumente/P_Flexship_Leitfaden_Flexibles_Arbeiten_in_Fuehrung.pdf. Zugegriffen: 23. Jan. 2017

Fauth-Herkner A, Wiebrock S (2017) Implementierung von Teilzeitführung. In: Karlshaus A, Kaehler B (Hrsg) Teilzeitführung Rahmenbedingungen und Gestaltungsmöglichkeiten in Organisationen. Gabler Verlag, Wiesbaden, S 101–113

Habermann-Horstmeier L, Bierfreund J, Kempf Y, Stoll M-I (2009) Und der Karriereknick kam eigentlich immer, wenn die Kolleginnen dann mit Kind lieber Teilzeit gearbeitet haben. Eine Studie zu Aufstiegschancen deutscher Managerinnen. Gender 1:142–149

Hackl B, Gerpott F (2015) HR 2020 Personalmanagement der Zukunft. Franz Vahlen Verlag, München

Hipp L, Stuth S (2013a) Management und Teilzeitarbeit. Wunsch und Wirklichkeit. Wissenschaftszentrum Berlin für Sozialforschung. https://bibliothek.wzb.eu/wzbrief-arbeit/WZBriefArbeit152013_hipp_stuth.pdf. Zugegriffen: 15. März 2016

Hipp L, Stuth S, (2013b) Management und Teilzeit. Eine empirische Analyse zur Verbreitung von Teilzeitarbeit unter Managerinnen und Managern in Europa. Wiss Berlin Soz 65(1):101–128

Hockling S (2015) Jeden Job kann man in Teilzeit ausüben. https://www.zeit.de/karriere/bewerbung/2015-09/fuehrungsposition-teilzeit?page=4#comments. Zugegriffen: 21. März 2018

Hollnagel J (2006) Teilzeit-Führung in der freien Wirtschaft verhandeln. (Wie) geht das? Dissertationspapier. Humboldt Universität, Berlin

Jochmann-Döll A (2016) Führen in Teilzeit: Möglichkeiten und Grenzen im Polizeidienst. Hans-Böckler-Stiftung. https://www.boeckler.de/pdf/p_study_hbs_317.pdf. Zugegriffen: 3. Apr. 2017

Kaufmann M (2017) So denken Personalchefs über flexiblere Arbeitszeiten. Karriere Spiegel. http://www.spiegel.de/karriere/teilzeit-arbeitgeber-sind-offen-fuer-familienfreundliche-arbeitszeiten-a-1176363.html. Zugegriffen: 2. Apr. 2018

König A (2013) Führen in Teilzeit kann gelingen. https://www.cio.de/a/fuehren-in-teilzeit-kann-gelingen,2917050. Zugegriffen: 4. Febr. 2018

Köster G (2017) Persönliche Kompetenzen und unterstützende Rahmenbedingungen für eine gelungene Teilzeitführung. In: Karlshaus A, Kaehler B (Hrsg) Teilzeitführung Rahmen-bedingungen und Gestaltungsmöglichkeiten in Organisationen. Gabler, Wiesbaden, S 127–140

Kratzer P, Neidl D (2011) Führen in Teilzeit ist möglich. Personalführung 10:34–39

Kronenberg C (2017) Praxisbeispiel der Stadt Köln. Teilzeitführung als Instrument zur Förde-rung der Gendergerechtigkeit. In: Karlshaus A, Kaehler B (Hrsg) Teilzeitführung Rahmen-bedingungen und Gestaltungsmöglichkeiten in Organisationen. Gabler, Wiesbaden, S 221–230

Kruthaup K (2016) Die Teilzeit-Chefs. Volle Kraft mit 70 Prozent. https://spielraum.xing.com/2016/02/die-teilzeit-chefs-volle-kraft-mit-70-prozent. Zugegriffen: 13. Febr. 2018

Kühl D (2016) Balanceorientierte Führung. Eine Modellableitung als zukünftiger Management-ansatz. Gabler, Wiesbaden

Lambers S (2017) Mitarbeiter sehnen sich nach Homeoffice & Co. In: managerSeminare. mana-gerSeminare Verlags GmbH, Bonn, S 235

Litzig S (2017) Mütter im Arbeitsleben – eine wertvolle Ressource? Weser Kurier, Bremen, S 2

Meffert H, Burmann C, Kirchgeorg M (2012) Marketing. Grundlagen marktorientierter Unter-nehmensführung, 11. Aufl. Springer Gabler, Wiesbaden

Mogler B (2013) Personalpraxis. Unternehmen etablieren flexible Arbeitszeitmodelle aufLeitungs-ebene. Führen in Teilzeit. Arb Arb 68(7):414–416

Obmann C (2011) Chefs entdecken die Teilzeit – Teilzeit hat auch Grenzen. Handelsblatt. www.handelsblatt.com/unternehmen/management/fuehrungskraefte-chefs-entdecken-die-teil-zeit/4318896-all.html. Zugegriffen: 21. März 2017

Pfund J (2017) Kleine Schritte. Die Zahl der Frauen in Führungspositionen steigt. Damit sich wirklich etwas ändert, fordern Experten einen grundlegenden Kulturwandel. Süddeutsche Zeitung. http://www.sueddeutsche.de/app/szbeilagen/nas/sv1/outbox_pdf/Frauen_in_Fuehrung_Oktober_2017.pdf. Zugegriffen: 2. Apr. 2018

Piper N (2018) Mit der 28-Stunden-Woche beginnt die Zeit der Experimente. Süddeutsche Zeitung. http://www.sueddeutsche.de/wirtschaft/arbeitszeit-mit-der-stunden-woche-beginnt-die-zeit-der-experimente-1.3857525. Zugegriffen: 10. Apr. 2018

Polomski S (2011) Zielgruppe Mitarbeiter. Unternehmenserfolg durch Motivation. In: Naderer G, Balzer E (Hrsg) Qualitative Marktforschung in Theorie und Praxis Grundlagen. Methoden. Anwendungen. Gabler, Wiesbaden, S 553–574

Robert Bosch GmbH (2018) Bosch. Was wir machen. https://www.bosch.de/unser-unternehmen/bosch-gruppe-weltweit. Zugegriffen: 12. Febr. 2018

Rössler S, Renning G (2017) Praxisbeispiel HUK-COBURG. Teilzeitführung im Rahmen einer-familienbewussten Unternehmens- und Personalpolitik. In: Karlshaus A, Kaehler B (Hrsg) Teil-zeitführung Rahmenbedingungen und Gestaltungsmöglichkeiten in Organisationen. Gabler, Wiesbaden, S 197–206

Rüß U (2017) Praxisbeispiel Barmenia Versicherungen. Teilzeitführung als Prozess. In: Karlshaus A, Kaehler B (Hrsg) Teilzeitführung Rahmenbedingungen und Gestaltungsmöglichkeiten in Organisationen. Gabler, Wiesbaden, S 153–166

Sattelberger T (2011) Praxisbeispiel Telekom. Die Frauenquote. Qual der Entscheidung und der schwierige Weg vor uns. Chancengleichheit durch Personalpolitik. Gabler, Wiesbaden, S 429–435

Siegel M (2016) Führungsvorgabe der Zukunft: Leadership mit Bodenhaftung. In: Geramanis O, Hermann K (Hrsg) Führen in ungewissen Zeiten. Impulse, Konzepte und Praxisbeispiele. Springer Fachmedien, Wiesbaden, S 141–158

Sonntag M (2015) Kommentar # 14 zum Zeit-Artikel „Jeden Job kann man in Teilzeit ausüben". https://www.zeit.de/karriere/bewerbung/2015-09/fuehrungsposition-teilzeit. Zugegriffen: 29. Juni 2018

Statista (2015) Durchschnittsalter der Bevölkerung in den wichtigsten Industrie- und Schwellenländern im Jahr 2015 (Altersmedian in Jahren). https://de.statista.com/statistik/daten/studie/37220/umfrage/altersmedian-der-bevoelkerung-in-ausgewaehlten-laendern. Zugegriffen: 22. Febr. 2018

Statistisches Bundesamt (2017) Erwerbstätigkeit. https://www.destatis.de/DE/ZahlenFakten/GesamtwirtschaftUmwelt/Arbeitsmarkt/Erwerbstaetigkeit/Erwerbstaetigkeit.html. Zugegriffen: 12. Okt. 2017

Stübbe K (2018) Volle Kraft mit 70 Prozent – Führen in Teilzeit. http://www.abendblatt.de/wirtschaft/karriere/article206578873/Volle-Kraftmit-70-Prozent-Fuehren-in-Teilzeit.html. Zugegriffen: 10. März 2018

Szebel-Habig A (2014) Mit Mixed-Leadership an die Spitze. BMBF/ESF Forschungsprojekt der Hochschule Aschaffenburg. Hochschule Aschaffenburg – Institut für Management und Leadership, Wiesbaden

Trumpf GmbH und Co KG (2018) Zahlen und Fakten. http://www.trumpf.com/de/unternehmen/zahlen-und-fakten.html. Zugegriffen: 1. März 2018

Turkmani GM (1998) Job-Sharing auf Managementebene. Eine empirische Studie in öffentlicher Verwaltung und Privatwirtschaft. Chavannes-près-Renens. IDHEAP, Institut des hautes études en administration publique, Lausanne

Universität Trier (2015) Führung in reduzierter Arbeitszeit. Chance für Unternehmen und Mitarbeiter. https://www.uni-trier.de/index.php?id=14187&no_cache=1&tx_ttnews%5Btt_news%5D=19550&cHash=ce4eba988111aba9b640cf25b9e9a76e. Zugegriffen: 10. März 2017

Universität Trier (2017) Projekt FIRA: Führung in reduzierter Arbeitszeit. https://www.uni-trier.de/index.php?id=57674. Zugegriffen: 10. März 2017

Usadel A (2016) CEWS journal. http://www.gesis.org/fileadmin/cews/www/CEWSjournal/cews-journal104.pdf. Zugegriffen: 10. Jan. 2017

Viering J (2009) Geteilte Chefinnen. https://www.zeit.de/2009/20/Teilzeitfuehrung. Zugegriffen: 8. Jan. 2017

Waechter C, Grass D (2015) Arbeiten nach dem Lustprinzip. http://www.sueddeutsche.de/karriere/arbeitszeitmodelle-arbeiten-nach-dem-lustprinzip-1.2373716. Zugegriffen: 18. Mai 2018

Wanger S (2015) Traditionelle Erwerbs- und Arbeitszeitmuster sind nach wie vor verbreitet. Institut für Arbeitsmarkt- und Berufsforschung (IAB) der Bundesagentur für Arbeit. http://doku.iab.de/kurzber/2015/kb0415.pdf. Zugegriffen: 6. Febr. 2017

Wermelskirchen A (2011) Jede Frau hat im Schnitt 1,39 Kinder. http://www.faz.net/aktuell/gesellschaft/familie/geburtenrate-in-deutschland-jede-frau-hat-im-schnitt-1-39-kinder-11108908.html. Zugegriffen: 2. März 2017

Wiler J, Jäger R (2014) Führen in Teilzeit. Geht das? http://www.humanresourcesmanager.de/ressorts/artikel/fuehren-teilzeit-geht-das-9269/seite/0/1. Zugegriffen: 11. Aug. 2017

Generation Y – Neue Ansprüche an Führungskräfte und Arbeitgeber

© Springer Fachmedien Wiesbaden GmbH, ein Teil von Springer Nature 2019
S. Katterbach und K. Stöver, *Effektiver und besser führen in Teilzeit*,
https://doi.org/10.1007/978-3-658-22937-5_6

Zusammenfassung

„Die Jugend liebt heutzutage den Luxus. Sie hat schlechte Manieren, verachtet die Autorität, hat keinen Respekt vor den älteren Leuten und schwatzt, wo sie arbeiten sollte. Die jungen Leute stehen nicht mehr auf, wenn Ältere das Zimmer betreten. Sie widersprechen ihren Eltern, schwadronieren in der Gesellschaft, verschlingen bei Tisch die Süßspeisen, legen die Beine übereinander und tyrannisieren ihre Lehrer". Das sagte der griechische Philosoph Sokrates und fasst damit ein evolutionäres Phänomen in Worte, das auch im Zusammenhang mit der beschriebenen gesellschaftlichen Veränderung wirkt: Die Jungen sind und waren immer schon anders, verändern lieb gewordene Muster, rebellieren und grenzen sich mit eigenen kulturellen Merkmalen von den Alten ab. So stellen die jungen Arbeitnehmer auch heute die Arbeitswelt vor neue Herausforderungen. Inwiefern die Generation Y ihre Ansprüche rechtfertigen kann, wie groß ihr tatsächlicher Einfluss ist und welche Qualifikationen sie mitbringt, erfordert vor dem Hintergrund der Teilzeit-Führung ein genaueres Hinsehen. Fakt ist jedenfalls, dass die Jungen einen erheblichen Einfluss auf die fundamentalen Umbrüche, und damit auf neue Formen der Arbeit haben werden. Führen in Teilzeit wird hier für viele eher die Bedingung statt ein nettes Angebot sein.

6.1   Jede Generation hat eigene Merkmale

Das Y im Namen dieser Generation steht für das englische Wort „Why", also „Warum". Der Begriff hat seinen Ursprung in der zugeschriebenen Haltung, alles infrage zu stellen. Wenn es überhaupt legitim ist, eine ganze Generation über einen Kamm zu scheren, dann genießt die sogenannte Generation Y den Ruf, für ihre berufliche Laufbahn andere und neue Vorstellungen zu haben und viele Aspekte der Berufstätigkeit detaillierter und bewusster zu betrachten als vorherige Generationen. Auch ich (KS) gehöre zu dieser Generation! Nicht umsonst schreibe ich ein Buch über Teilzeit-Führung. Diese Generation ist besonders, nicht nur besonders gut, aber sie möchte etwas verändern und dies ist ja nicht unbedingt schlecht. Wir fragen uns zum Beispiel, warum die Arbeit Menschen krank werden lässt und beziehen Privates, Spaß und allgemeine Lebensfreude in unsere Berufstätigkeit ein. Das Leben soll insgesamt einfach gut sein, privat wie beruflich und deshalb gelten die gleichen Regeln in der WG wie am Arbeitsplatz: Flache Hierarchien und eine abwechslungsreiche Karrierelaufbahn sind uns wichtiger als traditionelle Rollenmuster und starre Regeln. Wir können ein wichtiger Motor für das Voranbringen einer Teilzeit-Führung sein und fordern bereits jetzt eine Berücksichtigung unserer Werte und Vorstellungen ein.

Die Generation Y steht augenblicklich besonders im Fokus. Was auf den ersten Blick neuartig und sonderbar klingen mag, ist eine ganze Bewegung, die zunehmend in Führungspositionen ihren Einfluss entfaltet. Diese Entwicklung ist für Unternehmen mit Herausforderungen verbunden. Die Prägung der Generation Y ist vielschichtig und ihre Wünsche bringen ungewohnte Veränderungen für die Unternehmen mit. Damit die Wertevorstellungen der jungen Arbeitnehmer nicht zu Konflikten innerhalb des beruflichen Umfelds führen, sind Personalmanager und Organisationsentwickler gefragt, die

Generationen und ihre z. T. sehr unterschiedlichen Anforderungen miteinander in Einklang zu bringen. Denn schon im Jahr 2020 wird diese Altersgruppe knapp die Hälfte des Arbeitsmarktes ausmachen.

▶   **Aufgepasst, Karl-Heinz!** Ja Karl-Heinz, auch Du wirst früher oder später mit dieser Generation und mit ihren Wünschen konfrontiert sein. Es wäre daher sinnvoll, wenn Du Dich vorab schon mit dem Thema auseinandersetzt und nicht als letzter auf den Zug aufspringst. Mit der Gewissheit, dass die Zukunft weniger in Deiner Hand liegen wird, interessiere Dich mehr für die jungen „Wilden" und ihre Ideen. Ein Tipp: Unter www.steffiburkhart.com lernst Du eine junge Frau kennen, die pointiert und auch etwas provokant erklärt, wo die Reise hingeht. Du kannst Dich entscheiden mitzureisen oder aufzugeben. Vielleicht kannst Du Deine Kinder auch mal fragen, was ihnen wichtig ist, wie sie leben und arbeiten möchten und was Du verstehen musst, damit die Gestaltung der Zukunft gemeinsam funktioniert.

▶   **Aufgepasst, Marie!** … und für Dich Marie, erkennst Du Dich hier wieder? Vielleicht kommen in den folgenden Passagen ein paar „Aha-Momente" für Dich und Du kannst noch besser nachvollziehen, was die Schwierigkeit für frühere Generationen ist in Bezug auf Euch „neuen und frischen" Arbeitnehmer. Häufig nehmen Menschen eine Veränderung, egal ob positiv oder negativ, erst einmal als Bedrohung wahr. Versuche in Deinem Umfeld zu zeigen, dass Du nicht gewillt bist, alte Rollenmuster und alte Traditionen zu belehren oder gar zu verteufeln, zeige besser die Chancen des Neuen und Machbaren auf.

In der Arbeitswelt werden Angestellte in drei Generationen eingeteilt, denen jeweils individuelle Eigenschaften zugesprochen werden:

Die Generation der Babyboomer (englisch boom: „Knall") beschreibt Arbeitnehmer, die zwischen 1946 und 1964 geboren sind. Dies waren auffallend geburtenstarke Jahrgänge der Nachkriegszeit, sodass das Wort Babyboom durchaus sinnhaft zu verstehen ist. Dieser Generation wird eine optimistische und idealistische Lebenseinstellung nachgesagt. Sie orientieren sich stark am Wettbewerb und gelten als Workaholics. Neue Technologien und der Einsatz neuer Medien bereiten ihnen technisch wie ideologisch Probleme.

Ihnen folgt die Generation X, sie steht für Arbeitnehmer der Jahrgänge zwischen 1965 und 1979. Diese Generation fühlt sich konfrontiert mit den negativen ökologischen sowie ökonomischen Auswirkungen der vorherigen Generationen. Zynismus und eine negative oder kritische Arbeitseinstellung gehören zu den Attributen, mit denen diese Generation belegt wird. Sie sehen häufig eine Bedrohung in Vorgesetzten und gelten als auffallend kritisch (Fieseler 2010). Diese Altersgruppe ist heute tonangebend. Nicht zuletzt, weil Führungsverantwortung in der Vergangenheit als Bestandteil eines Bewährungsaufstiegs mitgeliefert wurde, finden sich viele Vertreter dieser Generation in den Chefetagen deutscher Unternehmen.

6.2   Erwartungen an einen Arbeitgeber

Doch zurück zur Generation Y. Psychologen und Arbeitsmarktforscher behaupten, diese Generation verfüge über besondere Charakteristika, die vor dem Hintergrund des gesellschaftlichen und ökonomischen Wandels eine gewisse Relevanz aufweisen. An dieser Stelle sei allerdings nochmals darauf hingewiesen, dass eine Gruppe nie homogen ist und Klischees nur dazu dienen, einen Trend zu beurteilen, ein übergeordnetes Bild einer zu erwartenden Entwicklung zu geben, an der besonders die Generation Y in naher Zukunft mitwirken wird.

Es sind nie nur die Anderen!

Eine Teilnehmerin (52 Jahre alt) klagte in einer Teamentwicklung kürzlich, dass ihre junge Kollegin (30 Jahre alt) ständig wegen ihres sportlichen Hobbys freinehme und sie dadurch mehr Arbeit habe. Im Nachsatz erklärte sie, dass es ja heutzutage keine „echte" Arbeitsmoral mehr gebe und meinte damit wohl ihre eigene, die klar besagt, dass die Arbeit vorgeht und sportliche Aktivitäten ein reines Freizeitvergnügen sind. Sie führte ihr Klagelied weiter aus, indem sie darauf aufmerksam machte, dass es darüber hinaus an Respekt gegenüber den Älteren mangele, die durch diese missachteten Tugenden eben auch noch zusätzlich belastet würden. Beim gemeinsamen Abendessen nahmen unsere Gespräche privatere Züge an. Eben diese Dame berichtete nun über ihren Sohn, der, 28-jährig, ein echter Star im Kickboxen sei und schon diverse Trophäen gewonnen habe. Schon als er klein war, sei sie mit ihm von einem Turnier zum nächsten gefahren und hätte dafür ganze Wochenenden geopfert. Seine sportliche Entwicklung sei von ihr immer unterstützt worden und selbst heute noch riete sie ihm, klar seine Interessen zu formulieren und sich von niemandem reinreden zu lassen. Auch von der neuen Freundin nicht, die mehr Zeit mit ihrem Sohn verbringen wolle.

Ihr selbst ist bis dahin die Parallele zu ihrer jungen Kollegin nicht aufgefallen. Für mich blieb die ausgesprochene Erkenntnis: „Das sind die Kinder, die WIR erzogen haben."

Ein oft geäußertes Merkmal der Generation Y ist eine viel offenere und direktere Art, ihre Wünsche und Werte zu äußern und umzusetzen. Das hat weitreichende Folgen für das soziale Gefüge am Arbeitsplatz und insgesamt stellt das hohe Anforderungen an potenzielle Arbeitsstrukturen. Teilzeit-Führung bietet für diese Generation daher viele Vorteile und genießt eine weit höhere Akzeptanz.

Auch äußere Faktoren prägen die Generationen. Experten gehen davon aus, dass die Vergangenheit der Generation Y eine nicht unerhebliche Rolle spielt. Zu Beginn ihres Berufslebens oder Studiums erlebten sie eine Weltwirtschaftskrise (2008/2009). Schüler und Auszubildende der Generation Y haben damit erfahren, dass die Stabilität ihrer Elterngeneration plötzlich aufgehoben sein kann; hervorgerufen durch etwas, das irgendwo auf der Welt passiert und innerhalb kürzester Zeit ein globales Inferno auslösen kann, dessen Auswirkungen sich bis in jedes Wohnzimmer verbreiten: Unternehmen bauen Stellen ab und der permanent steigende Wohlstand für alle ist plötzlich keine Selbstverständlichkeit mehr. Arbeitslosigkeit und ein plötzlicher Absturz sind nun auch in ihrer Elterngeneration möglich. In dieser Situation entwickeln viele ein Gespür dafür, dass überdurchschnittliche Bildung ein Schlüssel zu Arbeitsplatzsicherheit sein könnte. Der Trend der Höherqualifizierung ist klar erkennbar, jährlich steigen Studentenzahlen an den Universitäten und Handwerksberufe vermelden zu wenig Auszubildende (Oechlser 2006).

Die junge Generation hat trotzdem ein Selbstbewusstsein entwickelt, das durch eine fürsorgliche, kindgerechte Erziehung genährt wurde. Daraus resultiert eine überwiegend lebensbejahende Einstellung (Deal et al. 2010; Edwards 2002). Sie sind in einer konsumorientierten Gesellschaft aufgewachsen, in der stets alles verfügbar war, also permanent Wahlmöglichkeiten bestanden.

Darüber hinaus verfügt die Generation Y über ein hohes Maß an technologischem Wissen und wird daher auch als „Internetgeneration" oder „Digital Natives" bezeichnet (Gorman et al. 2004; Hershatter und Epstein 2010). Ihre Jugend wurde durch den technologischen Fortschritt geprägt, es fällt ihnen leicht, im Internet zu agieren, Smartphones zu nutzen und sogar eigene Internetseiten für die Selbstdarstellung im World Wide Web zu pflegen. Auffallend ist auch die Zunahme von Bloggern, die ihre Ansichten und Kommentare im Internet teilen und öffentlich ihre Meinungen vertreten. Da sie seit frühester Kindheit Zugriff auf das Internet hatten, sind sie in der Lage, innerhalb kürzester Zeit Informationen zu beschaffen. und gelten als neugierig und wissbegierig. Schneller Informationszugang wird stark genutzt, Tutorials helfen bei alltäglichen Abläufen, vom Pullover waschen bis zum Reifenwechsel gibt es das passende Video. Das Internet wird als ein unendlicher Pool von Wissen und Anleitungen genutzt, um eigene Vorhaben voranzubringen und das Leben zu gestalten (Twenge et al. 2010).

Einige Arbeitgeber richten sich bereits nach den geänderten Anforderungen dieser Generation und platzieren z. B. gezielt prägnante Schlagwörter in Stellenangeboten, sodass die Bewerber informiert und häufig sehr gut vorbereitet zu Vorstellungsgesprächen erscheinen. Durch vergleichende Gehaltsübersichten sind sie außerdem in der Lage, Gehaltsverhandlungen selbstbewusst zu führen. Die Zeiten einer schriftlichen Bewerbung im Papierformat mit anschließendem Bewerbungsgespräch vor Ort neigen sich dem Ende zu. Videotelefonate über Kontinente hinweg sind möglich und effizient, zeitliche und räumliche Grenzen sind kein Hindernis mehr bei Arbeitsbeschaffung. Kommunikationsmöglichkeiten sind fast grenzenlos und werden genutzt.

Für diese Generation ist es daher nicht akzeptabel, von ihrem Vorgesetzten keine Information zu bekommen. Die Verarbeitung umfangreicher Information gehört zum Lebensalltag und hat für eine veränderte Form der Aufnahme und eine verkürzte Reaktionszeit geführt. Das Kommunikationsverhalten hat sich dadurch massiv verändert. Das alte Prinzip „Wissen ist Macht" wird von der Generation Y ausgehebelt, Konflikte sind damit vorprogrammiert.

Anders als bei der vorherigen Generation X liegen die Interessen der Generation Y vermehrt in ideellen Dingen. Viele von ihnen streben nach Gesundheit, Freizeit, einem ausgeglichenen Beruf-Freizeit-Verhältnis und bevorzugen Zeit gegenüber Geld (Twenge et al. 2010). Sie sind daher eher dazu bereit, weniger zu arbeiten und zu verdienen, wenn sie im Gegenzug Freiraum für persönliche Belange erhalten. Zwar kennen die jungen Arbeitnehmer das immer noch gültige Prinzip, dass zielstrebige und überstundenreiche Arbeitstage einen Karrierevorteil bringen und damit ein gehobener Wohlstand erreicht werden kann, sie sind aber nicht mehr wie ihre Elterngeneration bereit, sich diesem Prinzip kritiklos zu fügen. Die Alternative ist für sie denkbar: Weniger Arbeit, weniger Geld, aber mehr Zeit. Materielle Werte und ein bedeutendes Vermögen sind für die Generation Y kein Argument für Arbeit, die ihnen keinen Spaß bringt oder sie einschränkt (Ciriello et al. 2008).

Work-Life-Balance ist das Zauberwort. Mittlerweile auch schon Work-Life-Blending, da die Grenzen zwischen der beruflichen und der privaten Tätigkeit immer stärker verschwimmen (Miller et al. 2002). Aus dem „Leben um zu arbeiten" der älteren Generation ist das „Arbeiten um zu leben" geworden; möglichst sollte die Arbeit aber auch einen Sinn haben und auf irgendeine Weise bedeutsam für den Einzelnen sein. Bedeutete die Elternschaft für viele Väter in der Vergangenheit keine gravierenden Änderungen ihres Arbeitsverhaltens, so beanspruchen immer mehr junge Männer ausdrücklich mehr Zeit mit ihrer Familie.

Bei den genannten Beobachtungen und Studien wird deutlich, dass sich der Anspruch an Berufstätigkeit stark wandelt und es ist erstaunlich, wie träge Arbeitgeber in Deutschland mit dieser Tatsache umgehen. Die Anforderungen sind recht klar:

- Abwechslungsreiche und anspruchsvolle Tätigkeiten sind notwendig. Im Zuge der Digitalisierung (s. Abschn. 2.3) muss es gelingen, die Prinzipien einer Wissensgesellschaft stärker zu nutzen, sodass einfache und immer wiederkehrende Tätigkeiten durch technische Arbeitskraft übernommen werden und der Mensch zunehmend kreativ und problemlösend eingesetzt wird (Corporate Leadership Council 2005).
- Ein Beruf, eine Tätigkeit muss in Zukunft das menschliche Bedürfnis nach Feedback, Erfüllung, Wertschätzung und dem daraus resultierenden Status befriedigen.
- Routinen sind für viele Arbeitnehmer in der Zukunft demotivierend. Es gilt, flexibler und abwechslungsreicher einem übergeordneten Ziel zuzuarbeiten.
- Neue Arbeitsmodelle müssen her, da sich Beruf, Freizeit und Familie in ihrem Stellenwert angleichen und Zeit damit ein wertvoller Anreiz für gute Leistung ist.
- Harmonische Netzwerke und eine gute Bindung zu einem Team erhöhen die Motivation vieler. Trotzdem sollten Arbeitsorte flexibel gehandhabt werden. Eine Zwangsanwesenheit im Büro verliert für Andere an Akzeptanz und wirkt für sie in einer globalisierten Welt deplatziert.
- Steigendes Selbstbewusstsein der Arbeitnehmer wird u. a. durch die Gewissheit begründet, dass Fachkräfte schon heute händeringend gesucht werden. Arbeitgeber sind zunehmend in der Verantwortung, sich den Forderungen potenzieller Arbeitnehmer anzupassen, um sie zu bekommen und zu halten (Fieseler 2010).

▶ **Aufgepasst, Karl-Heinz!** Wo wir beim Thema wären, Karl-Heinz, aufgepasst, Stift gezückt und Ohren gespitzt! Diese jungen Leute sind nicht alle faul, ganz im Gegenteil! Sie müssen wissen, warum die Dinge so sind, wie sie sind und haben keine Scheu, Dir Vorschläge zu machen, wie es auch anders und vielleicht besser gehen könnte. Es lohnt sich in jedem Fall, ihnen gut zuzuhören, statt ihnen Respektlosigkeit vorzuwerfen.

Ich höre schon jetzt die Kritiker lamentieren. Um es vorwegzunehmen: Richtig! Eine Bäckerei kann (vorerst) keine Home-Office-Arbeitsplätze anbieten und auch der Elektroinstallateur wird seinen Arbeitsplatz noch einige Zeit bei seinen Kunden haben. Diese Denkweise ist jedoch zu kurz gegriffen. Bereits in Abschn. 2.3 haben wir beschrieben, dass wir einen Umbruch erleben, der die Basis unseres Arbeitsverständnisses kurzerhand umdreht. Kürzlich erst wurde Dorothea Bär, Staatsministerin für Digitalisierung, für ihre Aussage zu „fliegenden Taxen" verhöhnt. Ein Zeichen dafür, dass ein großer Teil unserer Gesellschaft einfach (noch) keine Vorstellung davon hat, was bereits möglich ist und sehr bald Realität sein wird. Höchste Zeit also, dass sich Gewerkschaften einschalten, die Politik aktiv wird in der Absicht, alle beteiligten Interessen zu diskutieren und Lösungen zu entwickeln, statt sich den verharrenden Arbeitgebern zu ergeben. Denn natürlich birgt die Tendenz eines Zusammenwachsens von beruflicher (und bezahlter) Tätigkeit und privaten Interessen auch Risiken. Eine Studie der Hans-Böckler-Stiftung beleuchtet die Unwägbarkeiten eines Home-Office-Arbeitsplatzes. Neben den rein logistischen Hürden wie z. B. der Pflicht des Arbeitgebers, dem Arbeitnehmer auch in seinem Büro zu Hause „ergonomisch ideale Stühle, Tische und Computer zu garantieren" geht aus der Studie das Risiko hervor, dass 45 % der Heimarbeiter abends nicht abschalten können und auch über den Tag verteilt vielen Ablenkungen ausgesetzt sind durch „Die 30-Sekunden-Zumutung, die zehn Minuten Konzentration kostet" (Esslinger 2017). Doch bei allen Schwierigkeiten und Diskussionen, die in diesem Zusammenhang noch vor uns liegen, sind wir alle gefordert, diesen nicht aus dem Weg zu gehen, sondern uns aktiv zu beteiligen. Dazu bedarf es auch der Kenntnis seiner selbst und eines offenen Umgangs miteinander. „Jeder braucht eine Betriebsvereinbarung. Aber nicht unbedingt mit der Firma", sondern auch mit sich selbst und dem privaten Umfeld. Eine zentrale Anforderung an Arbeitgeber besteht darin, ihre Investitionsbereitschaft zu signalisieren und in den Diskurs zu gehen.

Ein weiterer Aspekt veralteten Denkens ist die kritische Frage, ob diese Generation in der Lage sein wird, die Schlüsselpositionen von Unternehmen zu bekleiden. Die Generation Y wird in zahlreichen Artikeln gelobt und zeitgleich kritisiert. Es könnte fast der Eindruck entstehen, dass es sich um einen Trend handelt, der in wenigen Jahren bereits wieder verschwunden sein wird und wieder eine neue Generation von Nachwuchskräften in den Vordergrund rückt. Die Generation Y ist ein Indikator für die Entwicklung der Arbeitswelt, aber sie ist nicht verantwortlich für eine Revolution. Die besorgt bereits der fortgeschrittene globale Veränderungsprozess. Experten beschreiben, dass die Generation Y die Werte ihrer Vorgängergeneration weitestgehend teilt. Verantwortungsübernahme,

Erfolg und Gerechtigkeit stehen nach wie vor hoch im Kurs. Konsequenterweise fordern sie jedoch andere Wege zur Verfolgung dieser Werte ein: Sie bevorzugen bestimmte Arbeitsweisen, flexible Absprachen und flache Hierarchien.

6.3   Anforderungen an Arbeitszeitmodelle

Die IG-Metall hat sich kürzlich des Themas Arbeitszeit in ihren Tarifverhandlungen angenommen. „Auf Arbeitgeberseite spüren wir Unwillen beim Thema Arbeitszeit", wird Jörg Hoffmann, IG-Metall-Chef, zitiert (Schwiegershausen und Sauer 2018). „Mehr Teilzeit, mehr vom Leben" titelt die Süddeutsche Zeitung (195 2017). Das Thema gewinnt an medialem Interesse, jedoch gehen die Meinungen über Teilzeit weit auseinander. Und Teilzeit-Führung können sich die wenigsten wirklich vorstellen. Ich kenne einige Unternehmen mit einem hohen Anteil an Teilzeitkräften und andere, in denen das Konzept gar nicht umgesetzt wird. Diese Heterogenität ist (leider) nach wie vor an geschlechtsspezifische Arbeitsplätze gekoppelt. In einer Marketing-Abteilung arbeiten viele Frauen, dementsprechend viele in Teilzeit, weil sie sich neben dem Beruf um Kinder und Haushalt kümmern. In einem technisch orientierten Mittelstandsunternehmen arbeiten hauptsächlich Männer in Vollzeit. Hier hat man erklärtermaßen nicht einmal die Ressourcen, über andere Arbeitskonzepte nachzudenken und wie mögliche Arbeitseinsätze aussehen könnten (Berthel und Becker 2010).

Jüngere Arbeitnehmer suchen bewusst nach Unternehmen, die sich mit den Prinzipien einer neuen Arbeitswelt befassen. Sie schätzen unterschiedliche Arbeitszeiten und bevorzugen Gleitzeitkonten. Auf diese Weise erhalten sie Flexibilität in ihrer Arbeitszeit. Auf der Arbeitgeberseite ist es daher unerlässlich, Arbeitszeitkonten zu führen, es sei denn, sie gehen gleich den etwas größeren Schritt hin zur Vertrauensarbeitszeit oder Teilzeit.

elbdudler zur Zielorientierung und Arbeitszeit
Julian Vester, Geschäftsführer der elbdudler GmbH:

> Ich bin auch ein großer Freund der Vier-Tage-Woche, wenn man es denn so festziehen möchte. Das Verhältnis von zwei freien Tagen zu fünf Arbeitstagen, im Vergleich zu drei freien Tagen zu vier Arbeitstagen; das ist ja unfassbar, was das für einen Unterschied macht. Ich bin der festen Überzeugung, gemäß des Parkinson'schen Gesetzes, Arbeit dehnt sich soweit aus, wie sie Platz hat. Das ist so. Man kann eine Hausarbeit in drei Monaten oder in drei Wochen schreiben, da kommt in den meisten Fällen das gleiche Ergebnis heraus und manchmal sogar in drei Tagen. Manchmal passiert es bei uns auch, dass eine Person für einen ganzen Tag für eine Aufgabe gebucht wird, dann braucht sie auch den ganzen Tag. Wenn Du aber sagst, mach die Aufgabe, dann kommt sie häufig nach zwanzig Minuten wieder und ist fertig.

So locker, wie Julian Vester mit zielorientierter und zeitlich ungebundener Arbeit umgeht, können die meisten Unternehmen noch nicht denken. Starre, tradierte Strukturen aufzubrechen und sich konzeptionell den Themen Teilzeit und Teilzeit-Führung zu nähern, wird ein entscheidender Faktor im Kampf um Fachkräfte sein. Der allererste Schritt ist jedoch die offene Diskussion mit denen, die es angeht: den Mitarbeitern. Der jüngste Tarifabschluss der IG-Metall sieht vor, dass die Beschäftigten bei ihrer Arbeitszeit künftig deutlich mehr zu sagen haben. Ein deutliches Zeichen an Arbeitgeber auch anderer Branchen, von den Erfahrungen in anderen Branchen zu profitieren und sich mit Teilzeit und Teilzeit-Führung deutlich aktiver auseinanderzusetzen.

Literatur

Becker FG, Berthel J (2010) Personal-Management. Grundzüge für Konzeptionen betrieblicher Personalarbeit, 9. Aufl. Schäffer-Poeschel, Stuttgart

Ciriello VM, Dempsey PG, Maikala RV, O'Brien NV (2008) Secular changes in psychophysically determined maximum acceptable weights and forces over 20 years for male industrial workers. Ergonomics 51:593–601

Corporate Leadership Council (2005) HR considerations for engaging Generation Y employees. Corporate Executive Board, Washington DC, S 1–6

Deal JJ, Altman DG, Rogelberg SG (2010) Millennials at work. What we know and what we need to do (if anything). J Bus Psychol 25(2):191–199

Edwards ME (2002) Education and occupations: reexamining the conventional wisdom about later first births among American mothers. Sociol Forum 17(3):423–443

Esslinger D (2017) Kannst du mal eben? Süddeutsche Zeitung, 19, 20 Aug. 2017, S 4

Fieseler F (2010) Personalmanagement für Generation Y. Implikationen des Wertewandels für Unternehmen im Dienstleistungssektor. Diplomarbeit und Universität Köln, Köln

Gorman P, Nelson T, Glassman A (2004) The millennial generation. A strategic opportunity. Organ Anal 12(3):255–270

Hershatter A, Epstein M (2010) Millennials and the world of work. An organization and management perspective. J Bus Psychol 25(2):211–223

Miller MJ, Woehr DJ, Hudspeth N (2002) The meaning and measurement of work ethic. Construction and initial validation of a multidimensional inventory. J Vocat Behav 60:451–489

Oechsler WA (2006) Personal und Arbeit: Grundlagen des Human Resource Management und der Arbeitgeber-Arbeitnehmer-Beziehungen, 8. Aufl. Oldenbourg, Wien

Schwiegershausen S, Sauer S (2018) Wenn die Bänder stillstehen, Weser Kurier, Bremen, 11. Jan. 2018, S 17

Twenge JM, Campbell SM, Hoffman BJ, Lance CE (2010) Generational differences in work values. Leisure and extrinsic values increasing. Social and intrinsic values decreasing. J Manag 36(5):1117–1142

Die Methode 7

Praktische Untersuchung der Teilzeit-Führung anhand einer Systemaufstellung

© Springer Fachmedien Wiesbaden GmbH, ein Teil von Springer Nature 2019
S. Katterbach und K. Stöver, *Effektiver und besser führen in Teilzeit,*
https://doi.org/10.1007/978-3-658-22937-5_7

Zusammenfassung

Im Verlauf der vorangegangenen Kapitel ist deutlich geworden, dass es einen spürbaren Wunsch und eine ökonomische Notwendigkeit für neue Arbeitsmodelle gibt.
Gesellschaftlicher Wandel führt zu neuen Anforderungen an Arbeitszeit- und Führungsmodelle. Was sind die Hemmnisse? Was kann den Beteiligten helfen, wichtige
Entscheidungen in Richtung Teilzeit-Führung zu treffen? Erfahrungen aus der Systemaufstellung haben gezeigt, dass mit dieser Methode verdeckte Hindernisse, neue Perspektiven und Lösungsansätze sichtbar gemacht werden können. Ob und wie sich
Teilzeit-Führung als Arbeitsmodell etablieren könnte, wird durch eine Systemaufstellung
untersucht.

7.1   Systemaufstellung: Alles Humbug oder nützliches Instrument?

Schon während meines Bachelorstudiums bin ich (KS) mit diversen Systemaufstellungen
in Berührung gekommen. Wir haben mithilfe dieses Instruments für sämtliche Unternehmen Licht ins Dunkel gebracht und konnten durch eine anschauliche Weise Probleme
oder Spannungen verdeutlichen. So bot sich die Vorgehensweise für die Teilzeit-Führung
an. Wenn ein Thema noch weiter erforscht werden sollte, dann dieses!

Wir kamen mit der Systemaufstellung über Prof. Georg Müller-Christ in Kontakt,
der am Fachbereich BWL/Wirtschaftswissenschaften der Universität Bremen Organisationen mittels der systemischen Aufstellung untersucht. Er blickt auf eine Vielzahl
von Aufstellungen zurück und nutzt diese Methode im betrieblichen Kontext aus der
Erkenntnis, dass in komplexen Situationen klassische Analyse- und Prognoseverfahren
meistens scheitern, und dass es am Ende immer die Menschen mit ihren Gefühlen und
Einstellungen sind, die Entscheidungen treffen und damit Firmengeschicke lenken.

Aufstellungen nutzen das Phänomen der Stellvertreterwahrnehmung. Eine Person
stellt sich nicht selbst dar, sondern wird von einer unbeteiligten anderen Person repräsentiert, die in die Rolle eines Protagonisten schlüpft. Darüber hinaus werden auch relevante
Elemente einer Situation durch Stellvertreter in der Aufstellung berücksichtigt. Diese
Repräsentanten bekommen ihre Rolle vom Aufstellungsleiter, der sie innerhalb eines
Raumes, dem System, zueinander aufstellt und den Kontext beschreibt (Müller-Christ
et al. 2015). Ein Repräsentant steht also für ein Element, eine andere Person oder
auch eine Sache. Systemische Aufstellungen gewinnen ihre Aussagefähigkeit aus den
gewählten Abständen der aufgestellten Personen zueinander und deren Blickrichtungen.
Stellvertreter äußern ihre Gedanken zu anderen aufgestellten Elementen und decken
dadurch (nicht sichtbare oder kommunizierbare) Beziehungen zwischen den Elementen
auf. Es geht also nicht darum, die subjektiven Gedanken und Gefühle der „Betroffenen"
auszutauschen, sondern sich durch die Stellvertreter neue Sichtweisen oder auch Interpretationen der Gesamtkonstellation anzuschauen und daraus Impulse für die tatsächliche Situation zu bekommen (Müller-Christ 2018).

Systemaufstellung wird auch als das Nutzen eines Raumes und eines Körpers beschrieben (di Rosner 2007). Sie bilden ein System als Modell ab und simulieren bestimmte Beziehungen, Interaktionen und Gedanken der im System befindlichen Personen und Sachen zueinander (Sparrer und Varga 1998). Wissenschaftlich gesehen, sind Aufstellungen höchst komplex und zugleich interessant dadurch, dass sie vielseitige und komplexe Systeme für die Betroffenen und für die Beobachter sichtbar machen (Müller-Christ 2018). Hierbei ist hervorzuheben, dass es keine wissenschaftliche Erklärung zu den Aussagen und Handlungen der Beteiligten gibt. Aussagen werden durch die Personen häufig unüberlegt und spontan getroffen, dadurch erlangen sie einen hohen Stellenwert und geben ein direktes Bild der Gedanken und Gefühle wider (Groll 2013). Vermeintlich unwichtige Äußerungen können somit eine große Bedeutung gewinnen und unbewusste Gefühle offenbaren. Die Anwendung systemischer Aufstellungen ist vielfältig, ihre Bedeutung im betrieblichen Umfeld nimmt jedoch stetig zu. Immer öfter erleben wir komplexe Situationen, in denen einfache Lösungen nicht zielführend sind, eine Datenanalyse keinen Sinn macht und wir ahnen, dass es trotzdem irgendwo hakt im System. Sind wir jedoch Bestandteil dieses Systems, dann fällt es schwer, die Zusammenhänge von außen zu betrachten.

Eine Systemaufstellung kann auch dazu dienen, konkrete Vorhaben auf ihre potenziellen Auswirkungen hin zu analysieren, gegebenenfalls auftretende Hindernisse zu erkennen und mögliche Lösungen zu visualisieren. Dadurch werden konflikthafte, aber auch zielfördernde Zusammenhänge sichtbar und für die beteiligten Personen nachvollziehbar. Die unterschiedlichen Beziehungen der Elemente untereinander können konfliktär, also in Spannung zueinander, neutral oder komplementär, also sich bestärkend und anziehend, sein (Müller-Christ et al. 2015).

Die Systemaufstellung lebt durch die Interaktion der anderen und ist nicht exakt wiederholbar. Das lässt Kritiker zu der Vermutung kommen, dass es sich um Humbug handelt. Die Aufstellung zeichnet sich dadurch aus, dass Stellvertreter, die zuvor wenige Informationen erhalten und somit unvoreingenommen ein System erkunden können, aus ihrer Stellvertreterposition Gefühle und Wahrnehmungen detailliert äußern, die Impulse oder bisher nicht wahrgenommene Perspektiven für die tatsächlich betroffenen Personen hervorbringen. Für Außenstehende ist es häufig schwer zu verstehen, woher diese Handlungen oder auch Symptome kommen (di Rosner 2007).

7.1.1 Vorbereitung und Ausgangspunkt

Unternehmen und Führungskräfte selbst betrachten Teilzeit-Führungskräfte vielfach kritisch. Um die Gründe für diese Zweifel zu visualisieren und herauszufinden, welche Hürden trotz einiger bekannter Erfolgsmodelle zu überwinden sind, um eine Flexibilisierung zu erreichen, soll eine verdeckte Systemaufstellung Aufschluss geben. Bei einer verdeckten Aufstellung wissen die Stellvertreter nicht, welches Element sie repräsentieren. Für unsere Fragestellung konnten wir Prof. Müller-Christ als Aufstellungsleiter gewinnen, der zu Beginn die Teilnehmer zu verdeckten Systemaufstellungen unterrichtet und eine kurze Einweisung in das Forschungsthema gibt. Die Aufstellung enthält drei Elemente:

1. eine Führungskraft mit Teilzeitoption,
2. das Team der Führungskraft mit Teilzeitoption,
3. andere Führungskräfte ohne Teilzeitmodell.

Der Aufstellungsleiter wählt drei Teilnehmer aus und bittet sie, den Raum zu verlassen, da sie nicht erfahren sollen, welches Element sie darstellen. Währenddessen entwickelt der Aufstellungsleiter mit den Zuschauern, Fallgebern und weiteren Studierenden zusammen eine Aufstellungsmöglichkeit und benennt die unterschiedlichen Kontexte und Elemente. Die folgenden Kontexte (Phasen) wurden gewählt, die nacheinander als separate Aufstellungen durchgeführt werden:

- **Phase 1:** Führungskraft mit Teilzeitoption als Prototyp – ohne einen spezifischen Unternehmenskontext

Zum Warmwerden. Die Repräsentanten sollen ganz grundsätzlich das Themenfeld Teilzeit-Führung darstellen.

- **Phase 2:** Führungskraft mit Teilzeitoption in einem mittelständischen Unternehmen – männlichere Führung innerhalb eines Maschinenbauunternehmens

Zentrales Problemfeld scheint für unser Anliegen der technische Mittelstand in Deutschland zu sein, in dem es häufig eine männlich geprägte Führungskultur und höheren Widerstand gegen neue Arbeitsmodelle gibt.

- **Phase 3:** Führungskraft mit Teilzeitoption in Schweden

Schweden gilt neben anderen skandinavischen Ländern als innovationsfreudiger auch im Zusammenhang mit neuen Arbeitsmodellen und modernen Lebensformen.
  Team der Führungskraft – werden durch die Führungskraft geleitet.
  Diese drei Kontexte wurden gewählt, da die Rolle einer Führungskraft in Teilzeit (oder dem Wunsch danach) für uns von großem Interesse ist. Aus der Aufstellung möchten wir Erkenntnisse darüber gewinnen, wie das Umfeld die Entscheidung einer Führungskraft, in Teilzeit zu führen, aufnimmt und darauf reagiert. Das zu führende Team sowie die anderen Führungskräfte innerhalb des Unternehmens sind hierbei die beiden Gruppen mit den größten Berührungspunkten. Darüber hinaus möchten wir Hinweise dazu bekommen, warum eine Etablierung dieser Arbeitsmodelle bisher nur langsam voranschreitet und was mögliche versteckte Hindernisse sein könnten. Dazu sammeln wir Schlüsselaussagen der Stellvertreter und dokumentieren den gesamten Aufstellungsprozess.

Die Stellvertreter werden zurück in den Forschungsraum gebeten, die Aufstellung beginnt.

Der Aufstellungsleiter überträgt jedem Repräsentanten eine Rolle, ohne sie zu benennen. Sie werden mit neutralen Buchstaben A, B, C gekennzeichnet, um für die Beobachter eine Orientierung zu gewährleisten. Die Repräsentanten wissen nur, dass es sich um eine Aufstellung zum Thema Teilzeit-Führung handelt. Anschließend weist er das erste Element – die Führungskraft mit Teilzeitoption – ein und erklärt, dass im Raum eine imaginäre Linie zu finden sei, auf der eine Entwicklungsreise zu unternehmen ist.

Die Intuition für Raum und Zeit ist unbewusst immer vorhanden

Ein sehr interessantes Phänomen: Wenn man Menschen fragt, wo sie im Raum eine Zeitlinie sehen und wo sich darauf die Vergangenheit, Gegenwart, Zukunft befindet, bekommt man fast immer sehr spontan Antworten. Es scheint also eine Repräsentation von so etwas abstraktem wie Zeit oder auch Entwicklung in Räumen zu geben. Je konkreter und praxisnäher die Frage nach der Vorstellung wird, desto stärker schränkt das Gehirn die Vorstellung ein und wendet sich kognitiven Beurteilungen zu. Auf die Aufforderung, sich Teilzeit-Führung im eigenen Unternehmen vorzustellen, reagieren Menschen direkt kritisch mit Gegenargumenten.

7.1.2 Phase 1: Führungskraft mit Teilzeitoption prototypisch

Das Startbild sieht wie in Abb. 7.1 dargestellt aus.

Die Repräsentantin für die Führungskraft mit Teilzeitoption ist nun aufgefordert, die unterschiedlichen Empfindungen beim Beschreiten der Entwicklungslinie an verschiedenen Punkten zu beschreiben. Das Team der Führungskraft mit Teilzeitoption und die anderen Führungskräfte ohne Teilzeitmodell sind Teil des Ganzen und äußern ebenfalls ihre Empfindungen und Wahrnehmungen, die durch die Bewegungen und Äußerungen der Führungskraft mit Teilzeitoption ausgelöst werden.

Die Führungskraft mit Teilzeitoption wird vom Aufstellungsleiter am Anfang der imaginären Entwicklungslinie platziert, woraufhin sich das Team der Führungskraft mit Teilzeitoption und die anderen Führungskräfte ohne Teilzeitmodell einen Platz dazu suchen dürfen, der ihnen am besten zusagt.

Die Führungskraft mit Teilzeitoption beginnt die Entwicklungslinie in Richtung des Teams der Führungskraft mit Teilzeitoption. Dabei bleibt sie an einigen Punkten kurz stehen, ehe sie weitergeht. Sie bewegt sich vorsichtig und unsicher. Das Team der Führungskraft mit Teilzeitoption beäugt die Führungskraft mit Teilzeitoption scheinbar genervt und kritisch, es wirkt, als würde dieses Element die Aufstellung wenig ernst nehmen oder als uninteressant empfinden. Die anderen Führungskräfte ohne Teilzeitmodell scheinen deutliches Interesse gegenüber der Führungskraft mit Teilzeitoption zu zeigen und folgen ihrer Bewegungen aktiv. Die Führungskraft mit Teilzeitoption geht die Entwicklungslinie auf und ab und kehrt anschließend verunsichert an ihre Ausgangsposition

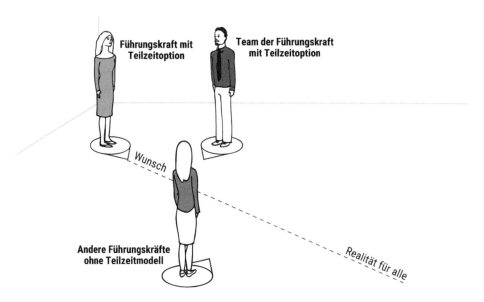

Abb. 7.1 Die Simulation des Entwicklungsweges. (Quelle: In Anlehnung an Müller-Christ und Pijetlovic 2018)

zurück. Sie beschreibt die Linie als einen Steg, der in „raue See" führt, an dessen Kanten hohe Wellen schlagen. Sie beschreibt, je näher sie dem Ende des Stegs kommt, desto stärker zieht es an ihrem Rücken und desto kälter und unwohler fühlt sie sich. Das Team der Führungskraft mit Teilzeitoption belächelt diese Aussage und versteht nicht, was ihr Problem ist. Das Team der Führungskraft mit Teilzeitoption schildert, dass es nicht weiß, warum sie sich derart schlecht fühlt und dort zaghaft entlangläuft. Es fordert sie auf, sich zu entscheiden, damit endlich alles weitergehen kann. Es beschreibt für sich eine gewisse Neugier, ist aber gleichzeitig amüsiert und würde die Führungskraft mit Teilzeitoption auch begleiten, um herauszufinden, was passieren würde. Die Repräsentantin der anderen Führungskräfte ohne Teilzeitmodell sagt daraufhin, dass sie zwar nicht beim Losgehen helfen kann, aber dass sie eine sehr positive Energie spürt und dass die Führungskraft mit Teilzeitoption gern in ihre Nähe kommen kann. Die Führungskraft mit Teilzeitoption sollte jedoch nicht zu weit gehen, da die Energie dadurch abrupt abbricht und verloren ist. Bis etwa zur Hälfte der Linie ist die Energie sehr stark. Die Führungskraft mit Teilzeitoption startet erneut am Ausgangspunkt und geht auf Zuruf des Aufstellungsleiters einen Schritt nach vorne, das Team der Führungskraft mit Teilzeitoption möchte einem Bewegungsimpuls nachgehen und dreht sich in die gleiche Blickrichtung wie die Führungskraft mit Teilzeitoption (siehe Abb. 7.2).

Die Führungskraft mit Teilzeitoption fühlt sich weiterhin unsicher. Das Team äußert, dass es die Aussagen nicht mehr ernst nehmen kann und eine Entscheidung möchte, da es ohnehin alles „das Gleiche" sei, die Führungskraft mit Teilzeitoption sich jedoch entscheiden muss. Die anderen Führungskräfte ohne Teilzeitmodell äußern erneut die Unterstützung und rufen die Führungskraft mit Teilzeitoption auf, sich in ihre Richtung

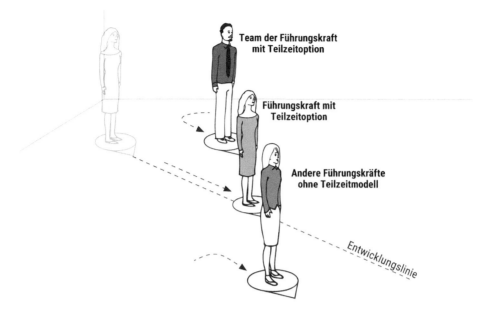

Abb. 7.2 Die Beobachter verändern sich. (Quelle: In Anlehnung an Müller-Christ und Pijetlovic 2018)

zu bewegen. Die Führungskraft mit Teilzeitoption geht erneut auf Zuruf einen Schritt weiter. Sie fühlt sich weiterhin unwohl und sagt, dass sie besonders die Unterstützung von ihrem Team benötigt und dass sie alleine nichts verändern kann.

Im Gegensatz dazu spüren die anderen Führungskräfte ohne Teilzeitmodell einen Bewegungsimpuls, sie können sich aber nicht bewegen und fühlen sich angewurzelt, ansonsten würden sie auch gern in die gleiche Richtung wie die Führungskraft mit Teilzeitoption und das Team der Führungskraft mit Teilzeitoption schauen. Die anderen Führungskräfte ohne Teilzeitmodell versuchen erneut dem Impuls nachzugehen und drehen sich ebenfalls in die gleiche Blickrichtung. Damit fühlen sie sich merklich besser. Die anderen Führungskräfte ohne Teilzeitmodell sind gekränkt von der Aussage, dass sie nichts bewirken können. Die Führungskraft mit Teilzeitoption geht erneut einen Schritt weiter und ist nach eigener Aussage „bockig". Sie fühlt sich nicht unterstützt und sehr alleine gelassen. Das Team der Führungskraft mit Teilzeitoption sowie die anderen Führungskräfte ohne Teilzeitmodell können ihr nur wenig helfen. Sie geht auf Zuspruch bis zum Ende der Linie und sagt, dass es ab dort keinen Sinn mehr machen würde, weiterzugehen.

Die Führungskraft mit Teilzeitoption befindet sich nach eigener Aussage an der Kante des Stegs, jetzt kann nichts mehr passieren und ihr geht es auch nicht schlecht, da es vorbei ist. Die anderen Führungskräfte ohne Teilzeitmodell haben derweil die Führungskraft mit Teilzeitoption aus dem Blick verloren und nehmen sie kaum mehr wahr, für sie hat die Führungskraft mit Teilzeitoption sich in Luft aufgelöst. Die Führungskraft mit Teilzeitoption traut sich nicht, alleine zurückzugehen, das Team der Führungskraft mit Teilzeitoption spricht ihr zu und äußert, dass sie sich jederzeit zurück an den Ausgangspunkt bewegen könne. Die Führungskraft mit Teilzeitoption geht daraufhin einen Schritt zurück und die anderen Führungskräfte nehmen sie unmittelbar wieder wahr. Die Führungskraft mit Teilzeitoption würde gerne dort stehen bleiben und nicht wieder zurückgehen, maximal bis zur Mitte. Der Ausgangspunkt ist für die Führungskraft mit Teilzeitoption hingegen nicht mehr interessant und anziehend.

Die Führungskraft mit Teilzeitoption empfindet das Zurückgehen als Scheitern und möchte einen Schritt vor der imaginären Kante stehen bleiben. Für die anderen Führungskräfte ohne Teilzeitmodell wäre es jedoch eine Erleichterung, wenn die Führungskraft mit Teilzeitoption über die Kante springen und im „Wasser landen würde". Die anderen Führungskräfte ohne Teilzeitmodell verspüren einen Druck auf der Brust, wenn die Führungskraft mit Teilzeitoption auf der Mitte und dem vorderen Bereich der Linie steht. Das Team der Führungskraft mit Teilzeitoption fühlt hingegen anders und wünscht sich von der Führungskraft mit Teilzeitoption, dass sie klar ausspricht, was sie möchte, an welchem Punkt auf der Linie sie sich am besten fühlt und welcher Punkt für ihre Aufgabe am zuträglichsten ist.

Die Führungskraft mit Teilzeitoption wurde zurück an den Ausgangspunkt geleitet und eine Kontextveränderung wird von dem Aufstellungsleiter vorgenommen.

Thesen zur Teilzeit-Führung allgemein

Nach dem Ende dieser ersten Phase entwickeln die Beobachter gemeinsam Thesen aus ihren Beobachtungen und Interpretationen aus der Aufstellung. Dabei hat keiner der Beteiligten den Anspruch auf Richtigkeit seiner Interpretationen. Wichtig ist hier der Austausch der unterschiedlichen Perspektiven und Ableitungen, die für uns erkenntnisleitend sein können.

- Teilzeit-Führung wird in deutschen Unternehmen kritisch betrachtet, ist weiblich und mit einer Vielzahl von Vorurteilen besetzt.
- Das Team ist eine der wichtigen Säulen einer funktionierenden Teilzeit-Führung. Ohne den Rückhalt des eigenen Teams wird eine Umsetzung schwer. Alle Beteiligten müssen von den Vorteilen überzeugt sein.
- Führungskräfte in Teilzeit sollten in ihren Teams offen und ehrlich kommunizieren, was sie zu diesem Schritt bewegt, was die Gründe sind und wie sich die Kommunikation gestalten lässt.
- Teilzeit-Führung ist sehr präsent und „schwebt im Raum". Sie wird als neue Bedrohung angesehen, neue Arbeitsmodelle sind ungewiss.
- Andere Führungskräfte können in Teilzeit arbeiten, jedoch nur bis zu einem bestimmten Grad. Anwesenheit ist nach wie vor auch für andere Führungskräfte wichtig. Wer nicht da ist, existiert nicht.

7.1.3   Phase 2: Führungskraft mit Teilzeitoption in einem mittelständischen Maschinenbauunternehmen

Die Führungskraft mit Teilzeitoption erhält vom Aufstellungsleiter eine neue verdeckte Qualität und wird zur Führungskraft mit Teilzeitoption in einem mittelständischen Unternehmen. Hierbei handelt es sich beispielhaft um ein Maschinenbauunternehmen, dem „Rückgrat der deutschen Wirtschaft" und damit dem Fundament der wirtschaftlichen Entwicklung in Deutschland. Nach der Zuweisung lassen zunächst alle drei Elemente den Unterschied auf sich wirken und beschreiben den Unterschied zum vorherigen Durchgang. Die Führungskraft mit Teilzeitoption in einem mittelständischen Unternehmen geht erneut die Entwicklungslinie auf und ab und sagt, dass sie jetzt die Macht hat. Sie spürt die Kraft, eigene Wünsche und Vorstellungen durchzusetzen und sieht sich selbst als einen Mann mit Zylinder, Frack und Spazierstock. Die Führungskraft mit Teilzeitoption in einem mittelständischen Unternehmen fühlt sich zudem deutlich männlicher als zuvor.

Wenn die Führungskraft mit Teilzeitoption in einem mittelständischen Unternehmen sich einen Platz aussuchen dürfte, wäre es in der Mitte der Linie, mit dem Rücken zu den anderen Führungskräften ohne Teilzeitmodell und mit dem Gesicht zum Team der Führungskraft gewandt.

In dieser Situation beschreibt die Repräsentantin, sie habe zu den anderen beteiligten Elementen keine Verbindung mehr. Die anderen Führungskräfte ohne Teilzeitmodell sind ihr nach eigener Aussage egal.

Die Entwicklungslinie ist für sie auch kein Steg mehr wie zuvor, sondern eher eine Art „Catwalk" ohne Ende, auf dem sie endlos spaziert wie auf einem Laufsteg. Sie beschreibt, dass der gesamte Raum „unter Dampf" steht, und dass sie etwas gezielt unterdrückt. Das Team der Führungskraft mit Teilzeitoption steht inzwischen in kritischer Distanz zu ihr und beschreibt den Eindruck von Arroganz als schädlich. Dem Team gefällt es nicht, dass sie „derart über den Dingen schwebt" und sich herablassend äußert. Die anderen Führungskräfte ohne Teilzeitmodell sehen zu der Führungskraft mit Teilzeitoption in einem mittelständischen Unternehmen auf und fühlen sich stolz und größer, wenn sie die Linie entlang spaziert, wie in Abb. 7.3 ersichtlich. Sie nehmen die Führungskraft mit Teilzeitoption in einem mittelständischen Unternehmen als Chef wahr und ordnen sich bedingungslos unter.

Thesen zur Teilzeit-Führung in einem mittelständischen Unternehmen
Wie bereits nach Phase 1 wurden folgende erkenntnisleitende Thesen von den Beobachtern aus diesem Durchgang formuliert:

- Teilzeit-Führung wird auf der Entwicklungslinie nicht gesehen, weil es sie in einem mittelständischen Maschinenbauunternehmen nicht zu geben scheint. Vollzeitarbeit ist das einzige Arbeitsmodell in diesem Kontext und eine Beschäftigung als Teilzeit-Führungskraft ist hier nur schwer möglich. Frauen und Teilzeit-Führung sind keine Themen in diesem Unternehmen.

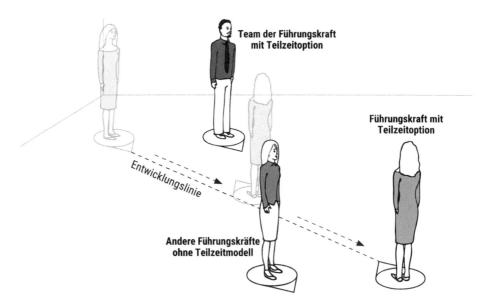

Abb. 7.3 Entwicklungsweg der Teilzeitoptionen in einem mittelständischen Maschinenbauunternehmen. (Quelle: In Anlehnung an Müller-Christ und Pijetlovic 2018)

- Aus der Führungskraft mit Teilzeitoption ist in dieser Aufstellung der Inhaber geworden, der als einziger für sich die Rolle in Anspruch nehmen kann, Führung nach eigenem Belieben zu leben.
- Das Team ist aufgrund des Führungsstils unter Druck und bemerkt, dass sein eigener Einfluss auf die Situation sinkt.
- Teammitglieder möchten Teil des Ganzen sein und ein Mitspracherecht für die Gestaltung von Führung haben.
- Durch die machterhabene Einstellung des Inhabers gewinnen die anderen Führungskräfte ohne Teilzeitmodell an Macht. Diese wird mit Unterwerfung bezahlt, stärkt jedoch den Status im Unternehmen und macht sie wichtiger.

7.1.4   Phase 3: Führungskraft mit Teilzeitoption in Schweden

Ein dritter Kontext wird an die Repräsentanten übertragen und die Führungskraft mit Teilzeitoption in einem mittelständischen Unternehmen wird zu Führungskraft mit Teilzeitoption in Schweden. Schweden steht, wie andere skandinavische Länder dabei für einen flexiblen Umgang mit gesellschaftlichen, und damit auch wirtschaftlichen, Entwicklungen. Diesen Symbolcharakter nutzen wir in dieser Phase, um eventuell Anregungen für eine Flexibilisierung in deutschen Unternehmen zu bekommen. Wieder wissen die Repräsentanten nicht, welche Rollen sie haben.

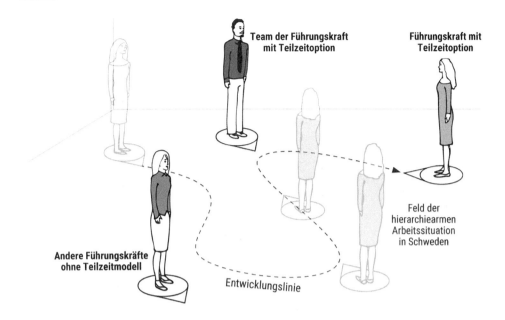

Abb. 7.4 Teilzeit-Führung in Schweden. (Quelle: In Anlehnung an Müller-Christ und Pijetlovic 2018)

Die Führungskraft mit Teilzeitoption in Schweden beginnt die Entwicklungsreise. Sie möchte in Schlangenlinien laufen und den gesamten Raum nutzen, wie in Abb. 7.4 dargestellt, statt in einer Linie. Sie sieht die Linie daher als Raum und läuft verschiedene Punkte ab. Dabei sucht sie immer wieder den Blickkontakt zum Team der Führungskraft mit Teilzeitoption und den anderen Führungskräften ohne Teilzeitmodell. Die Führungskraft mit Teilzeitoption in Schweden hält entlang der imaginären Linie an verschiedenen Punkten. Sie bleibt an einem Punkt stehen, an dem sie das Team der Führungskraft mit Teilzeitoption und die anderen Führungskräfte ohne Teilzeitmodell sehen kann. Sie fordert das Team der Führungskraft mit Teilzeitoption und die anderen Führungskräfte ohne Teilzeitmodell auf, sich näher zusammenzustellen. Für das Team der Führungskraft mit Teilzeitoption ist diese Situation ausgesprochen angenehm. Es beschreibt diese Konstellation als „Wunschkonstellation", in der alle den Raum nutzen können und einander ansehen. Die anderen Führungskräfte ohne Teilzeitmodell empfinden ebenfalls keine Spannung mehr und nehmen die Atmosphäre wie in einer „Kaffeepause" war.

Kaffeepause in Bullerbü

Schweden-Reisende kennen vielleicht das Ritual des gemeinsamen Kaffeetrinkens, das sich privat wie am Arbeitsplatz großer Beliebtheit erfreut. Kollegen treffen sich informell, tauschen sich aus und genießen eine „gute Zeit" miteinander. Die „Fika" unterbricht bewusst den Alltag, um das Zusammensein in den Mittelpunkt zu stellen und genießt eine große soziale Anerkennung. Interessant ist, dass die Repräsentanten nicht wussten, dass der Kontext in dieser Runde das „schwedische Modell" ist, wählten dennoch ein typisch schwedisches Ritual als Beschreibung ihres Empfindens und stellen damit den Aspekt des Miteinanders und des menschlichen Austauschs in den Vordergrund.

Die Führungskraft mit Teilzeitoption in Schweden fühlt sich für alle Positionen im Raum einsetzbar und empfindet jede Stelle als positiv. Sie erwähnt, dass sie sich wie ein Teil des Teams fühlt und zu ihnen gehört. Sie empfindet die anderen Führungskräfte ohne Teilzeitmodell als weniger funktional als das Team der Führungskraft mit Teilzeitoption. In diesem Kontext fühlt sich die Führungskraft mit Teilzeitoption in Schweden nicht als eine Person, sondern als mehrere Personen.

Thesen zur Teilzeit-Führung in Schweden
Folgende erkenntnisleitende Thesen wurden nach diesem dritten Durchgang von den Beobachtern formuliert:

- In Schweden (als Idealtypus für zukünftige Entwicklung) ist Teilzeit-Führung kein besonderes Thema, es gilt als normal. Mitarbeiter müssen weniger für Teilzeitarbeit kämpfen und begegnen keinen Vorurteilen. Das Vertrauen ist da und die Menschen glauben an das Modell.
- Führungskräfte in Teilzeit erhalten in Schweden (idealerweise) Zuspruch und Vertrauen. Sie wissen um ihre Fähigkeiten und müssen niemandem beweisen, was sie wirklich können.
- Das Team ist entscheidend. In Schweden (idealerweise) sind Job Sharing und ein demokratischer Führungsstil üblich, was sich positiv auf Mitarbeiter und den Unternehmenserfolg auswirkt.
- Das Team in Schweden (als Idealtypus für zukünftige Entwicklung) weiß um die positiven und negativen Folgen der Teilzeitarbeit. Mit Erfahrung und Gelassenheit haben alle eine Vorstellung davon, was es für einen erfolgreichen Umgang mit Teilzeit-Führung braucht.
- Die Führungskräfte stehen neuen Denkmustern offen gegenüber und sind dogmatischen Glaubenssätzen weniger ausgesetzt. Unter welchen Umständen Führen funktioniert und wann nicht, ist reine Verhandlungssache unter allen Beteiligten. Welches Arbeitsmodell auch individuell gewählt wird, es entstehen dadurch keine Spannungen, solange man offen für Diskussionen bleibt.

7.2   Ergebnisse und Erkenntnisse

Als Beobachter dieser Aufstellung waren wir tief beeindruckt. Bis heute können (und wollen) wir keine Antwort auf die Frage finden, wie es möglich ist, dass Personen in eine ihnen unbekannte Rolle schlüpfen und aus dieser Rolle heraus tiefes intuitives Wissen preisgeben können, das wir uns im Vorfeld mühsam kognitiv aneignen mussten. Die Stellvertreter reagierten auf die unterschiedlichen Kontexte klar über ihre Selbstwahrnehmung.

Die Aufstellung hat auch gezeigt, dass in doppelt verdeckten Formaten die Stellvertreter Bilder und Metaphern entwickeln, die bei den Zuschauern heftiges Nicken hervorrufen, weil sie die Ähnlichkeit zwischen dem Original der Lebenswirklichkeit und der Abbildung in einer Systemaufstellung erkennen.

Die Stellvertreterin für die Führungskraft mit Teilzeitoption sprach in der ersten
Phase davon, einen Steg über unruhiges und unbekanntes Gewässer mit hohen Wellen
zu gehen. Am Ende des Stegs sei eine Kante, und sie wisse nicht, was dort passiert.
Die Stegmetapher hat es in sich. Viele Menschen beschreiben bei gravierenden Veränderungen ihre Empfindungen ähnlich. Dabei wird die subjektiv wahrgenommene
existenzielle Bedrohung deutlich, die sie mit einem ersten Schritt verbinden. Besonders
herausfordernd ist es also für die „Vorreiter", die dabei ganz auf sich gestellt sind und
noch dazu gegen Widerstände im System zu kämpfen haben.

▶   **Erster Schritt: Pilotprojekte mit mehreren Teilnehmern** Zentrale Botschaft
    für Karl-Heinz als Teilzeit-Einführer an dieser Stelle: Ein Pilotprojekt mit meh-
    reren Teilnehmern ist erfolgversprechender, als einzelne Führungskräfte auf
    diese gefährliche Reise zu schicken. Die Beteiligten können sich gegenseitig
    unterstützen, wenn die See rauer wird, und das umgebende System kann die
    neue Entwicklung nicht als „Ausreißer" abqualifizieren. Damit ist der Weg für
    die positiven Erfahrungen geebnet, die das System braucht, um Vertrauen in
    das neue Modell zu entwickeln.

In der zweiten Phase (eines technisch orientierten mittelständischen Unternehmens)
beschrieb die Stellvertreterin der Teilzeit-Führungskraft für sich das Bild eines männlichen Machers alten Typs (sie trug einen Zylinder), der von oben in eine Werkhalle
blickt. Diese Metapher drückt eine enorme Distanz zwischen Inhabern, also den Entscheidern, und dem Rest der Organisation aus. Das erlebe ich tatsächlich in vielen
Organisationen. Diese Rolle entspricht dem Führungsverständnis der frühen Industrialisierung und entfaltet bis heute seine Wirkung. Bei aller Funktionalität, die damit in den
Köpfen verbunden ist, wird durch die Distanz die Organisation gelähmt. Mitarbeiter fühlen sich nicht als Mitwirkende, sondern als notwendige Ressource. Eigenverantwortung
weicht einem „Law-and-Order-Prinzip" und Führung ist eher die Demonstration von Status und Macht. In dieser Art von Unternehmen werden Probleme „eskaliert" statt gelöst,
weil die Kommunikation den Gesetzen des Organigramms folgt und damit langwierig
und indirekt bleibt. Das mittlere Management ist hier (wie auch in vielen Konzernen)
eine „Lähmschicht", der Chef, er ist meistens männlich, erkennt selten, welche Ressourcen er verschenkt, weil sie in den Mitarbeitern schlummern, aber nie abgerufen oder gar
anerkannt werden.

▶   **Karl-Heinz, hör doch mal zu!** Appell an Dich und alle Inhaber und lei-
    tenden Führungskräfte: Mach doch mal einen Rundgang durch das Unter-
    nehmen und frage dabei Deine Mitarbeiter nach Ideen für die Zukunft! Frag
    Dich selbst, was für Dich der Sinn Deines Unternehmens ist und wie du diesen
    Sinn kommunizieren könntest. Lade all diejenigen ein, die anders sind als Du,
    und Deine nächste Führungsebene holst Du dazu. Dann veranstaltet ihr einen
    Workshop zusammen. Richte Deinen Blick in die Zukunft und fördere flexible

Arbeitsmodelle als „Chefsache", weil Du verstanden hast, dass Flexibilität und Demokratisierung der Arbeit die Zukunft des Unternehmens zwar nicht garantieren, aber wahrscheinlicher machen. Berufe ein Team ein, das gemeinsam mit der Personalabteilung neue Arbeitsmodelle entwickelt und lass nicht länger zu, dass Macht zur Unterdrückung von Ideen ausgeübt wird! Ach ja, und schaffe endlich überflüssige Statussymbole ab!

In der dritten Phase der Aufstellung beschrieb die Repräsentantin für Teilzeit-Führung die Situation in Schweden (idealtypisch) als einen Raum, in dem es zwischen den Elementen keine Hierarchien und wenig Grenzen gibt. Die hierarchieärmere Arbeitskultur in Schweden nahm sie deutlich wahr, ohne zu wissen, in welchem Kontext sie sich befindet. Die Analogie zu den Ergebnissen der Führungs- und Arbeitsstudie (Abschn. 1.2) ist erstaunlich. Auch wenn unser Bild der schwedischen Gesellschaft von Bullerbü und IKEA, hohen Steuern und politischer Neutralität z. T. die Realität etwas verzerrt, so ist doch eine grundsätzlich andere Haltung gegenüber der Gemeinschaft zu beobachten. Kinder lernen bereits früh, ihre eigenen Bedürfnisse hinter die ihrer Bezugsgruppe zu stellen. Die Gemeinschaft trägt den Einzelnen, und nicht umgekehrt. Diese Überzeugung führt zu einem grundsätzlich anderen Verhalten der Menschen, das sich in allen Lebensbereichen beobachten lässt. Austausch, Diskussion und Konsens sind dabei wichtige Elemente und funktionieren am besten auf Augenhöhe. Die Einladung zu einem Miteinander kann eben nur dann ausgesprochen werden, wenn dadurch nicht ein Verlustgefühl ausgelöst wird, sondern die Möglichkeit zu einer Entwicklung zum Besseren gesehen wird. Doch genau daran scheitern viele Neuerungsversuche in deutschen Unternehmen.

▶ **Die zentrale Herausforderung** Eine Zusammenarbeit auf Augenhöhe macht Teilzeitführung zu einer selbstverständlichen Arbeitsform. Die Voraussetzung dafür liegt einzig im Umgang der Beteiligten miteinander.

In den Bildern der Systemaufstellung zeigen sich die grundlegenden Energien, die in Systemen herrschen. Sie laden zu weitergehenden und anregenden Interpretationen ein und führen zu einem tieferen Verstehen des Systems.

Literatur

Groll T (2013) Nur die wenigsten Chefs sprechen mit Geistern. https://www.zeit.de/karriere/beruf/2012-12/interview-eschenbach-systemaufstellung-coaching. Zugegriffen: 15. Aug. 2016
Müller-Christ G, Pijetlovic D (2018) Komplexe Systeme lesen. Das Potential von Systemaufstellungen in Wissenschaft und Praxis. Springer Gabler, Wiesbaden
Müller-Christ G (2018) Eine erstaunliche Methode. https://www.mc-managementaufstellungen.de/methode. Zugegriffen: 5. Febr. 2018

Müller-Christ G, Liebscher AK, Hußmann G (2015) Nachhaltigkeit lernen durch Systemaufstellungen. Schlüsselelemente einer nachhaltigen Entwicklung. Haltungen, Bildung, Netzwerke. Z Wirtsch Unter 16(1):29–51

Rosner S di (2007) Systemaufstellung als Aktionsforschung. Hampp, Mering

Sparrer I, Varga M (1998) Vom Familien-Stellen zur Systemischen Strukturaufstellungsarbeit. In: Weber G (Hrsg) Praxis des Familien- Stellens. Carl-Auer Verlag, Heidelberg, S 394–404

Die Herausforderung 8

Der Wandel der Unternehmenskultur als Herausforderung
und Basis für die Einführung von Teilzeit-Führung

© Springer Fachmedien Wiesbaden GmbH, ein Teil von Springer Nature 2019   153
S. Katterbach und K. Stöver, *Effektiver und besser führen in Teilzeit*,
https://doi.org/10.1007/978-3-658-22937-5_8

Zusammenfassung

Unternehmenskultur ist das Fundament, auf dem alle Prozesse und Interaktionen eines Unternehmens beruhen. Etwas ganz anderes oder gar neues wie Teilzeit-Führung einzuführen und innovative Arbeitsmodelle zu etablieren, ist also in erster Linie eine kulturelle Angelegenheit. Erst wenn der kulturelle Boden bereitet ist, können wir methodisch wirksam werden. Dabei sollte besonderes Augenmerk auf die Organisationsstruktur, das Führungsverständnis, die Kommunikation und die Kreativität gerichtet werden. Offen artikulierte und zugleich verdeckte Regeln sind die Stabilisatoren einer bestehenden Unternehmenskultur. Sie bilden ein soziales Gedächtnis und erhalten dadurch Wirklichkeit, begrenzen auf der anderen Seite jedoch das mögliche Veränderungspotenzial des Unternehmens. Um eine Kultur zu verändern, müssen ihre Funktionsmechanismen aufgedeckt werden und durch emotionale Visionen ersetzt werden.

8.1 Kultur sichtbar machen

Wenn man sich vorstellt, am nächsten Tag ein wichtiges Gespräch mit dem Chef zu haben, dann fließen schon viele Gewissheiten in die Vorbereitung ein. Es gibt eben viele Dinge, die selbstverständlich erscheinen, weil man auf der Basis der gemachten Erfahrungen Voraussagen zu künftigen Ereignissen ableitet. Das macht das Gehirn für uns (s. Abschn. 1.4). Erwartet mich eine offene oder eine geschlossene Tür? Liegt das Büro des Chefs in der obersten Etage? Muss ich durch das Vorzimmer und etwas Smalltalk mit der (meist weiblichen) Sekretärin halten? Wahrscheinlich bin ich mir sogar schon ziemlich sicher, was der Chef zu meinem Anliegen sagen wird und wie ich mich verhalten sollte, um seine Zustimmung zu bekommen. Kulturelle Regeln sind in unserem Kopf als Gewissheiten und Normalitäten stets präsent. Wir nehmen die Regeln, an die wir uns halten, nicht mehr bewusst wahr und erst die Abweichung von der Regel erzeugt eine Irritation, die mitunter zu einer bewussten Wahrnehmung führt. Eine solche Irritation könnte im genannten Beispiel die Frage an den Chef sein, wofür es wichtig ist, dass sein Büro in der obersten Etage liegt. Diese Frage zu stellen, erscheint fast unmöglich, weil die erwartete Reaktion auf so einen Vorstoß eine Zurechtweisung ist. Innerhalb einer geteilten Kultur stellt man einfach bestimmte Dinge nicht infrage. Da für alle Systemmitglieder diese Prinzipien gelten, ist in einem Kulturprozess die Außenperspektive durch einen Berater notwendig.

> Knappheit an Bewußtsein – eine nicht erweiterungsfähige anthropologische Konstante. Auch die Vorgesetzten können von diesem harten Gesetz nicht ausgenommen werden (Luhmann 2016, S. 93).

Eine Möglichkeit, kulturelle Resonanzfelder, also übergeordnete Mechanismen, sichtbar zu machen, ist die Methode nextexpertizer. Die Führungsstudie aus Abschn. 3.2 basiert auf Ergebnissen, die mit dieser Methode erhoben wurden.

Es ist nicht das individuelle Muster, das Kultur ausmacht, sondern das unbewusst kollektiv geteilte Muster. Gängige Fragebögen oder eine Diskussion im Team können diese abstrakte Ebene nicht sichtbar machen. Es gilt also, den Blickwinkel von der Vielfalt individueller Präferenzen auf den vereinheitlichenden und stabilisierenden Einfluss von Kulturmustern zu lenken. Im Beratungsprozess ist es interessant zu beobachten, dass jeder einzelne befragte Teilnehmer seine Einstellung, Meinung oder auch persönliche Vorliebe als allgemeingültiges Muster beschreibt. Es gelingt uns einfach nicht, die Komplexität des dahinterliegenden Musters zu verstehen. Zu stark sind die über das Leben (besonders prägend sind dabei Kindheit- und Jugenderlebnisse) erworbenen und durch intensive Erfahrungen verinnerlichten Kulturmuster.

Normalerweise wird man sich der verinnerlichten Kultureigenarten nur über ein diffuses Gefühl des Dazugehörens oder der Fremdheit bewusst. Trifft man auf eine Situation, in der kulturelle Kraftfelder wirken, die nicht dem eigenen Repertoire entsprechen, entsteht eine Irritation, die unterschiedlich bewältigt werden kann. Vorausgesetzt, man entzieht sich nicht einfach der Herausforderung durch Rückzug oder Ablehnung, stehen den Menschen zwei prinzipielle Möglichkeiten der Bewältigung zur Verfügung: Entweder es wird versucht, die Situation den eigenen Dispositionen anzupassen, oder man lässt sich auf einen längeren Prozess ein und lernt die neuen Kulturmuster kennen (vgl. „Assimilation" und „Akkommodation" bei Piaget). Unter diesem Betrachtungswinkel ist leicht nachvollziehbar, dass der Auseinandersetzung mit Kulturthemen beispielsweise bei der Fusion unterschiedlicher Unternehmen oder bei der internationalen Ausdehnung von Geschäftstätigkeiten eine enorme erfolgskritische Bedeutung zukommt (Greve et al. 2016).

In unserem Maschinenparadigma der Arbeitswelt werden kulturelle Aspekte oft unterschätzt, da sie sich mit den klassischen Managementmethoden, die dem Paradigma des Steuerns und Regelns unterliegen, nicht oder nur schwer in den Griff bekommen lassen.

8.1.1   Das Interview- und Analysewerkzeug „nextexpertizer"

Bereits in Abschn. 3.2 haben wir die Methode nextexpertizer vorgestellt. Da es in der Messung der sogenannten „weichen Faktoren" nach wie vor große Unsicherheiten gibt und dadurch nur schwer verlässliche Aussagen zu treffen sind, gehen wir hier methodisch etwas in die Tiefe. Dies sollte als Tipp für diejenigen verstanden werden, die der Mitarbeiterbefragungen überdrüssig sind und dem klassischen Fragebogen misstrauen.

Mit der Entwicklung eines Tools waren einige Dilemmata zu lösen, um verlässliche Aussagen über „weiche" Kulturelemente machen zu können:

1. Dilemma der Irrationalität:
   Wie lässt sich Unbewusstes sichtbar machen? Noch dazu in einem Verfahren, das dem Unternehmenskontext angemessen, praxistauglich und einfach ist? Ein klassischer Fragebogen öffnet den Weg zum Bewussten, was jedoch bei Aussagen zur Kultur verzerrend wirkt. Der Vorteil eines qualitativen Verfahrens, ähnlich wie in einem freien Gespräch mit wenigen Vorgaben, sollte genutzt werden.

2. Dilemma der Ambiguität:

Vergleichbarkeit der unterschiedlichen Bedeutungsdimensionen, die über Sprache nur schwer zu ermitteln sind, ist die nächste Herausforderung für ein Kultur-Messverfahren. Nicht ein Außenstehender sollte diese Deutung ambiger Sprache vornehmen, sondern der Auskunftsgeber selbst. Und das möglichst ohne den Umweg über rationale Überlegungen herzustellen. Quantitative Bearbeitung und qualitative Daten können nur durch mathematisch gestützte Kontextklärung gelingen.

3. Dilemma der Übersummativität:

Nicht die Einzelperspektive zählt, sondern das übergeordnete Muster. Nach dem Prinzip „Das Ganze ist mehr als die Summe seiner Teile" sollte das Verfahren gleichzeitig sowohl zur differenzierten Erfassung der unbewussten Einschätzungen von Individuen als auch für deren Integration zu ganzheitlichen Ordnungsmustern Aussagen möglich machen.

Exkurs in die „Tiefen" des nextexpertizers

„nextexpertizer" erlaubt eine Messung weitgehend ohne Vorgabe eines detailliert vorformulierten inhaltlichen Verständnisses des Untersuchungsgegenstandes. Die inhaltliche Hoheit liegt uneingeschränkt beim Befragten, d. h. Experten – beim Konsumenten, beim Bürger oder beim Mitarbeiter. Insofern handelt es sich bei nextexpertizer um einen qualitativen Untersuchungsansatz, bei dem sich die befragten Personen in einem persönlichen Einzelinterview in ihren eigenen Worten zum Untersuchungsgegenstand (Beschreibungsebene) äußern und auf ihren individuellen, im Interview gebildeten Bewertungsskalen computergestützt intuitive Zuordnungen vornehmen (Bewertungsebene).

Trotz des individuellen Charakters der Einzelinterviews ist eine Vergleichbarkeit über eine mathematische Verdichtung (Quantifizierung) sämtlicher in den Einzelinterviews entstehender Bewertungsmatrizen möglich (Bewertungsebene). Die in den Matrizen enthaltenen individuellen Präferenzmuster werden zu dem spezifischen Bewertungsraum des jeweiligen Untersuchungsfeldes (Layer) verdichtet. Da diese Verdichtung unabhängig von der verwendeten Sprache der befragten Personen rein auf der Ebene der erhobenen Bewertungsmuster mathematisch erfolgt, ist ein unmittelbarer Zugang zur kollektiven Intuition und somit zum kulturellen (überindividuellen) Kraftfeld eines ausgewählten Untersuchungsbereiches möglich. Ähnlichkeiten und Unterschiede in den persönlichen Präferenzen werden sichtbar, auf deren Basis Gruppen gebildet und Typen charakterisiert werden können.

Die mathematische Verdichtung auf der Bewertungsebene stellt Ähnlichkeiten und Unterschiede in der Wortverwendung der befragten Personen dar und gestattet dadurch auch eine methodisch gestützte Verdichtung auf der Begriffsebene. Im Gegensatz zu anderen deutungsabhängigen qualitativen Verfahren ist der Interpretationsspielraum sehr gering und die Zuverlässigkeit (Interrater-Reliabilität) der Verdichtungsschritte außergewöhnlich hoch. Über die mathematisch gestützte Verdichtung der Begriffe zu Themen entsteht ein differenziertes Verständnis für die jeweils wirkenden Kräfte und Resonanzen.

Durch die entwickelten Algorithmen zur Weiterverarbeitung von Roh-Matrizen ist es mit nextexpertizer möglich, innerhalb kürzester Zeit die in Einzelinterviews erhobenen Präferenzmuster von mehreren hundert Einzelpersonen zu intuitiven Wertewelten zu verdichten – unabhängig von Sprach- und Kulturunterschieden.

Die Einmaligkeit der Methode ergibt sich zusammengefasst aus einer Kombination von 3 methodischen Vorgehensweisen:

- qualitatives Interview mit intuitiven Bewertungsphasen
- mathematische Musterbildung auf der Bewertungsebene
- semantische Verdichtung über Wortverwendungsähnlichkeit

Gegenstand der Messung mit nextexpertizer ist also nicht mehr, wie beispielsweise bei Ansätzen des Neuromarketings, die emotionale Bewertung im einzelnen Gehirn, sondern die „kollektive Intuition" der Menschen innerhalb eines Untersuchungsfeldes.

Der nextexpertizer, beruht auf dem von Kelly zur Erfassung persönlicher Wirklichkeits-konstruktionen bei der Begleitung psychotherapeutischer Prozesse entwickelten Role-Construct-Repertory-Grid-Verfahren (REP) (Kelly 1955), das auch heute noch weltweit bei unterschiedlichsten Fragestellungen zur Anwendung kommt (vgl. www.pcp-net.de). Als klinischer Psychologe skizzierte Kelly bereits 1955 einen eigenständigen, gemäßigt konstruktivistischen Ansatz mit durchaus all-gemeinpsychologischem Geltungsanspruch, der auch heute noch aktuell ist. Die „Psychologie der persönlichen Konstrukte betrachtet den Menschen als Forscher, der aus seiner Erfahrung Hypo-thesen für zukünftige Situationen entwickelt, diese überprüft, bestätigt und gegebenenfalls anpasst" (Greve et al. 2016, S. 50–51).

In ca. zweistündigen Interviews werden die Auskunftsgeber durch einfache Vergleiche und eigene Beschreibungen geleitet. In einer klaren Reihenfolge bearbeiten die Inter-viewpartner viele Dimensionen und finden ihre eigenen Begriffe dazu. Die Einzel-interviews werden zusammengeführt und in einem dreidimensionalen Modell sichtbar gemacht und erlauben so sehr schnell eine unmittelbare Einsicht in die Komplexität von Gruppenwirklichkeiten.

Nach einer nextexpertizer-Erhebung zum Thema Teilzeit-Führung bekämen wir also einen Eindruck davon, welche kulturellen Kraftfelder wir bei der Einführung gut nutzen können (Erfolgsfaktoren) und was dem Vorhaben im Wege steht (Stolpersteine). In einer Präsentation werden die Ergebnisse allen mitgeteilt, sodass eine aktive und bewusste Auseinandersetzung mit dem Thema stattfinden kann, ohne die impliziten Kulturmuster dabei außer Acht zu lassen. Methodisch ist dann die Personalabteilung angewiesen, gerne mit unserer Unterstützung, die notwendigen Maßnahmen zu ergreifen, um das neue Arbeitsmodell zu implementieren.

8.1.2 Die vierstündige Übung von Ed Schein

Schein wurde bereits zuvor (Abschn. 4.2) als Spezialist in Sachen Organisationskultur erwähnt. Sein Vorschlag, Kultur zu dechiffrieren basiert auf einem sehr traditionellen Vorgehen. Einfach mal mit mehreren Mitarbeitern (am besten auch neue Mitarbeiter einladen) zusammensetzen, einen Berater dazu holen und im ersten Schritt das „aktu-elle Problem" definieren. Das kann ein strategisches Vorhaben sein, wie die Einführung von Teilzeit-Führung, oder auch einfach ein Projekt, das besser funktionieren sollte. Das

Problem sollte im Anschluss als strategisches oder taktisches Ziel formuliert werden. Nun beginnt die eigentliche Arbeit.

1. Identifikation der Artefakte

   In der ersten Runde werden nach der Liste unten alle Artefakte abgefragt, die als typisch für die Organisation wahrgenommen werden. Dabei ist es sinnvoll, besonders die neuen Mitarbeiter zu fragen, da ihnen in der Regel einiges mehr auffällt als denen, die bereits vieles unbewusst als selbstverständlich adaptiert haben. Die Beiträge werden visualisiert.

   Kategorien zur Identifizierung von Artefakten (Schein 2003, S. 75):
   - Kleidungsvorschriften
   - Wie formal sind die Autoritätsbeziehungen?
   - Arbeitsstunden
   - Konferenzen (wie oft, wie geleitet, Timing)?
   - Wie werden Entscheidungen getroffen?
   - Kommunikation: Wie erfährt man was?
   - Gesellschaftliche Ereignisse
   - Jargon, Uniformen, Identitätssymbole
   - Riten und Rituale
   - Meinungsverschiedenheiten und Konflikte: Wie wird damit umgegangen?
   - Verhältnis von Arbeit und Familie

2. Identifikation der Werte

   Spätestens in der zweiten Runde ist es wichtig, dass die Teilnehmer das Kulturmodell nach Schein kennen (Schein 2003), denn oft werden hier die Werte aufgelistet, die explizit, d. h. rational, für sinnvoll empfunden und z. B. in Unternehmenswerten festgeschrieben wurden. An dieser Stelle entpuppt sich, was ein tatsächlicher Wert im Unternehmen ist, denn zu jedem Wert wird bei den Artefakten aus Schritt 1 nach Belohnungs- oder Verantwortungssystemen gesucht, die diesen Wert stützen. Ist der Wert z. B. „Kundenfokus" und sie finden etwas wie „jedes Telefon klingelt bei uns maximal drei Mal", so ist ein Zusammenhang wahrscheinlich. Findet man jedoch keine Artefakte zum Kundenfokus, so liegt die Annahme nahe, dass es sich hier um einen Bereich handelt, „in dem eine tiefe unausgesprochene Annahme operiert und das System antreibt. Nach dieser tieferen Annahme müssen Sie dann suchen" (Schein 2003, S. 76). Auch Widersprüche können an dieser Stelle auftreten. Ist der Wert z. B. „offene Kommunikation", und ein Artefakt „Probleme sollten nur angesprochen werden, wenn man die Lösung schon parat hat", dann teilt die Organisation in einer geschlossenen Kultur die Annahme, dass nur positive Mitteilungen geschätzt werden und man sich besser nicht äußert, wenn man keine Lösung weiß.

   Der Weg zu den tiefliegenden kulturellen Ebenen führt über genau diese Widersprüche. Denn oft werden offiziell seitens des Managements bekundete Werte durch Artefakte, also beobachtbares Verhalten, konterkariert. In diesem Arbeitsschritt werden nun die aufgedeckten (tiefen) Werte visualisiert und es entstehen erste erkennbare Muster.

3. Diese vorangegangenen beiden Schritte können mit anderen Gruppen wiederholt werden und dauern jeweils ca. drei Stunden. Kosten und Aufwand für diese Methode sind gering und lohnenswert, wenn man sie mit einer groß angelegten Fragebogenaktion vergleicht, die zudem eher sozial erwünschte Ergebnisse hervorbringt.

4. Im letzten Schritt kehrt man nun zurück zum definierten Ziel und analysiert, welche der gefundenen gemeinsamen Grundannahmen eine Hilfe, und welche ein Hindernis für die Zielerreichung sind. Schein rät dazu, sich auf die förderlichen und hilfreichen Annahmen zu konzentrieren. Ein grundlegender Kulturveränderungsprozess zur Beseitigung hinderlicher Kulturmerkmale erfordert einen sehr viel höheren Aufwand.

▶ **Aufgepasst, Karl-Heinz!** Ja, der Aufwand erscheint Dir wahrscheinlich recht groß. Deine Führungskräfte haben aus Deiner Sicht Wichtigeres zu tun. Für diese Art von Organisationsentwicklung empfiehlt es sich, die Beteiligten zu einem Offsite einzuladen. Das fördert nicht nur die Konzentrationsfähigkeit, weil man fernab des Alltagsgeschehens ist, es motiviert sogar den Gemeinschaftssinn und kann Spaß machen.

8.2 Führungsverständnis reflektieren

Als größtes Hindernis für Entwicklung in Unternehmen sieht Wolf Lotter (2017, S. 39) die „bis zur Unkenntlichkeit betriebene Vermengung von Unternehmertum und Verwaltung". Oder, wenn man so will, die Verwechslung von Management und Führung. Geprägt durch die Gründerzeit der Industrie wuchs ein Führungsbild, das heute zwar nicht mehr wirklich sozial akzeptiert ist, jedoch immer noch kulturell nachwirkt. Das macht sich unter anderem dadurch bemerkbar, dass mit der Rolle des Anführers, des Helden, der auch in stürmischen Zeiten die Ruhe bewahrt und die richtigen Entscheidungen trifft, eine gewisse Faszination einhergeht. Im deutschen Mittelstand trifft man solche „Haudegen" noch häufig an. Doch die Welt hat sich im Allgemeinen verändert. Der materiellen Emanzipation folgte wie immer die soziale Angleichung, was die ehemals getrennten Welten der Mächtigen und der Gehorchenden immer weiter verschmelzen ließ. Heute sprechen wir von einer Demokratisierung der Führung, was bedeutet, dass es transparente Regeln der Führung gibt, und dass die „Willkür nach Gutsherrenart" verständlichen Entscheidungen weicht.

Diese Entscheidungen zu treffen, ist im heutigen Führungsverständnis die zentrale Aufgabe, was aber im Übergang von der Leistungs- in eine Wissensgesellschaft zu diffusen Erwartungen allerseits führt. Je nach Situation und Umgebung fordern Mitarbeiter jemanden als Führungskraft, der ihnen eindeutig sagt, wo es langgeht, oder sie fordern maximale Beteiligung mit einer moderierenden Führung. Da sich die Funktion und Rolle der klassischen Führungskraft jedoch tendenziell immer stärker in Richtung einer moderierenden, selbstlos fördernden und zusammenbringenden Person entwickelt, redet man heute gerne von „Leadership". Die einsamen und autoritären Lenker an der Spitze der Organisation sterben langsam aus. Trotzdem hält sich in diesen Reihen ein schier unbeirrbarer Glaube daran, dass die alten Methoden auch in einem völlig veränderten Umfeld noch alles richten können.

Der Weg von der klassischen Führung zur Leadership geht über die Etappen Selbstkritik, Selbsttäuschung, Menschenbild und Charakter. Wer sich und seine Arbeit also nicht

selbst infrage stellen kann, täuscht sich selbst eine verzerrte Realität vor. Das Menschenbild haben wir schon in Kap. 3 als wesentliches Element zukunftsweisender Führung
beschrieben. Nur wer bei arbeitenden Menschen grundsätzlich an die Lernbereitschaft und
die Bereitschaft, Verantwortung zu übernehmen, glaubt, kann sich darauf konzentrieren,
ihnen aus dem Weg zu gehen, „denn die einzige legitime Form von Mitarbeiterführung
ist die Selbstführung" (Lotter 2017, S. 45). Grundvoraussetzung für diese Maxime ist es,
sich selbst und andere Menschen zu mögen, stets davon angetrieben zu sein, mehr aus sich
und anderen Menschen zu machen, kurzum: Charakter zu haben. Die 400 Führungskräfte,
die an der Studie „Neue Führung" (Abschn. 3.2) teilgenommen haben, zeichnen ein sehr
klares Bild davon, welche Anforderungen an die Führung von morgen gestellt werden und
sind sich in einem Punkt einig: Dass „Segeln auf Sicht", die Bereitschaft und Fähigkeit,
sich auf ergebnisoffene Prozesse einzulassen, schon heute ein zentrales Charakteristikum
guter Führung ist und in Zukunft an Bedeutung zunehmen wird.

Das neue Führungsverständnis stößt natürlich dort auf Widerstand, wo Führung sich
aufgrund ihres Status über die Dinge stellt, und auch dort, wo Mitarbeiter ihre Selbst-
verantwortung an Führung delegieren möchten. Dieser Widerstand kann viele Ursachen
haben und wir können ihn verstehen oder nicht, das ändert nichts. Eine offene Auseinandersetzung darüber, welches Führungsverständnis im Unternehmen vorherrscht und
wie der Boden für Teilzeit-Führung geebnet werden kann, ist eine unbedingte Voraussetzung für die Implementierung.

8.3   Wie wir reden und was wir meinen (Kommunikation und Betriebsklima)

Teilzeitbeschäftigte Führungskräfte akzentuieren in ihren Aussagen vielfach, dass ein
wesentlicher Erfolgsfaktor ihrer Arbeit eine effektive und bewusste Kommunikation ist.
Sie können nur erfolgreich und organisiert arbeiten, wenn abgesprochene Abläufe und
Termine eingehalten werden und kurzfristige Änderungen unkompliziert am Telefon oder
im Miteinander gelöst werden. Funktionierende und abgestimmte Prozesse wirken sich
positiv auf das Betriebsklima aus, denn Missverständnisse oder mangelnde Information
führt zu Unsicherheiten und Konflikten. Der Art der Kommunikation (auch in solchen
Situationen, die sich auch durch ausgeklügelte Kommunikationstechniken und Info-
fluss-Diagrammen nie vollständig ausschließen lassen) kommt daher eine große Rolle zu.

Was ist nun das Geheimnis einer effektiven und bewussten Kommunikation? Der
Kommunikationswissenschaftler Paul Watzlawick postuliert, dass „man nicht nicht kommunizieren könne" (Watzlawick et al. 2011, S. 51), und dass die Kommunikation die
Alltäglichkeit bestimmt. In der Realität entpuppt sich dieses Theorem als ausgesprochen
vielschichtige Angelegenheit, denn die meisten Missverständnisse beruhen auf einem
Kommunikationsfehler, nämlich in der unbewussten Annahme, dass die eigene Absicht
doch klar ist und damit von allen Beteiligten geteilt wird (siehe Abschn. 1.4.1.5). Deshalb doch ein kleiner Exkurs in die spannende Welt der Kommunikation, den ich (SK) im

Übrigen in fast jedem Workshop und jedem Coaching brauche, um den Teilnehmern die Macht ihres eigenen Kommunikationsverhaltens vor Augen zu führen.

Grundlegend wird unter Kommunikation das Senden und Empfangen einer Nachricht verstanden. Jeder kennt die klassischen Sender-Empfänger-Modelle, die nach Watzlawick auch ohne sprachliche Elemente gelten. Blicke, Gesten und Körperhaltungen transportieren demnach ebenfalls Nachrichten (Watzlawick et al. 2011). Diese Nachrichten können vom Empfänger richtig oder falsch aufgefasst werden. Ausschlaggebend für den weiteren Kommunikationsverlauf ist für Watzlawick nicht die Absicht des Senders, sondern die Interpretation des Empfängers. Missverständnisse entstehen, wenn die Nachricht vom Empfänger anders interpretiert wird, als sie vom Sender gemeint ist. Diese Missverständnisse sind vermeidbare Stressquellen, die sich negativ auf die Stimmung der Beteiligten auswirken und ein gemeinsames Arbeiten erschweren können.

Wir arbeiten oft mit dem 7-38-55-Modell von Albert Mehrabian. In Experimenten bewies Mehrabian bereits in den 60er Jahren, dass die Wirkung eines Sprechers nur zu 7 % vom Inhalt abhängt. Erschreckend ist diese Zahl für alle, die sich zu 100 % bei ihrer Rede auf eben diesen Inhalt konzentrieren und dabei unberücksichtigt lassen, dass 38 % der Wirkung durch stimmliche Merkmale wie die Stimmlage, die Satzmelodie, Lautstärke und Variation erzeugt wird. Mit 55 % der Wirkung nimmt jedoch die Körpersprache den Löwenanteil ein: Haltung, Gestik, Mimik, Bewegung.

In mehreren Wiederholungen des Experiments gab es nur geringe Abweichungen von den in Abb. 8.1 dargestellten Ergebnissen. Für alle interessierten Teilzeit-Führungs-Fans an dieser Stelle die Botschaft:

▶ **Kommunikation ist Selbstreflexion und Übung** Für eine „gute" Kommunikation brauchen wir mehr als nur Inhalt. Nutzen Sie moderne Kommunikationsmedien (mit Bild), um ein schlüssiges Gesamtbild der Interpretation zu ermöglichen. Schauen Sie sich mal selber zu, vor dem Spiegel z. B. und machen Sie sich mit Ihrer Körpersprache bekannt. Möchten Sie so wirken? Wenn nicht: Üben Sie! Das gleiche gilt für Ihre Stimme. Nehmen Sie sich auf und hören Sie dann genau hin. Sprechen Sie zu schnell, zu langsam? Zu laut, zu leise? Sprechen Sie auch Punkte am Satzende mit und geben Sie Pausen zum Mitkommen der Zuhörer?

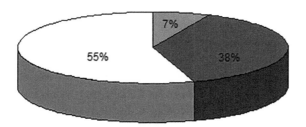

Abb. 8.1 Wahrnehmungsanteile nach Albert Mehrabian. (Quelle: Eigene Darstellung)

Wir Menschen sind hochsensible Wesen und interpretieren ständig unsere Umwelt. Darauf sind wir angewiesen, um handlungsfähig zu sein. Das führt dazu, dass mitunter ein einziger schräger Blick in wichtigen Situationen dazu führt, dass wir das Vertrauen von jemandem verlieren. Und das, ohne inhaltlich auch nur den kleinsten Grund dazu gegeben zu haben. Wir „lesen" andere Menschen und gleichen permanent ab, welche Konsequenzen das Verhalten anderer für uns haben kann. Deshalb haben wir eben auch schnell ein komplettes Bild von anderen, das uns z. B. bei Hans vorsichtig sein lässt, gegenüber Elke aber völlige Offenheit zulässt. Wir entwickeln Einstellungen zu anderen Menschen, die von Erfahrungen, Intuition, Geruch unbewusst geprägt werden. Tatsächlich ist dabei der Geruch ein wesentliches Element. Bestimmte hormonelle Konstellationen werden über Geruch nach außen transportiert und ziehen uns an oder stoßen uns ab. Evolutionsbiologisch eine wichtige Voraussetzung für die richtige Partnerwahl, um die Art zu erhalten. Diese Wahrnehmung entzieht sich allerdings unserem Bewusstsein. Wenn Sie Hans also „nicht riechen" können, heißt das nicht unbedingt, dass er einen unangenehmen Körpergeruch hat, sondern dass Sie ihn unbewusst als aggressiv oder übergriffig wahrnehmen.

Nachdem wir unser Gegenüber in kürzester Zeit „analysiert" haben, verhalten wir uns gemäß der Einstellung, die wir uns gebildet haben. EVA wird aktiv.

E   Einstellung (beeinflusst)
V   Verhalten (beeinflusst)
A   Auswirkung

Meine Großmutter hatte dafür, wie für viele andere Phänomene eine Alltagsweisheit parat: Wie du in den Wald hineinrufst, so schallt es heraus. Nehmen wir noch einmal das Beispiel mit Hans. Aus einigen Erfahrungen mit ihm, die auf der Basis meiner subjektiven Lebenswelt zu einer negativen Grundeinstellung ihm gegenüber wurden (Einstellung), wähle ich eine bestimmte Art, ihn anzusprechen (Verhalten). Eine klare (autoritäre) Ansage ist vielleicht die beste Möglichkeit, ihm zu zeigen, wer hier das Sagen hat. So angesprochen (meine Stimme und meine Körperhaltung werden Hans eindeutige Signale zu meiner Einstellung gratis mitliefern), reagiert Hans … genau, aggressiv (Auswirkung). So bestätigt Hans natürlich meine Einstellung, was ich wiederum als Verfestigung der Richtigkeit meiner Einschätzung mitnehme in zukünftige Situationen und so fort. SEP (die sich selbst erfüllende Prophezeiung) ist nämlich ein guter Freund von EVA.

In Workshops startet dann meistens die Diskussion darüber, wie objektiv denn nun eine persönliche Einstellung ist, wenn Hans doch z. B. ganz offensichtlich ständig auch andere aggressiv behandelt. Eine sichere Deutung seiner unbewussten Signale ist nicht möglich. Es soll das eigene Muster bestätigt werden, um keine unnötigen Denkprozesse in Gang setzen zu müssen. Man empfindet es als „ein gutes Recht", jemandem etwas entgegenzuhalten, der vermeintlich Böses im Schilde führt. Alles richtig! Und ganz ehrlich: Ich kenne Hans ja gar nicht. Es kann also sein, dass er ein durch und durch aggressiver Mensch ist. Diese vermeintliche Erkenntnis nützt mir nur absolut nichts, wenn ich als Teilzeit-Führungskraft mit Hans als Mitarbeiter kommuniziere und eine gemeinsame

Ebene des Verständnisses schaffen möchte. Außerdem sind solche Aussagen aus der psychologischen Perspektive nie „richtig". Klar ist jedoch: Wenn ich möchte, dass Hans sich anders verhält, muss **ich** mich anders verhalten. Sonst werden wir immer wieder energieraubende Auseinandersetzungen führen. Die Erfahrung zeigt nämlich eben auch, dass z. B. mangelnde Wertschätzung oder fehlendes Vertrauen ein Grund für Hans' aggressives Verhalten sein können. Als Führungskraft (ob in Teilzeit oder Vollzeit) liegt es in meiner Verantwortung, mich damit auseinanderzusetzen und verschiedene Lösungsmöglichkeiten zu suchen. Ein erster wichtiger Schritt dahin ist die bewusste Unterscheidung zwischen Absicht und Verhalten: Hans verhält sich aggressiv, das kann ich beobachten, ob er aber auch eine aggressive Absicht verfolgt, kann ich im ersten Schritt nicht wissen.

8.3.1 Vertrauen

Gegenseitiges Vertrauen ist also eine Grundeinstellung (E) der Beteiligten. Eine Teilzeit-Führungskraft agiert immer in einem kulturellen Umfeld (siehe Kap. 4), das die Voraussetzungen für das Miteinander festlegt. Doch kann ein Team sich auch in wesentlichen Kulturmerkmalen von der Gesamtorganisation unterscheiden. Die Basis für gegenseitiges Vertrauen ist in kleineren Einheiten eines Unternehmens häufig stabiler, weil sie überschaubarer sind. Doch was heißt eigentlich Vertrauen? Vertrauen ist ein geschundener Begriff. In jedem Workshop wird er benutzt, gemolken und missbraucht. Denn was wir mal eben herausposaunen als Grundlage guter Zusammenarbeit und wichtigste Säule der Unternehmensphilosophie, ist mehr als das, was die meisten Nutzer dieses Wortes geben können.

Vertrauen beruht auf **drei Erwartungen:**

Kompetenzerwartung: Ich erwarte von der Person, der ich mein Vertrauen schenke, dass sie über die Kompetenz verfügt, die Dinge richtig zu verstehen, zu durchdringen und demgemäß zu handeln. Darüber sollten Sie einen Augenblick nachdenken! Mal ehrlich: Wie vielen meiner Kollegen begegne ich mit der Überzeugung, dass sie über diese Kompetenz verfügen?

Integritätserwartung: Ich erwarte von der Person, der ich mein Vertrauen schenke, dass sie mir und der Sache hundertprozentig integer gegenübersteht. Prüfen Sie, ob Sie sich nicht doch die Frage stellen, ob egoistische Interessen eine größere Rolle spielen. Hat der Müller nicht letzte Woche einfach sein eigenes Ding durchgezogen?

Benevolenzerwartung: Ich erwarte von der Person, der ich mein Vertrauen schenke, dass sie mir jederzeit wohlgesonnen ist. Auch darüber sollten Sie einen Augenblick nachdenken! Klar haben wir neulich im Kollegenkreis ein Bier zusammen getrunken und uns von der lauschigen Stimmung zu innigen Umarmungen und Aussagen über ewige Freundschaft und Kollegialität hinreißen lassen. Aber hat Meier nicht gerade letzte Woche mit Schmidt über meinen letzten Projektbericht gelästert und mich in die Pfanne gehauen?

Bevor wir also mit diesem großen Wort um uns werfen und von den Kollegen, ja sogar von einem Unternehmen (also der willkürlichen Ansammlung unterschiedlichster Menschen!) Vertrauen einfordern, sollten wir einen Augenblick über unsere eigene Einstellung zu diesem menschlichen Geschenk nachdenken. Und auch über die Frage, ob ein Team oder ein Unternehmen überhaupt ein Ort sein kann, wo wir Vertrauen im ursprünglichen Sinne einfordern oder erwarten können. Denn Vertrauensbeziehungen basieren in der Regel auf Gegenseitigkeit. Unbewusst nehmen wir also permanent einen Abgleich vor, ob in angemessener Größenordnung auf unsere Vorleistung das Vertrauen auch zurückkommt.

Vertrauen ist der Wille, sich verletzlich zu zeigen. Mal ehrlich: Wie bereit bin ich denn tatsächlich, mich am Arbeitsplatz verletzlich zu zeigen? Wozu auch? Wir sind Bestandteil eines kulturellen Kraftfelds, in dem diese Dimension zwar vorhanden ist, jedoch viel zu oft keine Priorität hat. In diesem Umfeld entscheidet sich das Individuum verständlicherweise gegen eine Vertrauensbeziehung und für ein „Mitspielen", um die eigene Existenz nicht zu gefährden. Denn mehrere Vertrauensdimensionen steuern das Handeln:

1. Vertrauen entsteht in Situationen, in denen der Vertrauende (der Vertrauensgeber) mehr verlieren als gewinnen kann – er riskiert einen Schaden bzw. eine Verletzung.
2. Vertrauen manifestiert sich in Handlungen, die die eigene Verletzlichkeit erhöhen. Man liefert sich dem Vertrauensnehmer aus und setzt zum Vertrauenssprung an.
3. Der Grund, warum man sich ausliefert, ist die positive Erwartung, dass der Vertrauensnehmer die Situation nicht zum Schaden des Vertrauensgebers verwendet.

Vertrauen ist ein erlerntes Verhalten, eine erlernte Entscheidung und damit abhängig von der Kultur, die uns geprägt hat und in der wir agieren. Noch dazu brauchen wir viel Zeit, um Vertrauen aufzubauen, aber nur Sekunden, um es zu entziehen mit dem Vorsatz, es an dieser Stelle auch nie wieder zu geben. Denn Vertrauen ist ein Reifungsprozess (kein Instantprodukt). Da gibt es kein „On-Off". Manchmal müssen wir sehr mühsam lernen, nach schlechten Erfahrungen überhaupt wieder vertrauen zu können und mit unserem eigenen Verhalten in Vorleistung zu treten. Im Arbeitskontext heißt Vertrauen zu lernen: Verzicht auf kurzfristige Vorteile, kein Profilieren auf Kosten Anderer, kein Verschweigen eigener Unzulänglichkeiten, keine Allianzen schmieden. Die Belohnung: Vertrauen minimiert Komplexität auf der Sachebene und erhöht die empfunde Beziehungsqualität auf der Beziehungsebene.

Der Glaube daran, dass es gelingen kann, in eine vertrauensvolle Beziehung zu treten, ist bereits der erste Vertrauensakt und ein Schlüssel zur Resilienz, also die Fähigkeit, nach einschneidenden, meistens als negativ empfundenen, Erfahrungen wieder in eine gesunde Balance zu kommen und handlungsfähig zu sein. Der Vertrauensakt ist nicht zu verwechseln mit dem Konstrukt der Vertrautheit. In modernen Organisationen kommt es darauf an, vertrauensfähig zu sein, auch ohne unmittelbare Vertrautheit zu empfinden.

Ist Vertrauen in nicht-modernen Gesellschaften noch eng mit Vertrautheit verbunden und auf die unmittelbaren Sozialbeziehungen bezogen, so läßt sich die Moderne durch eine Trennung von Vertrauen und Vertrautheit kennzeichnen (Clases und Wehner 2018).

Da es sich bei Vertrauen um ein Konstrukt handelt, das so tief in der menschlichen Psyche verankert ist, sollten wir behutsam nicht nur mit dem Begriff, sondern auch mit dem Vertrauen selbst, umgehen und ihn zunächst einmal im Arbeitsumfeld durch Wertschätzung und Akzeptanz ersetzen. Das macht es einfacher und vor allem realistischer, die gemeinsamen Herausforderungen der Arbeit erfolgreich zu bewältigen und dabei ein unabhängiges Individuum zu bleiben. Praktizierte und aufrichtige Wertschätzung und Akzeptanz sind schon schwer genug.

▶   **Aufgepasst, Marie und Karl-Heinz!**
Die Einstellung beeinflusst das Verhalten beeinflusst die Auswirkung. Als Teilzeit-Führungskraft solltest Du, Marie, Deine Einstellungen reflektieren und großen Wert auf exzellente Kommunikation legen. Durch weniger Präsenz braucht Dein Team eine wertschätzende Grundhaltung und erwartet effektive Absprachen. Nur dann kann Eigenverantwortung und Selbstorganisation in der Gemeinschaft zu höherer Qualität der Arbeit führen.

Karl-Heinz, für Dich gilt das auch. Wie sieht es mit Deinem Vertrauen in Deine Führungskräfte aus? Wie klar formulierst Du Deine Vision, Deine Wertschätzung? Du bist derjenige, auf den alle schauen und Du brauchst Glaubwürdigkeit, um Teilzeit-Führung umzusetzen. Im Zweifel „riechen" Deine Mitarbeiter, dass es ein Lippenbekenntnis von Dir ist und entziehen Dir ihr Vertrauen.

8.3.2 Lösungsorientierung

Wenn nun also eine Führungskraft nur in Teilzeit arbeitet und so die physische Präsenz nicht durchgehend gewährleistet ist, sollte sie noch größeren Wert darauf legen, in wichtigen Situationen die gewünschte Wirkung zu erzielen. Strenggenommen ist Lösungsorientierung auch eine Einstellung. Da wir aber eine kollektive Vorliebe für die Defizitorientierung teilen, gebührt diesem Thema ein wenig mehr Aufmerksamkeit.

Aus der Unternehmensperspektive wird die Vorliebe für eine der beiden Orientierungen schnell aus dem Sprachgebrauch ersichtlich: „Marie arbeitet in Teilzeit. Die ist nie da." Oder „Marie nutzt ihre Anwesenheitszeit sehr effizient." Umgangssprachlich sehen wir „das Glas halb voll oder halb leer". Man kann sich selbst mal fragen, welche Perspektive bevorzugt wird. Wie geht man damit um, dass die Butter für das Frühstücksbrot im Kühlschrank fehlt? Die Einen fragen als erstes, wer die letzte Butter genommen hat, die Anderen sind schnell dabei, sich Alternativen zu überlegen. Die Entscheidung über die situative Sichtweise liegt immer bei der Person selbst und ist damit natürlich auch abhängig vom Kontext. Bei ohnehin schon schlechter Laune sieht man eben auch eher das, was fehlt, falsch ist oder mies läuft. Bei guter Laune tendiert man dazu, Chancen und Möglichkeiten zu sehen. Doch unabhängig von der augenblicklichen Stimmungs- lage und anderen Kontextbedingungen spielt ein kultureller „Defizit-Bias" eine nicht zu unterschätzende Rolle in Teams und ganzen Unternehmen. Karl-Heinz sieht den großen Aufwand, der für die Realisierung von Teilzeit-Führung notwendig ist. Noch dazu gibt es keine verlässlichen Daten darüber, wie sich das Vorhaben für sein Unternehmen aus- zahlen wird. Marie denkt in Möglichkeiten, sie sieht eher die Chance, in ihrem Beruf erfolgreich zu sein und gleichzeitig den Lebensweg ihrer Familie mitgestalten zu können.

In Workshops erzähle ich (SK) immer gerne von einem Aha-Erlebnis zum Thema Lösungsorientierung und unserer gelernten Defizit-Liebe: Als mein Sohn in der Grund- schule sein erstes Diktat geschrieben hatte, kam er mittags weinend nach Hause. Das Diktat bestand aus 10 Wörtern mit dementsprechend noch mehr Buchstaben. Er hatte einen Buchstaben falsch geschrieben und der war rot markiert. Alle anderen Buch- staben waren richtig, aber er konnte sie nicht mehr sehen. So lernen wir bereits in frü- her Kindheit, dass das, was stimmt und vorhanden ist, weniger zählt als das, was fehlt oder schlecht ist. In der Folge bemühen wir uns mehr darum, in dem Bereich besser zu werden, in dem wir vielleicht tatsächlich Defizite haben als das zu verbessern, was wir bereits gut können. Stärken zu stärken ist darüber hinaus motivierender und führt zu außerordentlichen Fähigkeiten.

Karl-Heinz nun mit den Möglichkeiten zu konfrontieren, die Marie in der Teil- zeit-Führung sieht, ist relativ aussichtslos. Seine Problemorientierung wird sich nicht auflösen lassen. Sachliche Argumente werden diese emotionale Haltung nicht verändern. Was Karl-Heinz hingegen umstimmen kann, sind emotionale Erfahrungen, die ihm die andere Perspektive erst eröffnen können. Das kann eine Ausnahme sein, die das Unter- nehmen für einen Mitarbeiter macht, dessen Familienmitglied Unterstützung braucht. Aus emotionaler Anteilnahme wird Karl-Heinz einer Teilzeitregelung zustimmen. Macht er damit die Erfahrung, dass es klappt, ist die Wahrscheinlichkeit höher, dass das Teil- zeit-Modell im Unternehmen einen festen Platz bekommt.

Eine konsequente und andauernde Problemorientierung macht jeden Menschen, aber auch jede Organisation handlungsunfähig. Denn die Konzentration auf all das, was **nicht** geht, führt zu Ohnmacht und Starre. Psychologen sprechen hier von einem „Sekundär- gewinn", der zwar keinen unmittelbaren, dafür aber mittelbaren Nutzen für das Indivi- duum hervorbringt. In der Ohnmacht gibt der Mensch die Verantwortung für sich und das Geschehen ab und entlastet sich damit. Als „Opfer" der Umstände zieht sich das Individuum zurück, kann sich entspannt zurücklehnen und eine Armee von Ratgebern abblitzen lassen in der tiefen Überzeugung, dass eben einfach nichts geht. Innovations- kraft liegt in einer (im Team) geteilten Lösungsorientierung, was nicht heißt, dass Prob- leme oder Fehler nicht identifiziert und ausgeräumt bzw. abgestellt werden.

100 Ideen in fünf Minuten

In einer einfachen Übung gebe ich (SK) Teilnehmern meiner Veranstaltungen mitunter die Möglichkeit, ihre Problemorientierung wahrzunehmen. Ich wette mit einer Kleingruppe, dass sie es nicht schaffen, in fünf Minuten 100 Ideen zu einem (für sie relevanten) Thema zu generieren. Ausgestattet mit drei Flipcharts und drei Stiften geht es los und die Uhr wird gestartet. Es ist sehr interessant zu beobachten, wie die Gruppen darauf reagieren. Für einige ist allein die Aufgabe schon eine Zumutung, weil sie meinen, dass das erstens nicht zielführend und zweitens nicht machbar ist. Andere lieben den Wettbewerb und agieren nach dem Motto: Das werden wir ihr schon zeigen, dass wir das schaffen. Klar ist natürlich, dass es meistens die zweite Gruppe ist, die es wirklich schafft.

Lösungsorientierte Kommunikation ist geprägt von Möglichkeiten und Zielen. Hindernisse werden identifiziert, bekommen aber nicht mehr Aufmerksamkeit als notwendig ist, um sie zu überwinden.

Marie kann sich mit ihrem Anliegen an Karl-Heinz wenden. Wenn es die Unternehmenskultur zulässt, wird sie einen Gesprächstermin vereinbaren und sich gut vorbereiten. Im Gepäck hat sie eine Liste mit lösungsorientierten Fragen, die ihr helfen wird, Karl-Heinz Problemsicht zumindest zeitweise ins Wanken zu bringen. Eine Garantie für ein positives Gesprächsergebnis ist das natürlich nicht, doch wird sie feststellen, wie anders ein Gespräch verläuft, wenn man lösungsorientiert kommuniziert, und wie sich die eigene Rolle dadurch verändert.

Lösungsorientierte Fragen

1. **Fragen nach Ausnahmen**
   - Entstehen bei der Anwendung dieses Programms immer diese Probleme oder gibt es auch Ausnahmen?
   - Was ist anders, wenn das Problem nicht besteht?
   - Wie verhalten sich die Beteiligten dann anders?
   - Was kann man andere dann tun sehen? Woran können Sie den Unterschied erkennen?
   - Was müsste passieren, damit diese Unterschiede häufiger bemerkbar sind?
   - Was können die Beteiligten im Einzelnen dazu beitragen, dass dies häufiger passiert?

2. **Fragen nach Zielen und möglichen Lösungen**
   - Was hat Sie bewogen, Intranet einzuführen?
   - Was müsste in diesem Workshop geschehen, damit Sie Ihrem Projektziel näher kommen?
   - Was müsste heute geschehen, damit der Workshop ein kompletter Reinfall wird?
   - Woran werden Sie erkennen, dass Sie Ihr Ziel für heute erreicht haben?
   - Woran werden andere erkennen, dass Sie Ihr Ziel erreicht haben?
   - Was wird dann anders sein?

3. **Fragen nach Bewertungen**
   - Stellen Sie sich bitte eine Skala von 0 bis 10 vor. 0 kennzeichnet den denkbar schlechtesten Zustand. 10 bedeutet, dass das Problem hundertprozentig gelöst ist. Wie schätzen Sie die Situation heute ein?
   - Frau Meyer schätzt die Situation optimistischer ein, wie erklären Sie sich das?
   - Wie hoch, schätzen Sie, wird der Wert in einem Monat/Jahr sein?
   - Wenn 0 bedeutet, nicht motiviert zu sein und 10 eine äußerst hohe Motivation kennzeichnet, wie hoch schätzen Sie sich ein?
   - Was müsste geschehen, damit der nächsthöhere Wert erreicht wird?
4. **Fragen nach Bewältigungsmöglichkeiten**
   - Wie haben Sie es geschafft, so lange mit diesem Zustand/Problem zu leben?
   - Woher hatten Sie die Energie und Hoffnung?
   - Welche Ihrer Fähigkeiten waren dabei besonders gefragt?
   - Wer hat Sie wie unterstützt?
   - Worauf können Sie auch in Zukunft bauen? Was wird hilfreich sein?

Führungskräfte können mithilfe einer einheitlichen und für alle verständlichen und lösungsorientierten Kommunikation aktiv zu einem positiven Miteinander und einer gesunden Unternehmenskultur beitragen. Das gilt auch für den Umgang mit neuen Herausforderungen, bedingt durch ungewohnte Arbeitszeitmodelle oder neue Teilzeitmanager im Team. Die Kommunikation ist ein wichtiger Faktor für das Wohlbefinden aller Beschäftigten und spiegelt die Beziehungen untereinander wider. Je besser kommuniziert wird, desto effizienter und zielorientierter kann gearbeitet werden.

Das, was in Abschn. 8.3.1 als Wertschätzung beschrieben ist und von vielen als eine Art von Vertrauen empfunden wird, äußert sich maßgeblich über die Art der Kommunikation, denn darüber vermitteln wir uns gegenseitig ständig, wie wir zueinander stehen. Teilzeitkräfte berichten, dass sich die positive Grundhaltung in den Teams verbessert hat, seitdem sie selbst zufriedener und motivierter ihrer Arbeit in reduziertem Umfang nachgehen können. Als Grund dafür geben sie an, dass sie sich mit ihren persönlichen Bedürfnissen von ihrem Arbeitgeber ernst genommen fühlen. Das wirkt sich wiederum vorteilhaft auf das Klima innerhalb des gesamten Unternehmens aus. Das Betriebsklima wird organisationspsychologisch als subjektiv wahrgenommene, nachhaltige Qualität des Zusammenwirkens von Mitarbeitern eines Unternehmens beschrieben. Führungskräfte in Teilzeit sollten also aufgrund ihrer exponierten Situation aktiv und lösungsorientiert kommunizieren, um Missverständnissen vorzubeugen und die Organisationskultur damit maßgeblich zu prägen (Bögel 2003).

8.3.3 Metakommunikation

Wieder so ein Begriff aus der Psychologie, der bei vielen Haudegen aus der Wirtschaftswelt oft ein mildes Lächeln auslöst. Seit Psychologen Führungs-Trainings anbieten, kennt jeder den Begriff „Metakommunikation" und verbindet damit eher das unangenehme Gefühl, Tabus brechen zu sollen. Denn in unserer Alltagssprache reden wir nicht darüber, **wie** wir miteinander reden. Das wirkt hölzern, offenbart eventuell sogar vermeintliche Schwächen, ist sehr persönlich und damit schwierig. Manchmal ist es jedoch ungemein wirksam, aus einer Helikopterperspektive auf die Interaktion zu schauen und daraus zu lernen. Denn nur über diesen Reflexionsprozess gewinnen wir wertvolle Informationen darüber, wie wir besser und harmonischer miteinander kommunizieren können, und zwar langfristig. Hofert (2016, S. 99) beschreibt Metakommunikation als.

> das Reden über das Wahrnehmen von Reden. Wir beobachten, was zwischen Sender und Empfänger passiert ist, und setzen uns damit auseinander. Wir sagen uns gegenseitig, wie wir das Gesagte empfunden haben. Metakommunikation erleichtert. Menschen sind es nicht gewohnt, über ihre Wahrnehmung offen zu sprechen, viele Dinge werden zurückgehalten.

Metakommunikation erhöht den Reifegrad von Teams und Organisationen. Wenn wir es als selbstverständlich akzeptieren, dass Kommunikation ein komplexes Zusammenspiel unterschiedlichster individueller Aspekte ist und damit nie eindeutig ist, schaffen wir mit dem Reden über das Reden ein Trainingszentrum für ein wertschätzendes Miteinander. Viele Manager sehen sich nicht in einer so persönlichen Rolle; oder sie fühlen sich durch mangelnde Erfahrung unsicher. Für Marie gilt es also, selbst damit anzufangen und damit die Metakommunikation in das System hineinzubringen. Früher oder später kann es dann zur Normalität werden.

8.3.4   Besprechungsroutinen

„Ich sitze nur noch in Meetings." Diesen Satz hört man in Unternehmen täglich. Konferenzen, Teamsitzungen, Abstimmungsgespräche, Personalgespräche … Die Reihe wäre endlos fortzusetzen. Berechtigterweise fragen sich viele, ob nicht weniger in diesem Zusammenhang mehr wäre. Gleichzeitig wächst jedoch der Informationsbedarf, da sich Prozesse und Abläufe, aber auch Strukturen in den Unternehmen verändern. Mehr Netzwerke, weniger Hierarchie erfordern gezieltere und nicht mehr Informationsroutinen. Das gilt besonders für Teilzeit-Führungskräfte, die dafür verantwortlich sind, dass während ihrer Abwesenheit alle Geschäftsprozesse reibungslos laufen.

Auch bei den Besprechungsroutinen hat die Kultur ihre Hand im Spiel. Oft unreflektiert laufen Mitarbeiter von einem Meeting zum anderen, ohne sich und andere kritisch zu fragen, ob das auch sinnvoll und zielführend ist. Auch das Setting wird nicht infrage gestellt. So verkürzen sich viele Redebeiträge, und damit die Sitzungsdauer, automatisch, wenn man im Stehen diskutiert. Oder man führt ein Zeitlimit ein, falls noch nicht geschehen.

Eine Teilzeit-Führungskraft sollte also Besprechungsregelungen vor dem Hintergrund der besonderen kulturellen und organisatorischen Bedingungen treffen. Dabei ist es notwendig, mit dem Team gemeinsam diese Regelungen zu entwickeln, denn niemand weiß schließlich besser, wer was zum Arbeiten braucht als die, die es tun.

Umdenken für den Informationsfluss

In einem Unternehmen begleite ich das Marketing-Team bei einer Umstrukturierung. Das Ziel ist es, als „Speerspitze" des Unternehmens die Internationalisierung und die E-commerce-Sparte deutlich voranzutreiben und die Marke zu stärken. Das 12-köpfige Team wird von einer Frau geleitet, die seit 10 Jahren als Mitglied der Geschäftsleitung in einem hierarchisch orientierten Umfeld versucht, neuen Wind ins Unternehmen zu bringen. Die Umstrukturierung sieht nun vor, dass innerhalb des Marketing-Teams zwei Bereiche durch je eine weitere Führungskraft geleitet werden. Was auf den ersten Blick wie eine weitere Vertiefung der Hierarchie wirkt, ist die Antwort auf zu hohe Arbeitsbelastung der einzelnen Teammitglieder in ihren zuvor sehr isolierten Arbeitsbereichen. Klare Zuständigkeiten gibt es zwar noch in einzelnen Segmenten, durch die Arbeit in den Bereichen „Kommunikation" und „Produktmanagement" soll aber für alle sichtbar und spürbar werden, dass ein großes Ziel unter den veränderten Rahmenbedingungen nur erreicht werden kann, wenn übergreifend gedacht und agiert wird. Es findet also ein Paradigmenwechsel statt.

Im Unternehmensumfeld gelten noch sehr traditionelle Regeln, was zu einer Sonderstellung des Marketing und zu kritischer Beobachtung des Prozesses führt. Das Team muss also nach innen und außen gestärkt sein und eine gemeinsame Überzeugung und Festigkeit entwickeln. Einige Teammitglieder fühlen sich degradiert durch die zusätzliche Führungsebene, die im Organigramm zwar formal wichtig ist, intern aber eher als Koordinationsfunktion gedacht ist. Zwei Welten prallen hier aufeinander, was für Einzelne im Team sehr schwer nachzuvollziehen ist. Die Arbeitsweise soll mehr und mehr durch Eigenverantwortung und Selbstorganisation geprägt sein, damit die Marketing-Leiterin sich stärker auf die strategischen Aufgaben konzentrieren kann. In einem Workshop sprachen wir über die Notwendigkeit, den Informationsfluss anzupassen und ermittelten gemeinsam, welche Abstimmungsroutinen notwendig sind. In der für viele noch sehr unübersichtlichen Situation war der Ruf nach vielen Meetings so laut, dass in kurzer Zeit eine ganze Pinnwand mit unterschiedlichen Regelterminen gefüllt war. Es entstand Frust und Demotivation, weil noch nicht klar war, dass es einen grundsätzlichen Unterschied geben muss. Wir sprachen dann über agile Methoden.

Agilität

> bedeutet im Wirtschaftskontext, schneller reagieren zu können, zum Beispiel auf Marktveränderungen. Unternehmen sollen eher Schnellboote als Dampfer sein. [...] Nur heißt das eben nicht, [...] ohne Strukturen und Regeln (Hofert 2016, S. 2).

Es wird daher weniger auf Prozesse geschaut, sondern mehr auf die Organisation einer größer werdenden Menge von Informationen und deren Verarbeitungsprozessen. Agilität hat dementsprechend einen großen Anteil sozialer und kommunikativer Aspekte, was sie zu einem Zukunftskonzept und einer Führungsmethode macht. Als Grundlage für agile Methoden gilt das Ziel, Mitarbeitern den Rahmen dafür zur Verfügung zu stellen, ihre Arbeit als spaß- und lustvoll zu empfinden, also sie intrinsisch motiviert verrichten können. Dabei gilt nicht mehr das alte Leistungsprinzip, sondern die Annahme, dass die individuellen Stärken und Interessen in einem Team bei maximaler Motivation das beste Arbeitsergebnis hervorbringen.

Im Beispiel des Marketing-Teams oben arbeiten wir nicht an der Agilität einer Organisation. Wir etablieren innerhalb eines konservativen Umfelds ein agiles Team. Das ist auch für Hofert (2016) kein Widerspruch. Ebenso ist es kein Widerspruch, Selbstorganisation in einem geführten Team zu fördern.

> Agilität bedeutet nicht notwendigerweise das Ausmerzen von Hierarchien im Sinne von Rangordnungen. Rangordnungen weisen feste oder variierende Rollen zu, auch Führungsrollen. Ein Orchester dirigiert sich nicht selbst. Allerdings wird ein Dirigent, der im Flow ist mit seinen Musikern, bessere Leistungen erzielen (Hofert 2016, S. 4).

Für den Informationsfluss in einem komplexer werdenden Umfeld bei gleichzeitiger Teilzeit-Führung bieten sich agile Methoden besonders an, weil sie a) die Teamkultur stärken und Spaß als Motivator begrüßen, b) darüber Selbstorganisation und Eigenverantwortung stärken und c) die Führungskraft trotz reduzierter Arbeitszeit an den strategisch wichtigen Themen arbeiten lassen.

Informationsfluss durch agile Methoden gewährleisten (nach Hofert 2016)
Stand-up-Meetings: Alle Teammitglieder kommen täglich zusammen und tauschen sich aus. Das geschieht immer auf die gleiche Art und Weise. Im Stehen beantwortet jedes Teammitglied drei Leitfragen:

1. Was habe ich seit gestern geschafft?
2. Was werde ich heute tun?
3. Was hindert mich bei meiner Arbeit?

Das Team visualisiert z. B. auf einem Projekt- oder Teamboard (Scrum-Board) die wesentlichen Punkte und findet in demokratischer Diskussion mögliche Lösungen für Probleme. Selbstorganisiert werden diese Lösungen/Vereinbarungen anschließend umgesetzt.

Retrospektiven: In vorher vereinbarten Intervallen werden moderierte Meetings durchgeführt, deren Grundprinzipien die Beteiligung aller und die Wichtigkeit jeder Meinung sind. Zentraler Zweck ist die systematische Verbesserung der Abläufe und der Qualität der Ergebnisse. Leitfragen sind hier:

1. Was war gut?
2. Was störte?
3. Was werden wir in Zukunft besser machen?

Darüber hinaus bietet die agile Toolbox jede Menge interessanter Formate, die von Teilzeit-Führungskräften für einen optimalen Informationsfluss genutzt werden können. Eine Übersicht findet sich bei Hofert (2016) sowie bei Häusling et al. (2018) und sei allen empfohlen, die wirklich effektiver arbeiten möchten.

8.4   Organisationsstruktur unter die Lupe nehmen

Die Struktur einer klassischen Organisation ist durch drei wesentliche Bestandteile geprägt: die Geschäftsleitung, den hierarchischen Aufbau von Fachsparten und die Untergliederung in Abteilungen. Wichtig ist hierbei, dass die strukturellen Gegebenheiten das Kerngeschäft unterstützen und aufeinander aufbauen sollen. Die Struktur dient den Mitgliedern einer Organisation als Orientierungshilfe (Sattes et al. 1998). Nun haben wir bereits an verschiedenen Stellen beschrieben, wie herausfordernd es für Menschen ist, auf das Bewährte zugunsten einer Innovation zu verzichten (Greve et al. 2016). Etablierte Arbeitsplatzstrukturen und -prozesse bestehen oft bereits über viele Jahre und funktionieren trotz kleinerer Veränderungen. Das System erhält sich selbst, indem die wesentlichen Muster an neue Mitarbeiter weitergegeben und oft gar nicht infrage gestellt werden. Dass Teilzeit-Führungskräfte in manchen Unternehmen auf Widerstand und Vorurteile treffen, liegt vermutlich daran, dass bestehende und bewährte Strukturen nicht mehr passend für die neuen Gegebenheiten und eine Veränderung der strukturellen Abläufe die Folge sind (Vedder und Vedder 2008). Das macht die Reaktionen des Umfelds etwas verständlicher. Als langjähriges Mitglied einer Organisation soll ich meine gewohnten Abläufe und Routinen aufgeben. Im schlimmsten Fall verknüpft sich diese Einsicht mit dem konservativen (Fehl-) Urteil: Damit sich eine aufstrebende Führungselite einen schönen Tag machen kann.

Teilzeit-Führung beginnt daher bereits in der Aufgliederung der Struktur und sollte fest in der jeweiligen Organisationsstruktur verankert sein, damit sowohl Unternehmensführung als auch andere Führungskräfte und Mitarbeiter erkennen können, dass unterschiedliche Führungskonzepte ein Teil der Organisation sind und keine Bedrohung darstellen. Auch wenn es trivial klingt, so ist es doch wichtig zu beachten, dass empfundene Stabilität dadurch entsteht, dass die sichtbaren Regeln sich auch in Organigrammen und Unternehmensstrukturen wiederfinden.

Darüber hinaus sollten transparente und klar erkennbare Prozesse geschaffen werden, die gleichzeitig die nötige Flexibilität mit sich bringen und Arbeitsplatz- und Arbeitszeitveränderungen berücksichtigen. Wie bereits in Abschn. 8.3.4 beschrieben, wird ein transparentes Kommunikations- und Informationssystem von allen Beteiligten gemeinsam ausgewählt und konsequent angepasst und angewendet. Eine ebenfalls konsequent offene Information über die Anwesenheitszeiten einer Führungskraft in Teilzeit ist absolut notwendig. Teilzeitmodelle zeichnen sich durch ihre hohe Flexibilität aus, was in der Folge eine Anpassung der Abläufe in Richtung höherer Flexibilität zwangsläufig nach sich zieht. Die große Herausforderung liegt jedoch weniger in der Organisation, als in der gemeinsamen Überzeugungsbasis. Sind alle Beteiligten im Boot, werden sie auch die richtigen Lösungen für Abläufe und Prozesse finden.

Besonders für Job-Sharing-Modelle sollten Ansprechpartner und Vertreter genannt werden. Auch Zuständigkeiten sollten auf einer höheren Ebene geklärt sein, sodass in Abwesenheitsphasen alle anstehenden Aufgaben erfüllt werden können. Wenn diese Basisorganisation funktioniert, wirkt sich das als Indikator für die Funktionsfähigkeit des Teilzeit-Führungsmodells in der Organisation aus. Sowohl Kunden, als auch Unternehmensleitung und Teammitglieder messen daran den Erfolg oder Misserfolg des Modells (Fauth-Herkner und Leist 2001).

Dezentralität, Mitarbeiterautonomie und flache Hierarchien scheinen eine geeignete Organisationsstruktur für Teilzeit-Führung zu sein. Eigenverantwortung, Selbstorganisation und demokratische Prozesse liefern dazu die notwendigen Zutaten für eine hohe Akzeptanz bei gleichzeitig effizienten Abläufen.

8.5   Kreativität ins Unternehmen bringen

Wir beginnen mal mit Einstein. Er soll Folgendes gesagt haben:

> Der intuitive Geist ist ein heiliges Geschenk und der rationale Geist ist sein treuer Diener. Wir haben eine Gesellschaft geschaffen, die den Diener verehrt, aber das Geschenk vergessen hat (Laloux 2015, S. 47).

Doch bringt sich der intuitive Geist immer wieder subtil ins Spiel (im wahrsten Wortsinn) und kann durchaus gefördert und an die Oberfläche geholt werden. Laloux (2015) bietet dafür gute Ansätze, die jedoch mit einem realistischen Blick auf den Unternehmensalltag nicht überall einsetzbar sind. Der Flugzeugmechaniker oder die Reinigungsfachkraft sind nicht besonders offen für „Stille" oder der „Arbeit mit dem Menschsein", und auch so mancher Controller oder Vertriebler hätte damit Schwierigkeiten. Doch außerhalb der von uns geschaffenen Unternehmenswelt suchen mehr und mehr Menschen den Zugang zu ihrer inneren Stimme, ihrer Bestimmung, dem Sinn in buddhistischen Klöstern, Retreats oder auch zum Teil in fragwürdigen Coaching-Ansätzen. Die Grundprinzipien der Agilität, des New Work und anderer moderner Ansätze beziehen bereits behutsam und spielerisch die Intuition, diese innere Gewissheit, die man auch Professionalität zweiter Ordnung nennen kann, in den Arbeitsbegriff ein.

Spiel und Spaß sind zunehmend erlaubte Vokabeln in Unternehmen. Bis vor 10 Jahren wurde ich (SK) noch gescholten, wenn ich von einem englischen Unternehmen berichtete, das Spaß als wesentliches Element der Organisationskultur in seiner Vision festgehalten hatte. Und auch heute begegnet mir harsche Kritik und Unverständnis, wenn es um die Quelle unserer Inspiration und Lebensfreude geht. Shareholder Value ist eben keine Spaßveranstaltung, sondern bitterer Ernst.

Also suchen die Menschen den Spaß neben dem Job. Die Freizeitangebote nehmen zu, Reisen und Zerstreuung nehmen einen immer größeren Stellenwert ein. Spielwelten im Internet eröffnen parallele Lebens- und Identitätsräume. Grund genug, sich die Frage zu stellen, was Menschen brauchen, um zumindest einen Teil dieser Energie in die Arbeitswelt zu integrieren.

> Millionen von Stunden verbringt die Menschheit in virtuellen Spielwelten und pflegt dabei digitales Gemüse, errichtet Städte aus Pixeln und ergeht sich im Kampf zwischen Vögeln und Schweinen (Stampfl 2016, S. 313).

Es scheint dem Menschen eine Motivation innezuwohnen, sich im Spiel rückhaltlos zu engagieren. In einer zunehmend digitalisierten Welt wird damit ein globales Spielfeld geschaffen, das Wettbewerb, Engagement und Regelkonformität in messbaren Ergebnissen zur Verfügung stellt. Stampfl (2016) sieht besonders in Massively Multiplayer Online Games (MMOGs) Parallelen zur Unternehmenswelt. Auch in diesen Spielen gibt es Akteure mit Führungsverantwortung, die ähnlichen Herausforderungen begegnen:

> Teammitglieder müssen beurteilt und angeworben werden, sodann laufend motiviert und ihre Anstrengungen honoriert werden. Zu jeder Zeit gilt es, ein Team aufrecht und einsatzbereit zu erhalten, das die verschiedensten Talente vereinen muss und zumeist kulturell bunt gemischt ist. Die Wettbewerbsvorteile müssen identifiziert und richtig eingesetzt werden. Dazu muss ein ständiger Fluss an sich immer wieder ändernden und oftmals unvollständigen Informationen aus den unterschiedlichsten Quellen analysiert werden, um schnelle Entscheidungen zu treffen […] (Stampfl 2016, S. 316).

Gamification, also die Übernahme von Spielelementen in einen anderen Kontext, wird bereits in E-Learning-Programmen erfolgreich eingesetzt, um den Anreiz zu erhöhen. Daher kann ein Einsatz der Methode für eine Führungskraft in Teilzeit eine gute Möglichkeit sein, die Eigenverantwortung der Mitarbeiter zu fördern und ihnen gleichzeitig spielerisch die Notwendigkeit eines veränderten Miteinanders vor Augen zu führen. Da eine freiwillige Teilnahme unbedingte Voraussetzung für den erfolgreichen Einsatz von Spielszenarien ist, kommt der Auswahl eines für alle Beteiligten geeigneten Spieldesigns eine große Rolle zu.

Doch nicht nur aufwändige Spielszenarien bieten die Möglichkeit, Motivation und Kommunikationsfähigkeit der Beteiligten zu fördern. Agile Methoden liefern ähnliche Elemente. So kann z. B. eine „Fearless Journey" (Abb. 8.2) im Team spielerisch zu einer gemeinsam entwickelten Strategie zur Zielerreichung beitragen.

Fearless Journey Richtung Teilzeit-Führung

Marie möchte mit ihrem Team eine Strategie entwickeln, wie ihre geplante Teilzeit-Führung gut umgesetzt werden kann. Dazu bildet das Team Spielgruppen mit jeweils 6 Mitspielern. Das Spiel enthält vorgedruckte Lösungskarten, auf denen die Teilnehmer kleine, leicht umsetzbare Lösungsansätze finden, und Hinderniskarten, die von den Teilnehmern selbst beschriftet werden. Zunächst wird der Status quo, also die augenblickliche Situation diskutiert und mit einem Begriff auf der Start-Karte festgehalten. Im nächsten Schritt wird der Zielzustand ebenfalls diskutiert und mit einem zusammenfassenden Begriff auf die Zielkarte geschrieben. Nun überlegen

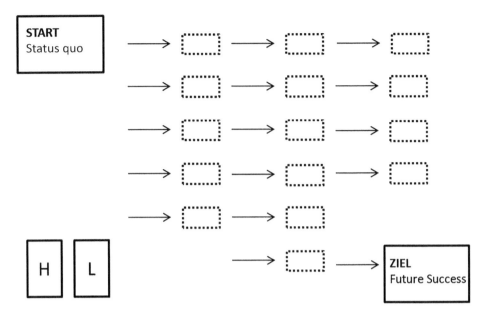

Abb. 8.2 Spielfläche für die Fearless Journey. (Quelle: Eigene Darstellung)

die Teilnehmer gemeinsam, welche Hindernisse auf dem Weg zu erwarten sind, und schreiben diejenigen auf die Hinderniskarten, auf die sich alle einigen können (das könnte so etwas wie „mangelnde Erreichbarkeit" oder „mangelnde Akzeptanz im Unternehmen" sein). Zwischen Start und Ziel ist Raum für 11–20 Hinderniskarten. Jeder Mitspieler bekommt 3–5 Lösungskarten auf die Hand und das Spiel startet. Die erste Hinderniskarte wird auf das Spielfeld gelegt und die Teilnehmer schauen nun, ob eine ihrer Lösungskarten etwas zur Beseitigung dieses Hindernisses beitragen könnte. Meistens entsteht eine Kombination verschiedener Lösungskarten, die dann zusammengefasst eine Lösungsstrategie ergibt. Diese wird notiert und alle „verbrauchten" Lösungskarten kommen wieder unter den Stapel. Jeder, der eine Lösungskarte abgelegt hat, zieht eine neue vom Stapel, damit bei der nächsten Runde wieder alle Mitspieler die gleiche Anzahl Lösungskarten auf der Hand hat. Die nächste Hinderniskarte wird gezogen und wieder werden Lösungskarten für die Überwindung des Hindernisses abgelegt und das Ergebnis visualisiert. So werden alle Hinderniskarten durchgespielt, bis man das Zielfeld erreicht hat. Die Teilnehmer blicken nun auf die verschiedenen Lösungswege und vereinbaren ein Vorgehen. In einem abschließenden Feedback tauschen sie sich darüber aus, was nun anders ist, wie sie sich mit den Lösungen fühlen und was vielleicht noch fehlt.

Spielerisch sind alle Teammitglieder eingebunden und tragen ihre Lösungsansätze zusammen, sind also Beteiligte, statt Betroffene. Für Marie und ihr Team wird der Übergang in die Teilzeit-Führung nun transparenter und berechenbarer sein. Das Spiel dauert ca. 90–120 min.

(Koglin 2018)

Ich (SK) habe die „Fearless Journey" bereits in verschiedenen Zusammenhängen eingesetzt und die Erfahrung gemacht, dass die spielerische Auseinandersetzung mit wichtigen Themen die Schwere nimmt und den Blick auf Lösungen öffnet. Es wird in der
Regel viel gelacht und gleichzeitig inhaltlich hervorragend gearbeitet.

Kreativität im Umgang mit der Einführung eines Teilzeit-Führungsmodells ist nicht
zu verordnen und viele Mitarbeiter und Führungskräfte stehen spielerischen Ansätzen
im Unternehmenskontext nach wie vor skeptisch gegenüber. Es empfiehlt sich daher
für Marie, wie für Karl-Heinz, sich zunächst selber mit dieser Art von Lernen und Entwickeln auseinanderzusetzen und in der Folge in kleinen Schritten immer wieder Spiel-
einladungen auszusprechen. Eine Vertiefung agiler Methoden und spielerischer Formate
findet sich u. a. bei Hofert (2016) und Häusling et al. (2018).

8.6   Die Personalabteilung aufmöbeln (HR 2020)

Bereits in den ersten Kapiteln haben wir beschrieben, dass sich unsere Lebens- und
Arbeitswelt radikal verändert, und welche Eckpunkte für ein Umdenken zu beachten
sind. In der Unternehmenswelt ist es absehbar, dass zentrale Funktionseinheiten in
Zukunft stark an Einfluss verlieren, oder sogar drohen wegzufallen. Fortschritte in der
Digitalisierung und der Künstlichen Intelligenz (KI) ersetzen Bankkaufleute und Controller und die Medien spekulieren bereits, wie viele Arbeitsplätze, wie wir sie kennen, in
den nächsten Jahren wegfallen werden. Im Februar 2018 veröffentlichte die Frankfurter
Allgemeine Zeitung (FAZ) die Ergebnisse einer Studie des Branchenverbands Bitcom,
wonach in den kommenden fünf Jahren 3,4 Mio. „hierzulande wegfallen, weil Roboter
oder Algorithmen die Arbeit übernehmen" (Löhr 2018). Die Zahl der Unternehmen mit
über 20 Mitarbeitern, die sich durch die Digitalisierung in ihrer Existenz bedroht sehen,
steigt auf ein Viertel. Doch irgendwie scheint das Phänomen so abstrakt zu sein, dass
offensichtlich niemand den Deckel heben mag, frei nach dem Motto: Was ich nicht sehe,
existiert auch nicht. Die Politik schläft und die Unternehmen verharren.

Angesichts dieses Umbruchs ist die Diskussion um Teilzeit-Führung eigentlich
unausweichlich. Wenn weniger Arbeit da sein wird, ist es jetzt höchste Zeit, sich darüber Gedanken zu machen, welche Strategien zu einer gerechten Verteilung der Arbeit
in der Zukunft beitragen. An dieser Stelle könnte sich die Personalabteilung gut profilieren, macht es aber nicht. „Die Ohnmächtigen" nennt Peter Laudenbach in brand eins
die HR-Profis (Laudenbach 2015). Er beschreibt den Rückgang der Wertschätzung für
den HR-Bereich in Unternehmen. Das ist eine traurige Bilanz für einen Bereich in der
Organisation, der sich schon mehrfach im Laufe der Zeit neu erfinden musste, es jedoch
selten zu der Rolle gebracht hat, die ihm eigentlich zustehen sollte: Strategiegeber, Vordenker, Menschenförderer.

Die Wichtigkeit von Kennzahlen und die in den letzten Jahren konstant gestiegene
Orientierung am Shareholder Value degradieren den Personalvorstand zum Erfüllungsgehilfen mit der Aufgabe, die besten „Köpfe" zum günstigsten Preis einzukaufen. Dafür

braucht er betriebswirtschaftliches und/oder juristisches Know-how, keineswegs jedoch eine fundierte und professionelle Kenntnis über den arbeitenden Menschen in einer Organisation.

In einem Unternehmen mit durchlässigeren Grenzen kommt fachkundiger Personalarbeit ein noch höherer Stellenwert zu.

> Diese fluide Organisation hat eine Vielzahl von Implikationen für die Personalarbeit, vom Identitätsmanagement bis hin zu Prozess- und Verwaltungsketten. Sie muss Zugehörigkeit schaffen, Unsicherheit abbauen, Angst reduzieren. Das alles braucht eine definierte Identität, eine bestimmte Kultur und klare Spielregeln (Laudenbach 2015, S. 60).

Eine moderne Personalabteilung ist demnach dafür verantwortlich, die Basis der Zusammenarbeit für die Zukunft zu legen, weitsichtig und gleichberechtigt in der Unternehmensführung die Weichen für Veränderungen zu stellen und Teilzeit-Führung als zeitgemäßes Arbeitsmodell zu bewerben.

Der große Frust in den Personalabteilungen führt zu immer mehr Aussteigern. Sie machen sich als Berater selbstständig, weil sie ihren eigenen Anspruch an Professionalität nicht mehr mit der Zwangsjacke einer irrsinnigen Zahlenorientierung vereinbaren können. Die, die bleiben, verharren in Kästchendenken und machen sich in ihrer fehlenden Flexibilität bei Kolleginnen und Kollegen, aber auch bei Vorständen, selbst überflüssig.

▶ **Aufgepasst, Marie!** Marie, wir wollen Dich nicht auch noch aus dem Arbeitsmarkt verlieren! Daher ist es wichtig, dass Du wiederholt in den Unternehmen, in denen Du arbeiten möchtest, oder dort, wo Du ein Teilzeit-Führungsmodell anstrebst, immer wieder für Deine Ideen wirbst. Deine Kreativität und Deine Ideen können andere mitziehen und beflügeln! Mache deutlich, dass es Zeit für ein Umdenken ist. Die Mauern in den Köpfen werden durchlässiger!

Karl-Heinz kann sich überlegen, wie er seine HR-Abteilung zum Sparringpartner und Vordenker entwickeln kann. Vielleicht ist der Jurist als Abteilungsleiter dafür nicht mehr der Richtige?

Marie hat hoffentlich die Möglichkeit, mit der Personalabteilung über mehr zu sprechen, als über die formalen Aspekte ihrer Teilzeit-Führung und erhält methodisch und menschlich eine gute Begleitung.

Führungskräfteentwicklung: Wichtige Menschen besänftigen oder Unternehmensentwicklung fördern?

Eine gewonnene Ausschreibung führte mich in das Schaltzentrum eines international tätigen Wohlfahrtsverbands. Führungskräfteentwicklung für „junge Führungskräfte", also eine Art Talente-Förderung war der Auftrag. In Verbandsstrukturen ist das keine leichte Aufgabe, aber das ist ein anderes Thema. Nach der Devise „Alle müssen glücklich sein" erarbeitete ich ein Konzept, das in Absprache mit der Personalabteilung dazu geeignet sein sollte, die Heterogenität der Teilnehmer zu berücksichtigen, ihnen die Basis für ihre (zukünftige) Führungstätigkeit mit auf den Weg zu geben und gleichzeitig Werbung für die Aktivitäten der Zentrale zu machen. Nach zwei erfolgreichen Durchgängen wuchs die Zahl der Interessierten und die Teilnehmerzahl erforderte eine zweite Moderation. Zeit für ein Experiment! Meine Idee war einfach. Um Kosten zu sparen und interne Ressourcen zu nutzen, überzeugten wir einen internen Referenten des Verbands, die Rolle des Co-Moderators zu übernehmen. Eine ideale Kombination, denn der junge Mann beschäftigte sich intern mit der Zukunftsentwicklung der Organisation und hatte jede Menge Erfahrung mit agilen Methoden. Darüber hinaus verfügte er durch seine interne Tätigkeit über kulturelles Wissen und die strategische Ausrichtung des Verbands. Nett und kompetent war er noch dazu. Unsere Idee, die jungen Führungskräfte bei der Zukunftsgestaltung einzubeziehen und ihnen gleichzeitig dafür das Handwerkszeug mit auf den Weg zu geben, begeisterte uns. Organisationsentwicklung und Führungskräfteentwicklung aus einer Hand, noch dazu günstig: Der Entwicklungsprozess konnte nun also auch von der Basis vorangetrieben und gestaltet werden.

In der Teilnehmergruppe waren nun auch Kollegen aus der Zentrale, was im ersten Modul zu leichter Irritation führte; der *Kollege* war nun in der Rolle des *Co-Moderators*. Wir konnten in Gesprächen sicherstellen, dass niemand unter unserer geteilten Moderation zu leiden oder weniger Raum für Vertrauen und persönliche Öffnung haben würde. Doch das Thema schlug intern Wellen. Am Ende wurde der junge Kollege von seiner Vorgesetzten per Anweisung aus der Moderation gezogen. „Kontextvermischung" sei nicht angemessen (und wurde deshalb verboten!). Die Organisationsstruktur wurde hier zulasten der Entwicklung und Vernetzung als Orientierungspunkt gewählt. Das System regierte restriktiv auf „echte" Veränderung und fordert ungeachtet des übergeordneten Ziels ein „Mehr desselben", eine Wiederholung und Einhaltung der Systemregeln. Und das, obwohl genau diese Systemregeln von Mitarbeitern und Führungskräften der Organisation immer wieder kritisiert werden. Die Personalabteilung hatte in diesem Fall kein Mitspracherecht.

Das Beispiel ist real und zeigt das Dilemma der HR-Spezialisten. Ständig hängen sie „am Tropf der Hierarchie" und werden schlicht für innovative Ideen abgestraft, ihr Expertentum missachtet.

Für Pfläging (2011) liegt das Problem tief in einem völlig veralteten Menschenbild. Personaler sind für ihn nichts weiter als Erfüllungsgehilfen einer überbürokratischen Organisation, die in erster Linie sich selbst verwaltet und sich an alten Statusbedürfnissen orientiert. Deshalb fordert er konsequent die Abschaffung des Personalmanagements und ermuntert alle Führungskräfte, ihren Mitarbeitern zu vertrauen, und sich das nötige Wissen anzueignen, um ihnen die Rahmenbedingungen für individuelle

Entwicklung zur Verfügung zu stellen. Das gilt für Arbeitszeiten genauso wie für fachliche Fortbildung.

> Derweil hantieren die meisten Organisationen mit Methoden aus dem frühen Industriezeitalter, wenn es um ihre Mitarbeiter geht. Anwesenheitskontrollen sind im Zeitalter der Wissensarbeit obsolet, werden aber nach wie vor eingesetzt, um die Mitarbeiter zu überprüfen – und sie werden vornehmlich auf Druck von Arbeitnehmervertretungen hin beibehalten. Das ist nicht nur bürokratisch, sondern beschämend für jede Art von Organisation, die sich leistungs- und kundenorientiert nennt. […] Wann endlich werden Arbeitgeber anfangen zu akzeptieren, dass Arbeitnehmer erwachsene Menschen sind, die leicht ihre Urlaubstage selbst kontrollieren und mit den betreffenden Kollegen (nicht: Chefs und Personalern) abstimmen können? (Pfläging 2011, S. 252)

Und er geht noch weiter. Kompetenzmanagement und Karriereplanung (auch Teilzeit-Führung) sollten seiner Ansicht nach von Mitarbeitern selbst (immer in Absprache mit Kollegen) gestaltet werden. Anreizsysteme sollten verschwinden, weil sie zu einer völligen Konzentration auf die individuelle Zielerreichung führen und damit die Lebendigkeit und Flexibilität der Organisation verloren gehen.

Auch wenn es in deutschen Unternehmen noch steinzeitlich zugeht, wie Pfläging konstatiert, können kleine Schritte, wie die Einführung von Teilzeit-Führung, die Organisation verändern. Und jedes gelungene Beispiel wird dazu beitragen, die Akzeptanz ein klein wenig zu erhöhen, die starre Haltung in den Köpfen ein wenig irritieren. Wenn wir also davon ausgehen, dass immer mehr Unternehmen erkennen, dass es eine neue Art des Arbeitens gibt, und dass eine neue Führungskultur mit großen Schritten auf unsere Arbeitswelt zukommt, haben die HR-Berater sowie die Personalabteilungen neue Herausforderungen zu meistern.

Wie kann also eine effektive Personalabteilung aussehen und was können HR-Berater und Personalmitarbeiter tun, um bestmöglich den neuen Bedürfnissen von Teilzeit-Führungskräften sowie anderen Arbeitszeitmodellen gerecht zu werden?

▶ **An alle Personaler im Land**
- Nehmt endlich eure Rolle als „Menschenkenner" ernst!
- Erhebt eure Stimme, denn bei aller wirtschaftlichen Entwicklung geht es immer um Menschen!
- Ignoriert die Hierarchie, wenn es um wichtige Zukunftsentwicklung geht, und setzt euch zu den Entscheidern an den Tisch (Sheryl Sandberg)!
- Denkt endlich vor, statt immer nur nach!
- Vertraut nicht mehr auf alte Konzepte, wenn es doch um die Zukunft geht!
- Pilotprojekte sind immer drin!
- Fragt die Menschen, was sie brauchen und sagt es ihnen nicht!

Für die Personalabteilung ist in jedem Fall gefordert, Teilzeit-Führung als Arbeitsmodell zu etablieren. In einer Übersicht (Tab. 8.1) finden sich klassische Vorgehensweisen mit entsprechenden Entwicklungszielen eines zeitgemäßen HR-Verständnisses.

8.6.1 Hürden überwinden

Für Marie ist die Diskussion über ihre Pläne in Teilzeit zu führen dann zu Ende, wenn ihr Anliegen von ihrem direkten Vorgesetzten oder der Personalabteilung abgelehnt wird. Sie hat zwar immer die Möglichkeit, arbeitsrechtlich gegen diese Entscheidung vorzugehen, jedoch ist eine anwaltliche Auseinandersetzung mit dem eigenen Arbeitgeber nicht unbedingt eine gute Voraussetzung für eine erfolgreiche weitere Zusammenarbeit. Deshalb sollte sie aber noch lange nicht aufgeben! Auch wenn es nicht attraktiv erscheint, sollte sie nicht müde werden, die Diskussion fortzuführen. Am besten natürlich gut vorbereitet und mit lösungsorientierten Fragen (siehe Abschn. 8.3.2). Wichtig ist

Tab. 8.1 Instrumente des Personalmanagements für Teilzeit-Führung. (Quelle: Eigene Darstellung nach Gloger und Margetich 2014)

Aufgabenbereich	Traditionelle Organisation	Zukunftsfähige Organisation
Personalfindung	Anforderungen werden von der Fachabteilung geliefert, klare Recruiting-Prozesse	Verändertes Mindset: Höhere Zeitinvestition für Passung im Team. Serviceorientierte und persönliche Ansprache des Bewerbers
Talentmanagement und Retention Management	Personalentwicklung, z. B. über den Einkauf von standardi-sierten Trainingseinheiten	Verändertes Mindset: Personalabteilung sieht sich als Coach des Mitarbeiters und steht ihm bei der eigenen Entwicklung beratend zur Seite
Performance-Management	Standardisierte Tools und Evaluationsverfahren zur Förderung von Einzelleistungen	Verändertes Mindset: Teamleistung steht im Vordergrund. Gemeinsame Entwicklung von Anerkennungssystemen
Compensation und Benefits	Standardisierte Gehaltsstrukturen, individuelle Bezahlung und Ausschüttung von Boni	Verändertes Mindset: Gehaltsstrukturen sind transparent. Gesamtleistung des Unternehmens wird als Grundlage für einheitliche Ausschüttung von Sonderprämien genommen
Leadership	Meistens kein HR-Thema	Verändertes Mindset: Experten für Kultur. Welche Art von Führung ist von Mitarbeitern gewollt? Wie sieht die Organisation aus? Welche Arbeitsmodelle können eingesetzt, entwickelt werden?

dabei, den übergeordneten Nutzen und das gemeinsame Ziel aller Beteiligten konsequent in den Vordergrund zu stellen (attraktiver Arbeitgeber, höhere Flexibilität der Organisation und damit steigende Wettbewerbsfähigkeit …). Es ist dabei von entscheidender Bedeutung, wie es Marie gelingt zu verstehen, dass es nicht unbedingt einzelne Personen sind, die ihr Anliegen ablehnen, sondern organisationale Prinzipien und kulturelle Regeln. Das macht es ihr leichter, sich nicht beleidigt zurückzuziehen, weil sie die Absage persönlich nimmt. Außerdem eröffnet es ihr den Blick auf die zugrunde liegenden Muster und kann deshalb zu neuen und kreativen Ideen für eine Umsetzung führen. Wenn sie also versteht, dass ihr direkter Vorgesetzter (Generation X) sein Leben der Arbeit untergeordnet hat und es für ihn ein Zeichen fehlgeleiteter Freizeitorientierung ist, in Teilzeit führen zu wollen, dann fokussiert Marie in der Diskussion stärker darauf, ihren Vorgesetzten das Gesicht wahren zu lassen, oder besser, sich im Unternehmen noch stärker durch Innovationskraft profilieren zu können.

Karl-Heinz ist in der Verantwortung, sich seinen Personalbereich endlich an den Tisch zu holen, um gemeinsam Zukunftsprojekte zu entwickeln. Dabei sollte er weniger auf die vermeintliche Sicherheit und althergebrachte Strukturen achten, als vielmehr darauf, System-Know-how, psychologische Expertise und Kreativität in seinem HR-Team zu haben. Nicht Arbeitsrecht und Zeiterfassung sind die Themen der Zeit, sondern Flexibilisierung über motivierte und eigenverantwortliche Mitarbeiter. Klassische Hierarchie ist der natürliche Feind der Innovationsfähigkeit. Vielleicht ist die Zeit in Karl-Heinz' Unternehmen noch nicht reif für radikale Strukturveränderung. John Kotter, Change-Experte und Bestseller-Autor beschreibt im Harvard Business Manager (2015) die Einführung eines zweiten Betriebssystems, um in bestehenden, hierarchischen Organisationen den Weg für Innovationen zu ebnen. Diese Parallelstruktur soll die Rolle des agilen Strategieentwicklers übernehmen, die von der klassischen Hierarchie nicht geleistet werden kann, da sie zur Steuerung des operativen Geschäfts benötigt wird. Das zweite Betriebssystem ist netzwerkartig strukturiert, folgt einer eigenen Prozesslogik und besteht aus Freiwilligen aller Hierarchiestufen aus der Organisation. Die Freiwilligkeit der Beteiligten unterstützt dabei, das Mindset von einer „Ich-muss-" zu einer „Ich-will-Geisteshaltung" zu verändern.

Ein KESS-Team für Karl-Heinz?

Bei einem Unternehmen der Energiewirtschaft begleitete ich (SK) über sieben Jahre eine Gruppe, das sich KESS-Team nannte. Die Buchstaben stehen für Kultur, Entwicklung, Struktur und Strategie. Das Team war hierarchieübergreifend zusammengesetzt und in einer eigenen Prozesslogik der Geschäftsführung und dem obersten Führungskreis (in der Rolle des Auftraggebers) berichtspflichtig. Für sechs mal zwei Tage im Jahr wurden die KESS-Mitglieder vom Tagesgeschäft freigestellt und erarbeiteten Konzepte, Anregungen und Themenvorschläge zur Verbesserung der Organisation. Daraus gingen viele interessante Ansätze hervor, die teilweise mit enormem Engagement der Teilnehmer spürbare Veränderungen hervorbrachte. Neben der inhaltlichen Arbeit sah das Unternehmen in KESS eine Möglichkeit, Personalentwicklung zu betreiben, weil alle Teilnehmer in den Workshops lernten zu moderieren, strukturiert an nicht-fachlichen Aufgaben zu arbeiten und ohne Scheu ihre Arbeitsergebnisse der Geschäftsführung zu präsentieren. Im Team herrschte völlige Gleichberechtigung und die Teilnahme am KESS-Team war weitestgehend von den Kollegen anerkannt. Alle zwei Jahre rotierten neue Mitglieder ins Team, sodass der Kreis der KESS-erfahrenen Mitarbeiter im Unternehmen immer größer wurde. Größere Umstrukturierungen im Unternehmen führten leider zur Einstellung der KESS-Arbeit. Doch die Idee lebt in erneuerten Projekten unter einem anderen Namen weiter.

Mit der klaren Struktur ist diese Art von Implementierung und Verfestigung eines zweiten Betriebssystems universell auf Unternehmen jeder Branche übertragbar. So konnte ich ein ähnliches Team in einem Krankenhaus in Süddeutschland ebenso etablieren, wie in einem mittelständischen Maschinenbau-Unternehmen.

Kotters Ansatz ist gut geeignet, erste Erfahrungen mit dem Fehlen einer klassischen Hierarchie zu sammeln und die Tür für neue Arbeitsformen wie Teilzeit-Führung zu öffnen. Jedoch birgt diese Art der Organisation immer auch Raum für eine unsichtbare Linie im Unternehmen, die eher zur Ausgrenzung des anderen, neuen Modells bei den Bewahrern und damit zu einer Spaltung innerhalb der Organisation führen kann.

Einen Schritt weiter geht das Organisationsmodell von Kruse. Im Modell des Kippkegels in Abb. 8.3 ist die Grundlage für variable Hierarchiestrukturen beschrieben, die, je nach Anforderung, praktikabel für die Gesamtorganisation sind. Vor dem Hintergrund, dass sich die Rahmenbedingungen konstant und immer schneller verändern, unterscheidet Kruse zwischen dem Management von Stabilität und dem Management von Instabilität, was jeweils völlig unterschiedliche Anforderungen an die Handlungsstrategie impliziert (Kruse 2005).

Klassische Hierarchie hat dann ihre Berechtigung, wenn eine Innovation erfolgreich war und die Organisation in eine Art operativen Alltag übergeht. Hier ist Raum für stabile Führungsrollen und einen kleinen Entscheiderkreis (unteres Bild in Abb. 8.3). Steht jedoch die nächste Anpassungsleistung eines Unternehmens an, kippt der Kegel, um maximale Beteiligung an Ideen hierarchieübergreifend zu gewährleisten und Gestaltungsspielräume auszuloten. Darüber hinaus empfinden dann alle Mitarbeiter die Anpassungsleistung nicht als absurde Idee gut bezahlter, aber ahnungsloser Manager, sondern als Gemeinschaftswerk einer kulturell einigen Organisation, dessen wichtiges Mitglied sie sind. Im nächsten Schritt kann nach Kruse der neue Zustand nur dann erfolgreich implementiert werden, wenn Netzwerkstrukturen die gesamte Intelligenz des Systems zur freien Verfügung stellen und alle Beteiligten in Rückmeldeschleifen Neues ausprobieren. Erst wenn diese Phase abgeschlossen (und evaluiert) ist, kann das System zeitweise in klassisch hierarchischen Strukturen operativ erfolgreich sein. Doch wiederholen sich diese Schleifen in zunehmender Geschwindigkeit, da sich die Rahmenbedingungen stetig weiter verändern.

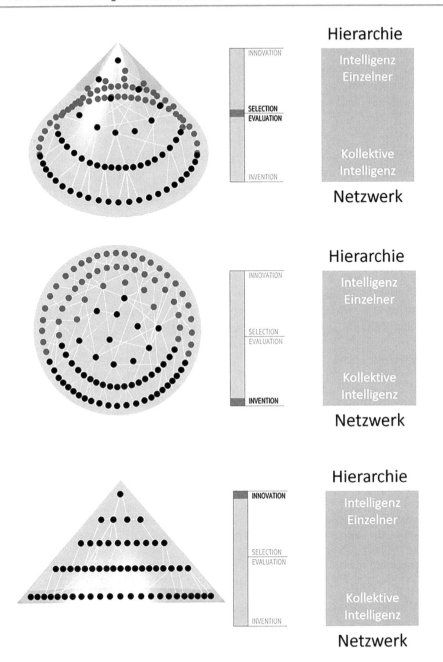

Abb. 8.3 Der Kippkegel nach Kruse zur Veranschaulichung der Hierarchie bei unterschiedlichen Rahmenbedingungen. (Quelle: Eigene Darstellung in Anlehnung an nextpractice Vortrag; mit freundlicher Genehmigung von © nextpractice GmbH Deutschland 2018. All Rights Reserved)

Teilzeit-Führung ist eine gute Grundlage für die Implementierung neuer Hierar-
chie- und Organisationsmodelle, da sie grundsätzlich die Beteiligung fördert und die
Beteiligten flexibler macht. Für Karl-Heinz heißt das Modell in Abb. 8.3, in Phasen der
Stabilität seine Entscheiderrolle durchaus wahrzunehmen. Wenn er Teilzeit-Führung einführen möchte, bezieht er jedoch alle Beteiligten hierarchieübergreifend ein und gibt
ihnen maximale Freiheit in der Ideenentwicklung. In einer Netzwerkstruktur ist er immer
noch einer unter Vielen und vertraut auf die Intelligenz und Verantwortung des Systems,
er lässt ausprobieren, Fehler machen und Erfolgsmodelle herausarbeiten, die von allen
unterstützt werden. Ist die Einführung gelungen, übernimmt er wieder das Ruder gemäß
den in der Netzwerkphase entwickelten neuen Regeln.

8.6.2 Pilotprojekte – wer nicht wagt, …

Für weniger Mutige sind Pilotprojekte geeignet. Sie sollten zeitlich und inhaltlich klar
definiert und von der Unternehmensleitung unterstützt werden. Wer sich dieser Methode
bedient, setzt auf den Effekt des „First Followers" und entlastet Einzelne in der schwierigen Rolle, etwas völlig Neues repräsentieren zu müssen.

First Follower
In einem dreiminütigen Vortrag erklärt Derek Sivers die entscheidende Rolle eines First Followers.
In einem Video (https://www.youtube.com/watch?v=fW8amMCVAJQ) tanzt ein Mann relativ
albern auf einer Wiese herum. In Sievers Analogie ist er die Führungskraft, die den Mut aufbringen
muss, sich zu exponieren. Wichtig für diese Rolle ist es, dass man sich ihr leicht anschließen kann.
Im Video kommt nun eine zweite Person hinzu und tut es dem ersten Tänzer nach und macht den
ersten Tänzer erst durch sein Folgen vom einsamen Idioten zur Führungskraft. Gleichzeitig lädt
der First Follower seine Freunde ein, auch mitzumachen. Im Video beobachtet man, dass der erste
Tänzer den zweiten umarmt, ihn damit auf Augenhöhe begrüßt und es in diesem Augenblick nicht
mehr um Führung geht, sondern um Gemeinsamkeit. Eine dritte Person schließt sich den Tänzern
an. Mit dem Second Follower kippt die Situation, denn drei Personen sind schon eine Gruppe und
es ist nicht mehr so leicht, alle drei als Idioten abzuqualifizieren. Es scheint im Video, als ob ein
Bann gebrochen wäre, und es strömen plötzlich immer mehr Leute hinzu, die ähnlich albern tan-
zen: Der Tipping Point, der aus einer Einzeldarbietung eine Bewegung macht.
    Sivers gibt Verantwortlichen den Rat, diejenigen für alle sichtbar zu machen, die folgen, statt
sich selbst alleine im Fokus zu sehen. Er fasst seine Erkenntnisse wie folgt zusammen:

1. „If you are a version of the shirtless dancing guy, all alone, remember the importance of nurtu-
   ring your first few followers as equals, making everything clearly about the movement, not you.
2. Be public. Be easy to follow! But the biggest lesson here – did you catch it?
3. Leadership is over-glorified […].
4. There is no movement without a first follower […].
5. The best way to make a movement, if you really care, is to courageously follow and show
   others how to follow.
6. When you find a lone nut doing something great, have the guts to be the first person to stand up
   and join in."
   (Sivers 2010)

▶ **Aufgepasst, Karl- Heinz!** Wenn Du Dich im Verband der Mittelstädtischen
   Unternehmen mit einem Teilzeit-Führungsmodell exponierst, Karl-Heinz,
   dann ist das für einen Augenblick sicher unangenehm. Doch achte mal darauf, wer sich von den anderen in Deine Richtung bewegt und umarme den
   Kollegen. Stelle ihn als innovativen Geist neben Dich und baue darauf, dass
   eine Sogwirkung von euch beiden ausgehen wird. Erzähle weniger von Dir, als
   von dem Kollegen, der es verstanden hat, mit Teilzeit-Führung ein innovatives
   Modell in seinem Unternehmen zu etablieren. Wenn dann der nächste im Verband in diese Richtung denkt, seid ihr schon eine Gruppe, die an Macht und
   Einfluss gewinnen wird.
   Innerhalb Deines Unternehmens kannst Du das First-Follower-Prinzip
   ebenfalls anwenden. Dazu solltest Du jetzt einfach weiterlesen.

Ein Pilotprojekt braucht also ein paar Zutaten: Am besten geht eine bedeutsame
Führungskraft als Teilnehmer des Pilots in Teilzeit. Dann wird der Fokus auf alle die
gelenkt, die mitmachen, und damit im besten Fall die Akzeptanz erhöht und eine
„Bewegung" ausgelöst. Die Beteiligten teilen ihre Werte und sind überzeugte Teilzeit-
Führungs-Anhänger; sie begegnen sich auf Augenhöhe. Sie berichten von ihren
Erfahrungen und ermuntern andere, mitzumachen. Eine transparente und lösungs-
orientierte Kommunikation begleitet das Projekt. Gleichzeitig werden die Erfahrungen
(gute wie schlechte) geteilt und ständig in die bestehenden Konzepte eingepflegt. Im
Idealfall finden sich bereits während der Laufzeit des Pilotprojekts so viele Interessierte,
dass Teilzeit-Führung nahtlos in die Linie überführt werden kann.

8.6.3 Beteiligte bestärken und beraten

In der zunehmenden Hektik des Unternehmensalltags fehlt häufig der Sinn dafür, komplexen Vorhaben im Bereich der Organisationsentwicklung ausreichend Zeit zu widmen,
um aus unterschiedlichen Perspektiven die Strategie abzuleiten. Das liegt erfahrungsge-
mäß an der Abstraktheit des Themas. Im Arbeitskontext liegt die Aufmerksamkeit auf
messbaren Zahlen und Daten, die mit einem entsprechenden Instrumentarium in Strategien überführt werden. Klare Angelegenheit. In der Organisationsentwicklung hingegen
bewegen wir uns in einem schwer greifbaren Raum, Messungen sind nur bedingt möglich und Visionen sind eben keine Fakten (noch heute gibt es verantwortliche Manager,
die stolz das alte Helmut-Schmidt-Zitat herausschmettern: „Wer Visionen hat, sollte
zum Arzt gehen."). Doch eine Welt, in der nur noch harte Fakten kalkuliert werden, gibt
es längst nicht mehr. Menschen wollen in der modernen Gesellschaft gesehen, wertgeschätzt und einbezogen werden, „Feel good" ist zu einer Bewegung geworden und
Burn-out zur Volkskrankheit. Die Ursachen dafür liegen nicht im Unternehmensergeb-
nis, sondern im Empfinden der Menschen, ihrer Seele, ihrer Psyche. Und die lässt sich
nun mal nicht messen und schon gar nicht vorhersagen. Organisationsentwicklung trägt

diesen menschlichen Bedürfnissen Rechnung und deckt auf, was die Menschen im Unternehmen brauchen, um auch in Zukunft wirtschaftlich arbeiten zu können. Teilzeit-Führung ist deshalb eine zentrale Aufgabe der Organisationsentwicklung, die nicht selten mit Denkfehlern zu kämpfen hat, die ihren Ursprung sowohl in der Fehleranfälligkeit unserer Wahrnehmung als auch in unserem lange gelernten maschinistischen Weltbild haben. Diese Alltagsmythen hat von Saldern (1998) zusammengefasst und ihnen angemessenere Denkmuster für komplexe Problemlösungen, wie die Einführung eines Teilzeit-Führungsmodells, entgegengesetzt.

Diese Denkfehler machen deutlich, dass für Teilzeit-Führung eine systemische Betrachtungsweise notwendig ist und damit die Beteiligung und Unterstützung der Betroffenen eine unbedingte Voraussetzung für das Gelingen ist. Dabei gilt es, die Gesamtorganisation und die Rahmenbedingungen im Blick zu haben und flexibel in Prozessschritten vorzugehen. Besonders wichtig ist es, mögliche Hindernisse, z. B. in der Akzeptanz der Kollegen oder eine sich verändernde Marktsituation, in Simulationen vorwegzunehmen und verschiedene Szenarien zu durchdenken.

Die Systemaufstellung (Kap. 7) hat uns wichtige Anregungen gegeben, wie es sich anfühlen kann, allein auf einem Steg in unruhigem Gewässer unterwegs zu sein (Metapher der Führungskraft in Teilzeit in Phase 1: Prototypisches Unternehmen). Unsere Quintessenz daraus ist die Empfehlung, nicht einzelne Mitarbeiter auf die Reise zu schicken und vor allem, ihnen den Rücken durch ein klares Commitment zu stärken, ihnen Coaching-Angebote zu machen und in verschiedenen Netzwerken den Dialog aller Beteiligten zu ermöglichen. Niemand sollte angesichts der in Tab. 8.2 dargestellten

Tab. 8.2 Denkfehler in komplexen Problemsituationen und wie man anders denken kann. (Quelle: In Anlehnung an von Saldern 1998; mit freundlicher Genehmigung von © Matthias von Saldern Deutschland 2018. All Rights Reserved)

Denkfehler im Umgang mit komplexen Problemen	Denkmuster der vernetzten Zusammenhänge
1. Probleme sind objektiv gegeben und müssen nur noch klar formuliert werden	Situation aus verschiedenen Perspektiven definieren und ganzheitliche Problemformulierung anstreben
2. Jedes Problem ist die direkte Konsequenz einer Ursache	Beziehung zwischen den Elementen der Problemsituation erfassen und in ihrer Wirkung analysieren
3. Um eine Situation zu verstehen, genügt eine „Fotografie" des Ist-Zustands	Dynamische und zeitliche Aspekte der Beziehungen und ihre Bedeutung im Einzelnen erfassen
4. Eine ausreichende Informationsbasis macht Verhalten prognostizierbar	Szenarien künftiger Entwicklungspfade erarbeiten und ihre Möglichkeiten durch Simulation ausloten
5. Ein „Macher" kann jede Problemlösung in der Praxis durchsetzen	Systemische Regeln kennen und Lenkungseingriffe danach bestimmen. Ein optimaler Wirkungsgrad gestaltet und lenkt
6. Mit der Einführung einer Lösung ist das Problem endgültig beseitigt	Veränderungen in Form lernfähiger Lösungen ermöglichen und vorsteuern

Denkfehler den Anspruch haben, das ultimative Konzept für die nächsten 20 Jahre etablieren zu können. Im Dialog werden Schwierigkeiten offen diskutiert und daraus Ableitungen für die Praxis vorgenommen. Nur so erleben Mitarbeiter und Teilzeit-Führungskräfte, dass sie als Betroffene und Experten einen wichtigen Beitrag zur Unternehmensentwicklung leisten und lernen darüber, dass ein gemeinsames Vorgehen und kollektive Problembearbeitung mittelfristig die Stabilität bietet, die für eine hohe Identifikation und reibungslose Arbeitsabläufe sorgt. Dabei kommt es sicher zwischendurch immer mal zu einer Art Erschöpfung bei den Beteiligten. Wenn man sich intensiv immer wieder mit Problemen auseinandersetzt, bleibt das einfach nicht aus. Von Saldern (1998) nennt solche Phasen im Prozess „Inkubation". Lassen Sie diese Gedanken einmal zu und das Unterbewusstsein der Beteiligten weiterarbeiten. In seiner Logik kommt daraufhin von irgendjemandem oder einer Gruppe die „Illumination", der Geistesblitz, die Idee oder Einsicht, wie eine Lösung aussehen kann. Erst jetzt ist eine „Implementierung" möglich; diese Instabilitäten müssen ausgehalten werden.

Einen echten Störfaktor für diese Art von Prozessverständnis sieht Pfläging in den weitverbreiteten Anreizsystemen. Sie können nur dann eine positive Wirkung erzeugen, wenn sie auf Unternehmensziele statt auf Individualziele gerichtet sind. Denn nur dann haben **alle** Mitarbeiter das Gefühl, zum Unternehmen zu gehören, dessen Wohlergehen im Interesse aller liegt. Individuelle Anreizsysteme hingegen führen zu taktischen Manövern und der Tendenz, andere zu überlisten für den eigenen Vorteil. Also kurzfristig das eigene Verhalten an Vorgaben anzupassen, statt „Einstellung und Verhalten nachhaltig zu beeinflussen. Fallen die finanziellen Anreize weg, kehren Mitarbeiter einfach zu ihren alten Verhaltensmustern zurück" (Pfläging 2011, S. 181).

Für Entscheider wie für Interessenten an Teilzeit-Führung gilt es, loszulassen. Etwas, das Menschen per se nicht unbedingt leichtfällt. Gerade in vermeintlich schwierigen Zeiten, in denen nichts mehr sicher zu sein scheint, fällt es noch schwerer.

> Nein, der Zeitgeist ist auf der Seite der Klammeräffchen, die nach einer merkwürdigen Logik leben: Sie mögen zwar das, was ist, gar nicht so gern – aber sie haben noch viel mehr Angst vor dem, was kommen könnte (Lotter 2017).

Etwas Neues zu beginnen, ist also etwas, das gegen den Strom passiert und man mag sich nur ungern die Zeit nehmen, sich zurückzulehnen, eine andere Perspektive einzunehmen, sich selbst und seine eigenen Grenzen zu erkennen und sie vielleicht sogar zu überschreiten. Dieses Prinzip gilt nicht nur für Individuen. So wird in Unternehmen immer wieder zu dem, was bereits existiert, etwas Neues hinzugefügt, statt grundsätzlichen Veränderungen Raum zu geben, indem man das Gewohnte loslässt. Karl-Heinz kann stolz sein auf seinen Erfolg in der Vergangenheit, doch der Mythos von damals hält sein Unternehmen in der Zukunft nicht am Leben.

▶   **Aufgepasst, Karl-Heinz!** Anreizsysteme für Deine Manager sind Gift für die Innovationsfähigkeit Deines Unternehmens! Beteilige alle oder keinen am Unternehmenserfolg und gib Deinen Mitarbeitern das Gefühl, dass jeder im

Unternehmen einen wichtigen Anteil zum Gesamterfolg leistet. Für Dich ist es nicht einfach, das wissen wir wohl. Du hast nicht gelernt, loszulassen und den Entwicklungen ihren Raum zu lassen, geschweige denn Menschen zu vertrauen, statt sie zu kontrollieren (von Ausnahmen vielleicht mal abgesehen). Ein Coaching könnte Dir dabei helfen!

Teilzeit-Führung kann das Alte nicht ersetzen und ist in diesem Sinne auch nur etwas, das man hinzufügt. Doch werden anhand dieses Modells die Mechanismen deutlich, die in Zukunft erfolgreiche von nicht erfolgreichen Unternehmen unterscheiden werden. Wenn der Übergang erst einmal geschafft ist, gilt: „Der erste Tag des neuen Lebens ist einer, der alte Ängste merkwürdig aussehen lässt" (Lotter 2017, S. 34).

Neben einigen doch recht praktischen Tipps für eine Unterstützung von Führungskräften, die in Teilzeit arbeiten möchten, aber keine Chance in ihrem Unternehmen dafür sehen, beschreiben wir immer wieder den kulturellen Rahmen, das Mindset, das es zu verändern gilt. Dafür gibt es kein Patentrezept, jedoch zeigen viele bereits existierende Beispiele, dass es gelingen kann.

▶ **Aufgepasst, Marie!** An dieser Stelle noch ein Tipp für Dich Marie:
   „Working Out Loud" ist eine Methode, mit der Du innerhalb Deiner Organisation (natürlich auch außerhalb, um Unterstützung zu bekommen) Dein Anliegen bewerben und dafür sorgen kannst, dass in Deinem Bereich maximaler Wissens- und Erfahrungsaustausch eine Teilzeit-Führung funktional unterstützt. Dabei sollte jedoch nicht Dein Eigeninteresse im Vordergrund stehen, sondern Deine Überzeugung, dass es Dir in einer Interessenten-Gemeinschaft besser geht, und dass Du durch Mitteilen Deiner Kenntnisse und Fähigkeiten einen Beitrag zu einem übergeordneten Ganzen leistest. Die Grundidee ist, dass man selbst ein Forum für gemeinsames Lernen und einen weiteren Blick ins Leben ruft. Dabei steht es im Vordergrund, zunächst mal ganz viel von dem in ein Netzwerk zu geben, nach dem du dich vielleicht selbst in deinem Umfeld gerade sehnst: Aufmerksamkeit und Wertschätzung. Fünf Prinzipien sind bei Working Out Loud zu beachten:

   1. Voneinander und miteinander zu lernen, beruht auf Beziehungen (Relationships)
   2. Großzügigkeit ist der Motor für gemeinsames Lernen (Generosity)
   3. Sichtbare Arbeit bringt den größten Lerneffekt (Visible work)
   4. Zielgerichtetes Verhalten steuert Motivation und Erfolg (Purposeful Discovery)
   5. Wachstumsorientiertes Denken macht Entwicklung möglich (Growth Mindset)

   In einem zwölfwöchigen, klar strukturierten Programm (www.workingout-loud.com) kann jeder einen Zirkel gründen und wird am Ende schlauer, motivierter oder auch einfach nur mit mehr Kontakten und Perspektiven aus der

Methode herauskommen. Denn eine weitere Grundannahme ist, dass mehr Kontakte auch mehr Möglichkeiten bieten. In Deutschland arbeiten unter anderem Bosch, BMW, die Telekom und Siemens mit der WOL-Methode. Es ist also an dir und abhängig von deinem Thema, ob du innerhalb deines Unternehmens die Möglichkeit ergreifst oder dir mehr Kontakte und Möglichkeiten außerhalb versprichst.

Die große Resonanz bei namhaften Unternehmen auf diese Methode ist ein sicheres Zeichen dafür, dass wir bereits in der Wissensgesellschaft und damit auch in der Wissensökonomie angekommen sind (in vielen Teilen der Wirtschaft). WOL markiert nun einen weiteren Übergang, der gelernt sein will: von der Wissensaneignung zur Wissensteilung.

Die alten Vorstellungen von Arbeit und Führung müssen losgelassen werden. Das ist eine menschliche und organisatorische Herausforderung. Um sie zu bewältigen, brauchen wir als allererstes die Einsicht, dass einfache Lösungen (in einem komplexen Umfeld) meistens die schlechtesten sind. Neue Medien und Kommunikationsmöglichkeiten bieten dem Einzelnen Möglichkeiten, methodisch geleitet Unterstützung und Ideen zu generieren. Doch das entbindet die Unternehmen nicht von der Verantwortung, Organisationsentwicklung zur Chefsache zu erklären und Teilzeit-Führung in systematischer Vorgehensweise zu entwickeln und zu etablieren. Mit Beteiligung aller sollte schrittweise vorgegangen werden. Mit den Erfahrungen aus Pilotprojekten kleiner Gruppen angereichert, wächst Teilzeit-Führung zu einem integrierten Konzept heran.

Literatur

Bögel R (2003) Organisationsklima und Unternehmenskultur. In: Rosenstiel L, Regnet E, Domsch ME (Hrsg) Führung von Mitarbeitern. Handbuch für erfolgreiches Personalmanagement. Schäffer-Poeschel, Stuttgart, S. 707–720

Clases C, Wehner T (2018) Vertrauen. Spektrum. www.spektrum.de/lexikon/psychologie/vertrauen/16374. Zugegriffen: 08. Mai 2018

Fauth-Herkner A, Leist A (2001) Flexible Modelle auch für Führungskräfte? Arbeit und Arbeitsrecht 56(11):490–494

Gloger B, Margetich J (2014) Das Scrum-Prinzip. Schäffer-Poeschel, Stuttgart

Greve A, Freytag V, Katterbach S (2016) Unternehmensführung und Wandel aus Sicht der Wirtschaftsförderung. Springer Gabler, Wiesbaden

Häusling A, Römer E, Zeppenfeld N (2018) Praxisbuch Agilität – Tools für Personal- und Organisationsentwicklung, 1. Aufl. Haufe, Freiburg

Hofert S (2016) Agiler Führen. Einfache Maßnahmen für bessere Teamarbeit, mehr Leistung und höhere Kreativität. Springer Gabler, Wiesbaden

Kelly GA (1955) The psychology of personal constructs (Bd. I, II). Norton, New York

Koglin P (2018) Fearless Journey. AgileTools. https://www.agile-tools.de/die-agilen-formate-mit-how-to-s/fearless-journey/. Zugegriffen: 29. Juni 2018

Kotter J (2015) Die Kraft der zwei Systeme. Harvard Business Manager 34:81–89

Kruse P (2005) next practice. Erfolgreiches Management von Instabilität. Gabal, Offenbach

Laloux F (2015) Reinventing Organizations. Vahlen, München

Laudenbach P (2015) Die Ohnmächtigen. brand eins. 03(2015): 59–62

Löhr J (2018) Digitalisierung zerstört 3,4 Millionen Stellen. www.faz.net/aktuell/wirtschaft/diginomics/
    digitalisierung-wird-jeden-zehnten-die-arbeit-kosten-15428341.html. Zugegriffen: 10. Mai 2018

Lotter W (2017) Lassen wir das! brand eins. 08(2017), S 28–34

Luhmann N (2016) Der neue Chef. Suhrkamp, Berlin

Pfläging N (2011) Führen mit flexiblen Zielen. Campus, Frankfurt a. M

Sattes I, Brodbeck H, Lang HC, Domeisen H (1998) Erfolg in kleinen und mittleren Unternehmen.
    Ein Leitfaden für die Führung und Organisation in KMU. vdf Hochschulverlag, Zürich

Schein EH (2003) Organisationskultur, 3. Aufl. EHP, Bergisch Gladbach

Sivers D (2010) First Follower: Leadership Lessons from a Dancing Guy. Sivers. https://sivers.org/
    ff. Zugegriffen: 29. Juni 2018

Stampfl NS (2016) Gamification. Die Ludifizierung der Führungskultur. In: Geramanis O,
    Hermann K (Hrsg) Führen in ungewissen Zeiten. Impulse, Konzepte und Praxisbeispiele.
    Springer Fachmedien, Wiesbaden, S. 313–327

Vedder G, Vedder M (2008) Wenn Managerinnen und Manager ihre Arbeitszeit reduzieren (wol-
    len). In: Krell G (Hrsg) Chancengleichheit durch Personalpolitik. Gleichstellung von Frauen und
    Männern in Unternehmen und Verwaltungen, 5. Aufl. Springer Gabler, Wiesbaden, S. 427–442

Von Saldern M (1998) Grundlagen systemischer Organisationsentwicklung, vol 2. Schneider-
    Verlag Hohengehren, Baltmannsweiler

Watzlawick P, Beavin JH, Jackson DD (2011) Menschliche Kommunikation. Formen, Störungen,
    Paradoxien, 12. Aufl. Huber, Bern

Die Lösung

9

Kernfaktoren für die Umsetzung von Teilzeit-Führung in Unternehmen

© Springer Fachmedien Wiesbaden GmbH, ein Teil von Springer Nature 2019
S. Katterbach und K. Stöver, *Effektiver und besser führen in Teilzeit*,
https://doi.org/10.1007/978-3-658-22937-5_9

Zusammenfassung

Führen in Teilzeit funktioniert. Auch die Umsetzung ist möglich, wie diverse Unternehmen in Deutschland, Schweden und Dänemark bereits beweisen. Für eine erfolgreiche Etablierung sind unterschiedliche Faktoren entscheidend, die wir in den vorangegangenen Kapiteln beschrieben haben. Dabei wurde deutlich, dass es die eine Lösung nicht gibt. Weder für Karl-Heinz noch für Marie. Doch scheint es zumindest wichtige Grundelemente zu geben, die für eine erfolgreiche Umsetzung gebraucht werden. Egal, aus welcher Perspektive wir auf Teilzeit-Führung blicken, es geht immer um einen „Mindshift". Die Devise lautet dabei: Weg vom alten Muster und auf zu neuen Denkweisen. Und weil es viel einfacher wäre, einer Checkliste zu folgen, die es leider nicht gibt, kann man sich durch gute Beispiele zumindest Anregungen und Ideen holen (Eine Checkliste fordern viele Teilnehmer in Workshops. Ich frage dann meistens zurück, ob sie für mich vielleicht eine zum Leben haben). Das Rad muss nicht immer wieder neu erfunden werden und doch ist größte Vorsicht geboten bei der reinen Imitation von Konzepten. Was für das eine Unternehmen richtig und passend ist, kann in einem anderen ein völliger Flop sein. Jede Organisation ist einzigartig und es gilt, diese Einzigartigkeit zu erkennen und darauf aufbauend individuelle Konzepte zu entwickeln.

9.1   Das Projekt „Augenhöhe"

Wir haben zwei Beispiele ausgewählt, die aus unserer Sicht genau diese Aspekte beleuchten: die Einzigartigkeit und den Mindshift. Führen in Teilzeit ist keine Religion oder Überzeugung, sondern schlicht eine ökonomische Notwendigkeit, der dringend nachgekommen werden muss. Führen in Teilzeit ist für viele Unternehmen nicht unbekannt, doch zur Umsetzung kommt es selten. Zu hoch werden Kosten und Aufwand für Stellenausarbeitungen und die Flexibilisierung von Arbeitszeiten eingeschätzt und zu niedrig die Erträge.

Die Unternehmensberatung Trebien & Partner Consulting mit Sitz in Berlin hat das Projekt „Augenhöhe" im Jahr 2014 ins Leben gerufen. Sie hatten die Idee, Unternehmen und Mitarbeiter vorzustellen, die sich auf Augenhöhe in ihrem Arbeitsalltag begegnen und die bestimmte Abläufe, Prozesse und besonders Umgangsweisen anders und besser machen als andere Unternehmen. Ein Kurzfilm sollte auf einfache und emotionalisierende Art die Besonderheiten dieser Organisation deutlich machen. Was zeichnet ein Arbeiten auf Augenhöhe aus? Wie denken die Beteiligten darüber? Wie fühlen sie sich damit? Welche Schwierigkeiten mussten sie überwinden, um einen Mindshift in der Organisation herbeizuführen? Im Film kommen alle Beteiligten zu Wort, um diese Fragen zu beantworten. Mittlerweile gibt es bereits eine größere „Augenhöhe-Bewegung", die die Prinzipien des „New Work" verbreitet und damit ermutigen will, selber ähnliche Projekte zu starten. Gleichzeitig werden Methoden entwickelt, die den Übergang in die neue Form des Arbeitens fördern und erleichtern. Eine kleine Auswahl haben wir in Abschn. 9.4 zusammengestellt.

„Augenhöhe" ist ein Crowdfunding-Projekt. Der Film „Augenhöhe" war eine der erfolgreichsten Crowdfunding-Kampagnen im Jahr 2014. Die Premiere fand am 30. Januar 2015 im Museum der Arbeit in Hamburg statt.

Die Gründer des Projekts sehen in der Arbeitswelt drei Trends: Selbstbestimmung, Partizipation und Potenzialentfaltung. Unter dem Motto – Gemeinsam bewegen – soll gezeigt werden, dass es bereits Unternehmen gibt, die diese Trends leben und aktiv fördern. Als Pioniere der New Work haben sie erkannt, dass die Arbeitswelt sich radikal verändert. Fairness, Innovation, eigenverantwortliches Arbeiten und Zusammenarbeit sind dabei die Schlüsselbegriffe.

Unternehmenskultur und Führung sind für die Allsafe JUNGFALK GmbH und Co. KG aus der Bodenseeregion die Stellhebel für ein zeitgemäßes Unternehmen. Als Spezialist für Ladungssicherung beschäftigt das Unternehmen rund 180 Mitarbeiter, für die sich die Unternehmensleitung in hohem Maße verantwortlich fühlt. Mit der gemeinsamen Überzeugung, dass Mitarbeiter wie Führungskräfte in erster Linie Teile eines großen Ganzen sind, sucht man die Nähe über Hierarchiegrenzen hinweg. Mitarbeiter schildern, dass sie sich ernst genommen und verstanden fühlen, und dass dadurch eine vertrauensvolle und offene Unternehmenskultur entsteht, in der sich alle auf Augenhöhe begegnen können. Für die Geschäftsführer ist es kein Tabu, Spaß als wichtigen Zufriedenheitsfaktor zu verstehen. Außerdem gilt das Interesse jedem einzelnen Mitarbeiter, um herauszufinden, wer er ist, was er mitbringt und woran er Freude hat. Nur mit diesem Wissen kann nach Auffassung der Verantwortlichen bei Allsafe JUNGFALK eine Position optimal besetzt werden, sodass insgesamt das Unternehmen durch den richtigen Mitarbeiter mit Spaß an der Sache und auf der richtige Stelle profitiert.

Christian Kuhna, Director Think Tank Talent bei adidas, sieht eine wichtige Basis für eine wertschätzende Unternehmenskultur in der Bereitschaft, Verantwortung abzugeben. Er beschreibt das Phänomen, dass Unternehmen mit großem Aufwand die besten Absolventen suchen und einstellen, um sie dann im Unternehmen wie Kinder zu behandeln. Für ihn gehört das Vertrauen in die Mitarbeiter und deren Entscheidungsfähigkeit zu einer gesunden Unternehmenskultur.

Viele weitere Beispiele laden unter www.augenhoehe-film.de Interessierte zu einer Reise in eine andere Arbeitswelt ein und bieten damit Denkansätze für Initiativen zu einer zeitgemäßen Organisationsentwicklung.

9.2 Buurtzorg

Bereits in Abschn. 2.1 haben wir das medienwirksame, weil konsequent zeitgemäße, Unternehmen Buurtzorg erwähnt. Nimmt man sich dieses Beispiel zum Vorbild für eigene Entwicklungsmöglichkeiten, so sollte man noch einmal etwas genauer hinsehen, wie eine Organisation lernt und welche Grundvoraussetzungen gelten müssen, um mit einem „neuen" Mindset heute erfolgreich arbeiten zu können. Wie bereits erwähnt, ist Buurtzorg der niederländische Begriff für Nachbarschaftshilfe und der Name eines etwas anderen ambulanten Krankenpflegedienstes. Nach der Gründung vor gut 10 Jahren mit zwei Kollegen, arbeiten heute mehr als 10.000 Mitarbeiter für Buurtzorg, die ihren Namen zum Konzept machen. Das einfache Motto von Jos de Blok lautet: Menschlichkeit vor Bürokratie. Indem er die Nachbarschaftshilfe als festen Bestandteil in sein Konzept der Pflege aufnahm, war die Struktur des Unternehmens vorgezeichnet. In kleinen, dezentralen Einheiten arbeiten Fachkräfte regional unter Einbezug aller Ressourcen, die der Patient in seinem direkten Umfeld zur Verfügung hat. In den regionalen Pflegeteams werden alle Details der Zusammenarbeit (Arbeitszeiten, Einsätze, Dienstpläne etc.) selbstorganisiert vereinbart. Es gibt daher keine Führung im klassischen Sinne, sondern eher Zuständigkeiten und Verantwortlichkeiten, die, je nach Absprache im Team, rotieren können. Gibt es Probleme oder Schwierigkeiten, die vom Team nicht selbst gelöst werden können, kann ein Coach einbezogen werden. In der Gesamtorganisation stehen einige erfahrene Mitarbeiter zur Verfügung, die in Ausnahmefällen hilfreich zur Seite stehen.

In den Niederlanden (wie es in Deutschland immer noch ist) waren Pflegefachkräfte ausgebrannt und durch ihre harte Arbeit oft an den Grenzen ihrer Leistungsfähigkeit. De Blok wollte den Pflegefachbereich revolutionieren, indem die Fachkräfte zu ihrer eigentlichen Berufung zurückkehren: Menschen zu unterstützen und zu helfen. Seine Vision war es, eine neue, bessere, effektivere und menschenfreundlichere Form der Pflege zu finden und zu praktizieren.

Als Werbebotschaft klingt es zwar abgegriffen, doch bei Buurtzorg steht tatsächlich der Patient im Mittelpunkt aller Aktivitäten und Abläufe. Die Eigenständigkeit und Unabhängigkeit der Patienten sollen gewährleistet und erhalten bleiben. Es geht also nicht darum, ihn „nur" zu pflegen, sondern seine Eigenständigkeit wiederherzustellen. Diese Grundhaltung hat wesentliche Implikationen für den Umgang miteinander. So werden einem älteren Menschen nicht die Zähne geputzt, sondern er wird angeleitet, es selber zu tun. Durch diese Herangehensweise fühlen sich Patienten durch das Verhalten der Pflegekräfte persönlich wertgeschätzt und respektiert, was zu hohen Zufriedenheitswerten in Qualitätsbefragungen führt. Doch auch die Pflegekräfte sind zufriedener als ihre Berufskollegen in herkömmlichen Pflegediensten. Zufriedenheitsbefragungen werden regelmäßig durchgeführt und ausgewertet, sodass alle Beteiligten ihre Arbeit mitgestalten und kontinuierlich verbessern. Mittlerweile gibt es Buurtzorg-Niederlassungen weltweit (in China, Singapur, Thailand, Japan, Australien und den USA), die einige wenige Grundregeln vereinbart haben:

1. Bewertung und Betrachtung der individuellen Bedürfnisse des Kunden. Hierbei wird ganzheitlich die medizinische Lage betrachtet sowie die persönlichen und sozialen Bedürfnisse. Die Kunden schildern ihre Wünsche, Sorgen und Ängste, zusammen mit ihrer persönlichen und medizinischen Situation wird daraus resultierend ein Pflegeplan erstellt.
2. Unterstützende Netzwerke werden untersucht und in die individuelle Pflege einbezogen.
3. Die Betreuung wird durch Hilfsmöglichkeiten von außen durch die Nachbarschaftshilfe erweitert.
4. Der Patient wird von den Fachkräften betreut.
5. Der Patient wird in seinem sozialen Umfeld aktiv gefördert und unterstützt.
6. Im Vordergrund steht die Förderung der Unabhängigkeit und Selbstfürsorge.

Die Pflegefachkräfte werden durch das tragende Netz der Nachbarschaftshilfe entlastet, sodass auch sie zufriedener sind. Buurtzorg hat die höchste Patientenzufriedenheit im Vergleich zu anderen Anbietern und Mitbewerbern und wurde seit dem Jahr 2011 bereits viermal von den Mitarbeitern zum „Attraktivsten Arbeitgeber in den Niederlanden" gewählt.

9.3   Voraussetzungen für Teilzeit-Führung schaffen

Die Beispiele aus dem Projekt Augenhöhe und das Buurtzorg-Modell zeigen sehr deutlich, dass die wichtigste Voraussetzung für Teilzeit-Führung in den Köpfen der Beteiligten entsteht. Da, wo ein Sinn in der Arbeit gesehen wird und gemeinsame Ziele wichtiger sind als der individuelle Status, gelingen neue Arbeitsmodelle auf eine wundersame Art und Weise. Es ist daher nicht verwunderlich, dass Jos de Blok als Gründer von Buurtzorg in engem Kontakt mit Frederic Laloux stand, der in seinem Buch „Reinventing Organizations" die Grenzen unseres gegenwärtigen Organisationsmodells aufzeigt und ihm Ideen für einen Paradigmenwechsel entgegenstellt. Darin beschreibt er, welche Bedingungen erfüllt sein müssen, um eine Organisation „nach integralen, evolutionären Prinzipien, Strukturen, Praktiken und Kulturen aufzubauen". Hier ist besonders Karl-Heinz angesprochen, denn Laloux sieht die beiden Führungsebenen des leitenden Managements und des Eigentümers im Fokus für die Veränderung. Hier sollten die Akteure „eine Weltsicht und Ebene psychologischer Entwicklung integriert haben, die mit der integralen, evolutionären Bewusstseinsstufe übereinstimmt" (Laloux 2015, S. 235). Was sich etwas esoterisch anhört, ist einfach zusammengefasst: Gemeint ist eine innere Überzeugung und Akzeptanz einer Evolution des Bewusstseins. Der Entwicklungsweg kommt von einem Glauben, dass die eigene Weltsicht die einzig richtige ist (vgl. Naiver Realist, Abschn. 1.4.1.5), und dass Menschen mit einer anderen Weltsicht gefährlich in die Irre gehen, die heute noch viele Anhänger hat. Die nächste evolutionäre Stufe drückt sich in Beziehungs- und Verhaltensformen aus, die zunehmend komplexer und verfeinerter sind und damit unterschiedliche Perspektiven, An- und Einsichten des Umfelds integriert. Wer also akzeptieren kann, dass in bestimmten Situationen die Einzelintelligenz nicht ausreicht, um komplexe Lösungen zu finden, und auf die Intelligenz vieler vertrauen kann, hat eine höhere Evolutionsstufe seines Bewusstseins erreicht und ist in der Lage, Organisationen zu gestalten.

Das widerspricht völlig Karl-Heinz' Anspruch auf Kontrolle und Entscheidungshoheit und setzt voraus, dass er sich mit seinen innersten Überzeugungen auseinandersetzt und bereit ist, an die Kraft seiner Visionen zu glauben und auf die Intelligenz von Systemen zu vertrauen. Dabei kann ihm Coaching helfen, denn es geht um Ängste des Egos, die er nur aus der Distanz erkennen und überwinden kann. Das schafft man in der Regel nicht alleine.

Für Marie stellt sich die Situation anders dar. Sie hat eine Idee dazu, wie sie auch in Teilzeit ihrer Führungsverantwortung nachkommen kann und ist dabei (wenn sie denn einen Teilzeit-Vertrag als Führungskraft unterschreiben konnte) auf die Akzeptanz in der Organisation angewiesen. Nicht nur ihr Team, sondern auch alle Kollegen auf gleicher

Ebene und Schnittstellenpartner sind im Spiel, wie die Systemaufstellung in Kap. 7 veranschaulicht. Treten in Maries Umfeld nun Widerstände in Form von Geringschätzung, Kritik oder auch Unverständnis an ihrem Arbeitsmodell auf, sollte sie folgendes wissen, um sie zu entkräften: Jedes System hat kulturelle Merkmale (vgl. Kap. 4). Eine Gruppe verhält sich wie von Geisterhand geleitet nach einem „Kodex der Chronizität" (Gloger und Margetich 2014). Dieser Kodex zwingt förmlich alle Gruppenmitglieder zu einem bestimmten Verhaltensmuster und baut dadurch einen so hohen Druck auf, dass ein Einzelner kaum eine Abweichung wagt, da er sonst mitunter sogar mit Sanktionen rechnen muss. Besonders beliebt für Maries Situation als Teilzeit-Führungskraft sind folgende Verhaltensmuster, bzw. Glaubenssätze einer Gruppe:

1. **Abteilungsgrenzen werden überbetont:** Wie bereits erörtert, gibt es in vielen Unternehmen unsichtbare Mauern zwischen Abteilungen, die nur dem Zweck dienen, innerhalb dieser Abgrenzung eine stabile gemeinsame Identität zu empfinden. Wenn Maries Teilzeit-Führung nun in der Nachbarabteilung wahrgenommen wird, die sich per se schon abgrenzt, wird jede Fehlleistung, jedes Missverständnis unter den Abteilungen sehr wahrscheinlich auf Maries Abwesenheitszeiten geschoben werden (nach dem Motto: Das konnte ja nicht gutgehen).
2. **„Wir wissen nichts mehr":** Im eigenen Team kann der Widerstand sich darin äußern, dass plötzlich Fragen über Fragen zu vermeintlichen Selbstverständlichkeiten entstehen. Wie soll was denn nun genau sein? Wer entscheidet denn jetzt was? Was genau ist nun meine Aufgabe? Welche Erwartungen gibt es? Dieser scheinbaren Hilflosigkeit liegt das alte Muster des „Kräftemessens" in Organisationen zugrunde. Die Gruppenmitglieder erleben eine neue Situation und geben der Person, die sie ausgelöst hat, die Verantwortung für das, was passiert. Durch die eigene Fragehaltung und vordergründige Unsicherheit wird dann das Scheitern des Projekts viel wahrscheinlicher, was dann wiederum als Argument gegen das neue Arbeitsmodell selbst genutzt wird (nach dem Motto: Siehst du, ohne Teilzeit-Führung ging es, jetzt klappt gar nichts mehr).

Beide Arten von Widerstand rufen nach Klärung. Dabei braucht Marie Unterstützung vom Management und ggfs. der Personalabteilung, auch externe Beratung kann hier von Vorteil sein. Sie selbst sollte sich und andere immer wieder fragen, was das Bedürfnis hinter diesem Verhalten sein könnte und das auch in Gesprächen thematisieren. Niemand nimmt sich am Morgen vor, sich an diesem Tag gemein oder ungerecht irgendwelchen Kollegen gegenüber zu verhalten (bis auf wenige Extremfälle). Das eigene Verhalten wird meistens als richtig und nachvollziehbar nicht reflektiert. In solchen Fällen sind Auseinandersetzungen auf einer tiefer liegenden Ebene notwendig, was für Marie selbst recht schwer initiierbar ist, da sie ja für die anderen Beteiligten die Schuld an der Situation trägt.

Wir haben nun sehr viel über Hindernisse und Schwierigkeiten bei der Umsetzung eines Teilzeit-Führungsmodells geschrieben. Es ist also an der Zeit, die motivierenden und förderlichen Aspekte etwas näher zu beleuchten. Dazu schauen wir mal über den

Tellerrand der Organisation und schenken dem Umfeld von Teilzeit-Führung Aufmerksamkeit. 86 % der Mitarbeiter machen nur noch Dienst nach Vorschrift, 43 % der Mitarbeiter wünschen sich mehr Flexibilität im Job, 75 % der jungen Väter würden gerne zeitweise in Teilzeit arbeiten (Tandemploy 2018). Woher diese zunehmende Orientierung auf Selbstbestimmung und soziale Werte kommt, haben wir in den vorangegangenen Kapiteln beschrieben. Gesellschaftlicher Wandel und extreme Veränderungen in der Arbeitswelt sind nur die Überschriften, die aber noch nichts darüber aussagen können, wie jedes einzelne Individuum seinen Platz in dieser Welt suchen und finden kann. Teilzeit-Führung kann keine großen Probleme lösen und auch wenn viele, die sich dieses Arbeitsmodell bereits ausgesucht haben, berichten, dass sie darüber eine höhere Lebensqualität erreichen konnten, ist das noch keine Garantie für eine bessere Arbeitswelt. Und doch lässt sich daraus ein kultureller Wandel ableiten, der sehr wahrscheinlich für viele Beteiligte im Umfeld enorme Vorteile mit sich bringt und damit ein Unternehmen, eine Gesellschaft, die Welt ein kleines bisschen menschlicher machen kann.

Der einfachste Schritt hin zu einer erfolgreichen Teilzeit-Führung ist prinzipiell die Anerkennung des Modells innerhalb des Unternehmens. Besonders die Geschäftsführung kann durch eine aktive Unterstützung neuer Arbeitsmodelle dazu beitragen, dass kritische Stimmen und das Hinterfragen der Funktionalität minimiert werden. Spiegelt die Unternehmensleitung den Führungskräften und Mitarbeitern, dass sie Wert auf individuelle Arbeitszeitgestaltung legt, offen dafür ist und den Mitarbeitern Vertrauen schenkt, ist die Wahrscheinlichkeit höher, dass es positiv angenommen wird.

Zu Beginn sollten weiterhin bestimmte Rahmenparameter mit den Vorgesetzten ausgearbeitet und mit allen Mitarbeitern abgesprochen werden. Hierbei sollten besonders die Themen An- und Abwesenheit, Entscheidungsstrukturen, Kommunikationsfenster, aber auch die Unternehmenskultur besprochen werden.

Die Systemaufstellung hat offenbart, dass das Team der Führungsperson in Teilzeit eine wichtige Rolle einnimmt. Das Team ist eine der wichtigsten Säulen für eine funktionierende Teilzeit-Führung, da es neue Arbeitsweisen akzeptieren und sich in seiner Organisationsform umorientieren muss. Eine stärkere Fokussierung des gemeinsamen Ziels mit der Bereitschaft eigenverantwortlich mitzugestalten, sind zentrale Elemente für gelingende Teilzeit-Führung im Team. Eine klare Positionierung der Unternehmensführung unterstützt alle Beteiligten dabei, neue Rollen einzunehmen und diese kulturell zu verankern.

Viele Mitarbeiter benötigen einen festen Rahmen. Für sie ist es wichtig, dass sie wissen, wann sie den Vorgesetzten ansprechen können und wann nicht. Es ist unumgänglich, dass feste Tage und Zeitfenster kommuniziert werden, in denen der Ansprechpartner anwesend ist und auf die Belange der Mitarbeiter eingehen kann. Sobald die Zuständigkeitsbereiche geklärt sind und die Führungskraft weiß, in welchen Zeiträumen sie verfügbar sein muss, kann sie sich im Vorhinein darauf einstellen und sich vorbereiten. Das reduziert Stress und beugt unangenehmen Situationen vor. Absprachen zu wiederkehrenden, regelmäßigen Treffen sind wichtig für die Etablierung von Teilzeit-Führung. Sie gibt den Mitarbeitern das nötige Vertrauen. Je wohler sich die Mitarbeiter fühlen und je besser sie ihre Wünsche berücksichtigt sehen, desto höher ist die Wahrscheinlichkeit für eine wachsende Akzeptanz im Unternehmen.

Neben den individuellen und persönlichen Belangen sind die beruflichen Entwicklungen zu beachten. Mit vereinbarten Kommunikationsroutinen (Meetings, Abstimmungen, Reportings) wird gewährleistet, dass eine Teilzeit-Führungskraft ein festes Mitglied des beruflichen Umfelds ist und trotz temporärer Abwesenheit wie Vollzeitkräfte mitwirken kann.

Doch neben den Mitarbeitern benötigen die Führungskräfte weitere Unterstützung und Befürworter. In der Systemaufstellung (Kap. 7) wurde deutlich, dass die Führungskraft mit der Teilzeitoption nur äußerst schwer und unter einem auffallenden Druck den Weg Richtung Teilzeitarbeit gehen konnte. Mehrfach fielen die Begriffe „raue See" und „schweres Fahrwasser", womit die noch immer existierenden Umsetzungsprobleme beschrieben werden. So erlebten es auch die Job-Sharing-Kolleginnen in der Commerzbank Bremen. Sie erzählten von den kritischen Blicken und den staunenden Aussagen, wie das umsetzbar wäre und ob sie sich sicher seien, dass Teilzeit-Führung erfolgsversprechend ist. Es gilt daher, Skepsis in Neugierde und einen ersten Versuch zu verwandeln.

In der Praxis könnten daraus resultierend Pilotprojekte das Ziel verfolgen, Erfolge und Möglichkeiten zu testen und der Teilzeit-Führung eine realistische Chance zu geben. Verunsicherungen und Widerstände müssen dabei von allen Beteiligten ernst genommen und aktiv bearbeitet werden. Praktische Beispiele bereits durchgeführter Pilotprojekte zeigen, dass Vorurteile entkräftet werden können. Es gilt: Wenn es in den Unternehmen als standardisiert angesehen wird, dass Mitarbeiter und Führungskräfte nach Teilzeitmodellen fragen, ist das ein großer Schritt in Richtung Akzeptanz und Anerkennung. Führungsmodelle der Zukunft können nur besser werden, wenn sie vorgelebt werden und aus Fehlern gelernt wird. Durch das regelmäßige Modifizieren und Verbessern können Führungsmodelle der Zukunft sich weiterentwickeln und ein Fortschritt hin zu einer steigenden Mitarbeiterzufriedenheit und Mitarbeitergesundheit sein.

9.4   Kollektive Lösungsfindung

Bereits in Kap. 8 haben wir einige praktische Hinweise zur Umsetzung von Teilzeit-Führungsmodellen gegeben. Aufgrund der immensen Beharrungstendenzen in vielen Organisationen möchten wir diesen Praxistipps noch eine weitere Kategorie hinzufügen. Die Praxis zeigt, dass individuelle Führungsentscheidungen oft zu Unverständnis führen. Der einsame Leitwolf, der allzu oft viel zu weit vom Tagesgeschäft entfernt ist, hat weitestgehend ausgedient. Dem zunehmenden Wunsch nach Mitgestaltung gerecht zu werden, ist oft eine methodische und auch finanzielle Herausforderung. Trotzdem sollte der Effekt einer kollektiven Lösungsfindung nicht unterschätzt werden und vor allem sollten die Kosten für unzufriedene und demotivierte Mitarbeiter mit in eine Kalkulation einbezogen werden, was viel zu selten, wenn überhaupt, geschieht.

Einer inneren Überzeugung folgt jeder lieber als einer Handlungsanweisung. Wir alle haben uns von unseren Eltern nur ungern zum Zähneputzen zwingen lassen und erst als die Einsicht erwachte, dass Zahnpflege am Ende gut für uns ist (weil Zahnarztbesuche schmerzhaft oder unangenehm sind), brauchten wir keine Anweisung mehr. Wenn wir also gemeinsame Lösungen in einer Organisation finden, ist die Wahrscheinlichkeit viel höher, dass sie auch von vielen mitgetragen und unterstützt wird. Außerdem schlummern oft so großartige Ideen in den Köpfen, die nur deshalb nicht genutzt werden, weil niemand danach gefragt oder sich dafür interessiert hat.

Fürs Denken wirst du nicht bezahlt

Kürzlich sprach ich mit einem Mitarbeiter der örtlichen Entsorgungsbetriebe, der für die Kanalreinigung zuständig ist. Er berichtete mir von einer Idee, die er seinem Disponenten nahelegte, um bestimmte Engpässe im Winterdienst (der auch zu seinem Aufgabengebiet gehört) zu überbrücken. Sehr glaubwürdig schilderte er die Aussage dieses Vorgesetzten, der ihm zwar nicht das Recht zu Denken absprach, jedoch eindeutig formulierte, dass er keinen Wert auf irgendwelche Vorschläge zur Verbesserung des Gesamtablaufs lege. „Du wirst hier nicht fürs Denken bezahlt, das übernehme ich für dich!" Dieses Ereignis liegt schon einige Zeit zurück, hat aber eine nachhaltige Wirkung erzeugt. „In diesem Augenblick habe ich mir vorgenommen, nie wieder einen Vorschlag zu machen". Was für eine Verschwendung!

Viele Personalabteilungen schrecken vor Großveranstaltungen zurück. Leider muss man die Menschen zusammenbringen, um ihre kollektive Intelligenz zum Vorschein zu bringen oder um miteinander ins Gespräch zu kommen. Zu groß ist die Angst vor der Komplexität, die entstehen kann, oder vor Konflikten, die dann womöglich sichtbar werden könnten (dass sie auch unsichtbar wirken und viel Geld kosten, wird dabei ausgeblendet). Wenn Karl-Heinz nun aber tatsächlich wissen möchte, wie seine Mannschaft das Teilzeit-Führungsmodell sieht, welche Probleme und Lösungen vielleicht schon in den Köpfen aller Beteiligten vorhanden sind, bleibt ihm nichts anderes übrig, als sie, z. B. in Großveranstaltungen, danach zu fragen.

9.4.1 Open Space

Das „Open-Space-Format" zählt ebenfalls zu den agilen Methoden. Wahrscheinlich aufgrund seiner klaren Regeln und Prinzipien, die jedem Einzelnen genug Stabilität und Eigenverantwortung geben, um sich in der Komplexität der entstehenden Dynamik und Ideenflut orientieren zu können. Daher ist es auch notwendig, die Veranstaltung sehr sorgfältig vorzubereiten und sicherzustellen, dass genügend Materialien und Begleiter zur Verfügung stehen. Die Methode eignet sich für große Gruppen und sollte ein zentrales Thema, wie z. B. Teilzeit-Führung, fokussieren. Zur konkreten Anwendung empfiehlt es sich, sich ein paar Beispiele anzuschauen und sich intensiv mit den Regeln und Prinzipien auseinanderzusetzen. Moderationserfahrung ist absolut von Vorteil. Hintergrund des Open Space ist die Idee, die sogenannten Pausengespräche, die von vielen als so hilfreich und informativ wahrgenommen werden, in ein Workshop-Konzept zu überführen.

Wichtig bei der Einführung der Methode ist es, ein gemeinsames Grundverständnis deutlich zu machen. Es findet sich in den „Vier Sichtweisen" wieder, einer Art innerer Einstimmung auf die entstehende Dynamik:

1. Wer auch immer da ist, ist richtig (es gibt keine falschen Leute)
2. Was auch geschieht, es ist das Einzige, was geschehen konnte
3. Es beginnt, wenn die Zeit reif ist
4. Vorbei ist vorbei – Nicht vorbei ist nicht vorbei

Damit soll für alle gelten, dass eine Gruppe ihre eigenen Gesetze macht, unabhängig von einer Einzelmeinung, Sympathie oder Antipathie.

Darüber hinaus gelten im Open Space zwei Prinzipien, die die Eigenverantwortung verdeutlichen und für alle sichtbar machen, dass es hier nicht um richtig oder falsch geht:

1. Gesetz der Füße: Jeder bleibt nur so lange in einer Gruppe, wie er es für sinnvoll erachtet, etwas lernen oder beitragen kann und
2. Butterflies & Bumblebees: Schmetterlinge pausieren, sind einfach da und wirken schön (keiner ist zu etwas verpflichtet) und Hummeln flattern von Gruppe zu Gruppe und können damit die verschiedenen Themen zusammenbringen, als Brücke fungieren.

Zur Durchführung
- Alle Teilnehmer kommen zusammen und bekommen eine intensive Einführung in die Methode.
- Der Moderator lädt alle Teilnehmenden ein, ihre Anliegen zu dem Thema zu äußern (also die Themen, die für die Person besonders wichtig sind und für die sie Verantwortung übernehmen möchte).
- Die Themen werden auf Karten sichtbar an einer Wand befestigt.
- Es wird nun gemeinsam verhandelt, wo und wann welches Thema diskutiert wird und in eine Art Stundenplan übertragen (Zeiten und Räume stehen vorher fest).
- Die erste Diskussionsrunde startet und jeder sucht sich das Thema aus, das ihn am meisten interessiert und nimmt an der selbstorganisierten Themengruppe teil.
- Die Gruppe entscheidet, ob ihre Ergebnisse visualisiert und anschließend im Plenum vorgestellt werden.
- Nach einer festgelegten Zeit trifft man sich wieder in der Großgruppe und stellt die Gruppenergebnisse vor, die da sind.
- Die nächste Runde wird eingeläutet und so weiter bis der Workshop-Tag zu Ende ist.

Abschließend wird vereinbart, ob und wie es weitergeht. Im Vordergrund stehen hier keine fertigen Lösungen oder Projekte, die bei vielen Mitarbeitern mittlerweile eher

Skepsis hervorrufen. Es gilt kein Leistungsprinzip, sondern es kommt eher darauf an, sich auszutauschen und daraus Erkenntnisse zu ziehen. Wer schon einmal an einem Open Space teilgenommen hat, weiß, wie intensiv die Erfahrung ist und wie deutlich am Ende des Tages die Haltung einer großen Gruppe zu einem Themengebiet wird, weil Muster erkannt werden und neue Aspekte entstehen dürfen und sollen.

9.4.2 nextmoderator®

Im Zeitalter digitaler Kommunikation ist es so viel einfacher geworden, Menschen zu bestimmten Themen miteinander zu vernetzen und sie gemeinsam Ideen finden zu lassen. Daher entwickelte die Unternehmensberatung nextpractice GmbH dieses Software-Instrument für eine Art Gruppendiskussion mit vielen hunderten von Menschen. Allerdings entfaltet die oft gefürchtete Gruppendynamik beim Einsatz des nextmoderator nicht ihre Wirkung, sodass Meinungsführerschaft, die vielleicht im Unternehmen von einigen beansprucht wird, keine Rolle spielt.

In einem Raum (oder auch in einem virtuellen Raum im Internet) werden bis zu 1000 Menschen miteinander vernetzt, indem sie alles, was in kleinen Tischgruppen diskutiert und in einen Laptop eingegeben wird, zeitgleich sehen können. Neue Ideen, die von Teilnehmern zu einem bestimmten Thema (wie Teilzeit-Führung) eingegeben werden, stehen für eine bestimmte Zeit oben auf einer Liste. Durch die Möglichkeit, direkt auf bestimmte Ideen reagieren zu können, zuzustimmen oder sie zu kommentieren, bildet die gesamte Gruppe ein Ranking. Die Ideen mit der größten Zustimmung stehen dann am Ende oben auf der Liste, wobei alle anderen Ideen nach wie vor einsehbar sind. Eine Idee muss daher inhaltlich bestehen und nicht über die Person, die sie äußert, denn alle Eingaben sind anonym. Es entsteht relativ schnell ein Bild von den Themen, die in dieser Gruppe resonanzfähig sind, und woran man arbeiten sollte. Erstaunlich ist beim Einsatz des nextmoderator, dass die Beiträge entgegen anfänglicher Befürchtungen der Verantwortlichen höchst konstruktiv sind. Auch wenn mal ein „Freibier für alle"-Spruch erscheint, zaubert er zwar ein Lächeln oder Kopfschütteln hervor, findet aber in der Regel keine ernsthafte Resonanz in der Gesamtgruppe.

Eine geschickte Architektur macht dieses Tool zu einem genialen Instrument, um auch inhaltlich an den Themen weiterzuarbeiten. So können Interessensgruppen gebildet werden, die dann tatsächlich schon erste konkrete Schritte erarbeiten, die am Ende der Veranstaltung nach Dringlichkeit und Umsetzbarkeit von der Gesamtgruppe bewertet werden und als mögliche Hausaufgabe von den Verantwortlichen mit aus dem Workshop genommen werden kann.

Da ich (SK) bereits mehrfach sehr gute Erfahrungen mit dieser Methode gemacht habe, bin ich fasziniert von der Möglichkeit, die Komplexität einer Auseinandersetzung so schnell und praktikabel reduzieren zu können. Die Teilnehmer sind in der Regel erstaunt, wie kurz ihnen der Tag vorkam, da sie sich intensiv mit fast allen Beteiligten in der Diskussion befanden. Sie äußern sich zu den Vorteilen dieser Moderationsform durchweg positiv und bemerken eine

- ehrliche Wertschätzung durch konsequente Beteiligung aller Teilnehmer,
- die schnelle Möglichkeit, Themen hinsichtlich ihrer Resonanzfähigkeit zu überprüfen,
- das Schaffen eines inhaltlichen Verständnisses durch strukturierte und iterative Diskurse,
- eine sehr gute Qualität der Ideenansätze durch Einbezug aller Erfahrungen und Kompetenzen,
- eine hohe Akzeptanz des gemeinsam Erarbeiteten durch durchgängige Transparenz und Beteiligung sowie
- die absenderneutralen Eingaben, die den Fokus auf Inhalte lenken, und dazu führen, dass sich wirklich die besten Ideen durchsetzen (Nextpractice 2018).

9.5   Vertrauen schaffen

Nachdem wir bereits in Abschn. 8.3.1 Vertrauen als geschundenen Begriff beschrieben haben, soll er doch hier noch einmal ein wenig praktischen Beistand leisten. Denn natürlich braucht eine Organisation Vertrauen; in die Führung, in die Mitarbeiter, in das gemeinsame Ziel. Im Zusammenhang mit Teilzeit-Führung wollen wir Vertrauen als Gegenentwurf zur Kontrolle verstehen, die in der Leistungsgesellschaft als einzige Möglichkeit gehandelt wurde, Qualität und Handlungsfähigkeit in einer Organisation sicherzustellen.

Vertrauen vs. Kontrolle

Der Vertrauensbegriff in Organisationen lässt sich anhand eines Alltagsbeispiels gut verdeutlichen: In der Welt der Vergangenheit war eindeutig geklärt, dass der Mann das Oberhaupt der Familie ist. Er hatte die Macht, sogar vom Gesetzgeber legitimiert, Kinder zu schlagen (man nannte das auch züchtigen oder erziehen) und die Frau zu unterwerfen. Das galt sowohl im Privatleben, in dem Frauen dazu verpflichtet wurden, sich dem Mann sexuell zur Verfügung zu halten, als auch im öffentlichen Leben, wo Frauen die Genehmigung ihres Ehemanns zur Ausübung einer Berufstätigkeit benötigten. Der Haushalt war organisiert nach den allgemeingültigen Regeln, wobei Haushaltsgeld zur Verfügung gestellt und Entscheidungen letztendlich vom Vater getroffen wurden. Es gab kein offizielles und gesetzlich legitimiertes Widerspruchsrecht für Frauen und Kinder. Diese Vormachtstellung bedingte einen hohen Kontrollaufwand, um sicherzustellen, dass die Regeln auch eingehalten werden, und bei Bedarf den Regelverstoß zu bestrafen.

In Familien heute werden alle Familienmitglieder weitestgehend in alle Entscheidungen einbezogen. Mann und Frau sind gesetzlich (weitestgehend) gleichberechtigt und die Einhaltung von Regeln soll über Einsicht und gegenseitige Rücksichtnahme sichergestellt werden. Regelverletzungen werden zunächst diskutiert, statt gleich bestraft. Gleichberechtigung soll dazu führen, dass jedes Familienmitglied im Sinne der Familie agiert und damit auch das bestmögliche Ergebnis für sich selbst erzielt. Der Glaube daran, dass man als Gemeinschaft an einem Strang zieht, macht einen Großteil der Kontrolle überflüssig, weil man Raum für Eigenverantwortung lässt. Außerdem möchte heute nicht mehr jeder Mann gerne als Inquisitor der eigenen Familie agieren. Mehr Diskussionen sind an die Stelle rigoroser Gesetze getreten, das Bemühen um Einsicht und gegenseitiges Verständnis an die Stelle eines Demand-and-Control-Systems. Und auch, wenn es heute nicht unbedingt aufgeräumt in den Kinderzimmern zugeht, genießen Kinder doch die Möglichkeiten einer individuellen Entfaltung und Wertschätzung. Und genau das fordern sie auch an ihrem späteren Arbeitsplatz ein.

Laloux (2015) beschreibt den Effekt, der (nicht nur) bei arbeitenden Menschen entsteht, wenn die Kontrolle zugunsten eines auf Vertrauen basierenden Miteinanders aufgegeben wird. Das Entsetzen seines Leitungsteams ignorierend, wurden in Lalouxs Beitrag im Produktionsbereich eines Unternehmens die Regeln von heute auf morgen geändert: Arbeitszeitenmessung, Stundenprotokolle, die bei Abweichungen vom Zielwert direkten Einfluss auf das Gehalt des Mitarbeiters hatten, traten spontan außer Kraft. Außerdem konnten ohne Antrag Firmenwagen gemietet werden (lediglich eine Information an Kollegen wurde erwartet für den Fall, dass noch jemand mitfahren möchte) und Werkzeuge konnten ohne Unterschrift des Schichtleiters ausgeliehen werden. Eine Analyse zeigte anschließend, dass die Produktivität keineswegs nachgelassen hatte, da man zuvor langsamer arbeitete, um den vorgegebenen Takt einzuhalten, und man nun körperlich weniger anstrengend und gleichzeitig produktiver seine Arbeitsabläufe selbst gestalten konnte. Zusätzlich stellte man fest, dass die Feierabendzeiten nicht mehr sklavisch eingehalten wurden, sondern viele Mitarbeiter ein paar Minuten länger blieben, um noch kurz etwas abzuschließen, was im alten Kontrollsystem so gut wie gar nicht vorkam. Als Grund für das geänderte Verhalten gaben Mitarbeiter an, „dass sich ihr Selbstverständnis geändert hat. Früher arbeiteten sie nur für das Gehalt; heute fühlen sie sich für die Arbeit verantwortlich und sind stolz auf eine gelungene Arbeit" (Laloux 2015, S. 81). Vereinzelte Vertrauensbrüche, die oft als Gegenargument für die Aufgabe von Kontrollsystemen angeführt werden, nahmen nachweislich ab. Und natürlich kommen sie hier und dort vermutlich immer noch vor – wie in jedem anderen Unternehmen auch. Das kann jedoch kein Grund sein, alle Mitarbeiter wie potenziell schlechte Menschen zu behandeln und sie ihrer Selbstführung zu berauben.

Dieses Beispiel klingt vielleicht idealistisch. Wer jedoch selbst schon einmal in der Situation war, sich mit seiner Aufgabe zu identifizieren, statt hohle Zwangsroutinen einhalten zu müssen, der kann sich den emotionalen Wandel durchaus vorstellen.

> Alles wirklich Große und Inspirierende wird von Menschen geschaffen, die in Freiheit arbeiten können Albert Einstein.

Laloux weist jedoch noch auf einen weiteren wichtigen Aspekt im Zusammenhang mit Teilzeit-Führung hin: In der Regel ist die Freiheit flexibler Arbeitszeitgestaltung auf die hierarchisch höheren Positionen beschränkt. Weiter „unten" in der Pyramide gelten feste Zeitstrukturen, die überprüfbar einzuhalten sind. Er beschreibt diese beiden unterschiedlichen Szenarien als gleichermaßen erniedrigend. Die erste Gruppe erscheint demnach als „gemietete" Arbeitskraft. Bei der zweiten Gruppe wird implizit vorausgesetzt, dass sie ihre beruflichen Verpflichtungen stets über andere, z. B. private Verpflichtungen stellen, also jederzeit erreichbar und in Bereitschaft zu sein haben. Laloux regt an, auch im Arbeitskontext als „ganzer Mensch" zu lernen, im Kreis der Kollegen darüber zu sprechen, „wie viel Zeit und Energie sie momentan in ihrem Leben für den Sinn der Organisation geben wollen" (Laloux 2015, S. 184). Diese bereits in einigen Unternehmen gelebte Praxis trägt der Überzeugung Rechnung, dass jeder Mensch verschiedene Anliegen in seinem Leben hat und selbst dafür Sorge tragen kann und will, seine Energie sinnvoll auf bestimmte Punkte zu fokussieren. Ein vorurteilsfreier Umgang mit dieser menschlichen Einsicht ermöglicht es auch Teilzeit-Führungskräften, in einem verständnisvollen Umfeld mit der zur Verfügung stehenden Energie und Konzentration auf das Organisationsziel wertvolle Arbeit zu leisten. Marie ist eben immer ein „ganzer Mensch", dessen Anliegen im Laufe einer Lebensspanne unterschiedlich viel Zeit und Energie benötigen. Das lässt jedoch keine Rückschlüsse auf ihre Motivation und Fähigkeiten zu. Für Karl-Heinz gilt es, sein Menschenbild dahin gehend zu überprüfen, inwieweit er bei seinen Mitarbeitern deren Lebenskonzept als notwendigen menschlichen Teil ihrer Arbeit sieht oder aber sie als „Mietobjekte" mit dem Anspruch auf kontrollierbare Arbeitszeiten und -ergebnisse versteht. Das ganzheitliche Verständnis von Laloux bedeutet einen höheren Aufwand und ein tieferes Vertrauensverhältnis unter den Kollegen und es ist mit Sicherheit nicht immer einfach, gemeinsam getragene Lösungen zu finden. Auf der anderen Seite entfallen der Aufwand ausgeklügelter Kontrollsysteme und die Gefahr halbherziger Arbeitsweisen einer Dienst-nach-Vorschrift-Mentalität. Ob es Karl-Heinz gelingt, in seiner Organisation Teilzeit-Führung als ein Modell zur Flexibilisierung und Ganzheitlichkeit zu etablieren, hängt einzig von seiner eigenen Überzeugung ab.

Hofert (2016) beschreibt Vertrauen als Grundvoraussetzung für agile, also flexible und eigenverantwortlich agierende Teams. Also auch im Zusammenhang mit Teilzeit-Führung ein wichtiger Aspekt. Nun ist Vertrauen, wie wir bereits beschrieben haben, ein schwieriges und sehr heterogenes Konstrukt und nicht mal eben herstellbar. Es beruht wesentlich darauf, in welchem Reifegrad sich Individuen und Teams befinden. Im Bemühen um eine Flexibilisierung der Arbeitszeiten führt die Analyse des Reifegrads daher zu sehr praktischen Ansatzpunkten. Der Reifegrad beruht im Wesentlichen auf vier Ich-Bereichen:

1. Charakter: die Unabhängigkeit von Meinung und Einfluss anderer in Bezug auf das eigene Handeln sowie die Entwicklung einer Selbstregulierung und eigener Maßstäbe
2. Interpersoneller Stil: der Umgang mit Unterschiedlichkeit, die Akzeptanz der Autonomie und des Andersdenkens anderer

3. Bewusstseinsfokus: die Wahrnehmung von Bewusstseinsprozessen und deren Über-
setzung in entwicklungsorientiertes Handeln
4. Kognitiver Stil: ein multiperspektivisches Denken und Handeln unter Berücksichtigung unterschiedlicher Wahrheiten

Neben diesen Basiselementen spielt bei der Einschätzung des Reifegrads in Teams auch
die Kombination verschiedener Eigenschaften eine Rolle. Mithilfe eines Analysetools
(Reifegrad-Grid) können die Reifegrade der Teammitglieder und der Führungskräfte
sichtbar gemacht werden, um daraus praktische Handlungsalternativen abzuleiten. Für
eine erfolgreiche Implementierung von Teilzeit-Führung ist es darüber hinaus sinnvoll,
sich an zwei Modellen zu orientieren: den Dysfunktionen der Teamarbeit (Abb. 9.1)
sowie der Vertrauensmatrix (Abb. 9.2). Mithilfe der gewonnenen Informationen und
der Unterstützung durch externe Berater können Teams im Sinne einer agilen Teilzeit-Führung enorme Entwicklungssprünge vollziehen.

Auf der rechten Seite der Pyramide in Abb. 9.1 können wir im Team also, je nach
Status und Empfinden der Teammitglieder, Entwicklungsarbeit leisten. Dafür bieten sich
offene Team-Workshops ebenso an wie individuelles Coaching. Die Voraussetzung dafür
ist die Bereitschaft aller Beteiligten, diesem Prozess gegenüber offen zu sein und Chancen für die gemeinsame Arbeit darin zu sehen.

Die Vertrauensmatrix in Abb. 9.2 gibt allen Teammitgliedern im Prozess eine Orientierung dazu, worauf es übergeordnet ankommt und wie sich Vertrauen überhaupt
zusammensetzt. Die Kenntnis dieser Zusammenhänge erleichtert es in der Praxis immer

Abb. 9.1 Dysfunktionen der Teamarbeit nach Hofert 2016. (Quelle: In Anlehnung an Hofert
2016; mit freundlicher Genehmigung von © Springer-Verlag GmbH Deutschland 2016. All Rights
Reserved)

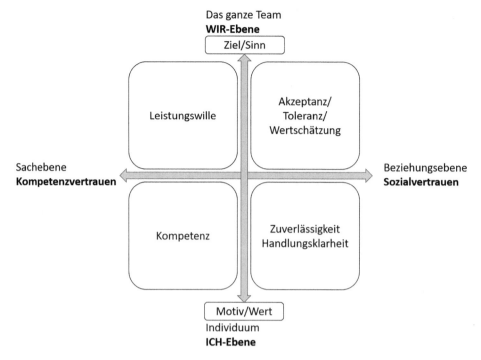

Abb. 9.2 Vertrauensmatrix nach Hofert 2016. (Quelle: In Anlehnung an Hofert 2016; mit freundlicher Genehmigung von © Springer-Verlag GmbH Deutschland 2016. All Rights Reserved)

wieder, in die Auseinandersetzung mit diesen „weichen" Themen zu gehen und sich die Zeit zu nehmen, die Basis für ein effektives Miteinander und flexible Arbeitszeiten zu legen. Ein besonderes Augenmerk gilt dabei der Beseitigung von Status- und egoistischen Interessen im Team bei einer gleichzeitigen Berücksichtigung individueller Motive und Werte.

Nur selten wird diese Art von Themen in Teams diskutiert. Fragen wie „Wie viel Kontakt wollen wir untereinander haben?", „Wie viel Kontakt erfordert die Aufgabe, das Projekt?", „Wie viel wollen wir persönlich preisgeben?" – sind ungewohnt und mitunter auch schwer zu besprechen, wenn wir in einem konkurrierenden Umfeld ausschließlich auf die eigenen Interessen fokussiert sind. Auch als Teilzeit-Führungskraft wird es darauf ankommen, eine Einsicht in die Wirksamkeit dieser Teamprozesse klar nach außen zu kommunizieren, und keinen Zweifel daran aufkommen zu lassen, dass dieser Weg beschritten werden muss, um die Freude an der Arbeit zu fördern und damit die Organisation in ihrem Sinn zu festigen.

Betrachtet man die Elemente, die neue Führung ausmachen, so findet man in der Praxis noch eine eklatante „Fehlbesetzung" in Management-Positionen vor. Diese Art von Entwicklungsprozess ist der Schlüssel für erfolgreiche Teilzeit-Führung, basiert aber auf den persönlichen Eigenschaften und dem Entwicklungsgrad der heutigen Führungskräfte.

Nach Hofert (2016) werden Führungskräfte der unteren Entwicklungsstufen mit einer Handlungslogik, die auf Gewinn, Manipulation, Regelbefolgung, Logik und strategische Ziele ausgerichtet ist, nach wie vor befördert. Innovationsfreudigkeit geht jedoch mit einer Handlungslogik einher, die soziale Transformation, Entwicklung und Verbindung von organisationalen und persönlichen Transformationen fokussiert.

▶   **Aufgepasst, Karl-Heinz!** Karl-Heinz, überprüfe deinen eigenen Reifegrad und die Entwicklungsstufen Deiner Führungskräfte! Im Zentrum Deiner Aufmerksamkeit muss die Bereitschaft und Fähigkeit zur Transformation unter Berücksichtigung sozialer Interessen aller Beteiligten stehen. So wirst Du zum attraktiven Arbeitgeber und schaffst auch in Zukunft einen Mehrwert.

Menschliche Arbeit ist der nicht algorithmische Teil der Wertschöpfung und damit ein Kampf um Einzelfall-Lösungen. Dabei spielt Führung eine bedeutsame und zum Teil widersprüchliche Rolle.

9.6   Mut zur Entscheidung

„Die Teilzeit-Falle" ist überall präsent und betrifft in erster Linie Frauen, zunehmend aber auch (jüngere) Männer. Aus verschiedenen Gründen haben sie sich dazu entschieden, eine Teilzeit-Tätigkeit auszuüben. Die Mehrzahl von ihnen sind Frauen, die gleichzeitig den größeren Teil der Kinderbetreuung übernehmen. Bezahlte und unbezahlte Arbeit wachsen in unserer Gesellschaft stärker zusammen und veranlassen dadurch eine Flexibilisierung der Arbeitszeiten, um für die Gruppe der qualifizierten, leistungsstarken und motivierten Arbeitnehmer eine Vereinbarkeit der unterschiedlichen Lebensbereiche zu forcieren. Die Soziologin Jutta Allmendinger ist Professorin für Bildungssoziologie und Arbeitsmarktforschung an der Humboldt-Universität in Berlin. Für sie ist das „alte" Denken mit der Vorgabe eines stereotypen Normallebensverlaufs, gestützt von staatlichen Förderungen für eine klassische Rollenaufteilung zwischen Männern und Frauen, die größte Hürde für die berufliche Gleichstellung von Frauen. Dabei können Frauen es eigentlich nur falsch machen. Nehmen sie eine lange Elternzeit, dann trauen ihnen viele Arbeitgeber den Einstieg nicht mehr zu, nehmen sie nur eine kurze Elternzeit, werden sie als „karrieregeil" und damit unsympathisch abqualifiziert. Das belegt eine Studie des WZB (Wissenschaftszentrum Berlin für Sozialforschung). Damit ist das Dilemma perfekt: Entweder unsympathisch oder unterbezahlt (Allmendinger 2017). Aus dieser unbequemen Startsituation ergeben sich für Frauen mit dem Wunsch nach Teilzeit-Führung noch größere Hürden. Als ambitioniertes Individuum braucht man also durchaus Mut, sich diesen impliziten Bewertungen zu stellen, und vielleicht sogar innerhalb der Organisation Benachteiligungen zu bekämpfen. Viele beschäftigen sich mit diesem großen Thema erst dann, wenn die Situation es erfordert und sind sich auch nur selten darüber im Klaren, was da auf sie zukommen könnte. Wir sprachen in diesem Zusammenhang mit Frauke Lüpke-Narberhaus, Redaktionsleiterin und Gründungsmitglied des Online-Magazins bento, das sich an junge Erwachsene zwischen 18 und 30 Jahren richtet. Als Ableger der Nachrichtenseite Spiegel Online wurde bento 2015 ins Leben gerufen. Seitdem ist Frauke Lüpke-Narberhaus mit Führungsverantwortung in der Redaktion tätig. Geboren 1983 gehört sie zu der Generation, die bento erreichen möchte. Sie hat ihre Passion (Schreiben, Fotografieren) zum Beruf gemacht und blickt bereits heute auf eine beeindruckende Biografie zurück: Studium der Politik- und Kommunikationswissenschaften in Münster und Stockholm, Stipendiatin der Journalisten-Akademie und Absolventin der Henri-Nannen-Journalistenschule. Vor ihrem Engagement bei bento arbeitete sie bei Spiegel Online und als freie Journalistin in Schweden und den USA sowie für den Spiegel, die Zeit und die Berliner Zeitung. Aus ihrem Blog entstand ein Buch, das 2016 beim Piper Verlag erschienen ist. Eine Karriere wie aus dem Bilderbuch. Und dann kam die Geburt ihres Kindes und damit verbunden eine intensive persönliche Auseinandersetzung mit den völlig neuen Rollen als Mutter, Partnerin, Journalistin und … Frau. Darüber und über „mutige" Entscheidungen sprachen wir mit ihr am 30. März 2018 in Hamburg.

Interview mit Frauke Lüpke-Narberhaus

Welche Gründe gab es für deine Entscheidung, in Teilzeit zu führen? Und wie hast du es organisiert?

Es gab genau einen Grund: Unser Kind. Mein Mann und ich haben uns die Elternzeit geteilt, jeder 7 Monate. Den Wiedereinstieg haben wir lange geplant. Ich habe bento mitgegründet, daher auch extrem viel gearbeitet, bevor ich in die Elternzeit ging. Heute ist es definitiv nicht mehr so viel. Wenn so ein neuer Mensch da ist, dann will man natürlich auch Zeit mit ihm verbringen. Bei bento sind wir in einer Doppelspitze organisiert. Auf dem Papier arbeite ich 32 Std., mein Kollege Ole Reißmann hat einen Vollzeit-Vertrag, also 100 %. Zeitgleich zu meinem Wiedereinstieg haben wir uns neu strukturiert. Vorher haben Ole und ich noch viel im Tagesgeschäft mitgearbeitet, unter anderem Textarbeit. Zu Jahresbeginn sind wir stark gewachsen, bei insgesamt rund 30 KollegInnen haben wir jetzt viel mehr Führungsthemen. Im Online-Journalismus muss man sehr schnell reagieren, mitten in einer Nachrichtenlage kann ich als Chefin kaum sagen: „Ich gehe jetzt mein Kind abholen." Da ich jetzt nur deutlich weniger im Tagesgeschäft eingebunden bin, kann ich mir meine Aufgaben viel besser aufteilen. Jetzt kümmern wir uns um eher langfristigere, strategische Aufgaben. Im Moment ist mein Mann in Elternzeit, da kann ich auch spontan mal aufstocken, wenn Ole nicht da ist zum Beispiel. Wenn mein Mann im Sommer seine Elternzeit beendet, bin ich nicht mehr so flexibel: Er arbeitet selbstständig und reist beruflich viel. Wir wollen ab Sommer monatlich planen. Mir ist natürlich wichtig, dass wir auch in der Redaktion Meetings zuverlässig und langfristig planen können.

Was sind deine beruflichen Ziele?

Das alles hinzukriegen. Plötzlich Mutter zu sein und neue Rollen auszufüllen ist eine Herausforderung als Frau, persönlich und beruflich. Auch während der Elternzeit hatte ich viel Kontakt mit den Kollegen. Das habe ich nicht nur aus beruflichen Gründen so gemacht, sondern weil ich mich mit bento identifiziere. Ich habe alles mit entwickelt: Das Konzept, die Leute ausgesucht und alles auf den Weg gebracht. Mit der Außenperspektive aus der Elternzeit sind mir einige Baustellen deutlich geworden; die möchte ich jetzt mit dem Team angehen.

Fühlst du dich als Pionierin? Was macht dieses Gefühl aus?

Ich möchte mich als Pionierin fühlen. Ich muss nicht Teilzeit arbeiten, sondern ich möchte es – diese Sichtweise fühlt sich angenehmer an. Ich arbeite für Millennials, für die ist das ja auch ein Thema. Ich möchte zeigen, dass das funktioniert. Und Ole ist das zum Glück auch ein Anliegen. Durch meine Chefredakteurin Barbara Hans erfahre ich große Unterstützung, das war von Anfang an so und vermittelt mir ein gutes Gefühl. Außerdem versuche ich immer zu zeigen, dass ich da bin, Anteil nehme und mir das alles am Herzen liegt.

Was ist deine größte Herausforderung im Moment?

bento wächst, dadurch entstehen immer wieder Umbruchsituationen: publizistische Richtung bestimmen, neue Leute einarbeiten, Aufgaben priorisieren. Das ist aber nicht neu, das war auch schon vor der Elternzeit so – jetzt hat sich die Lage für mich natürlich verschärft, weil ich weniger Zeit habe. Daran muss ich mich immer noch gewöhnen. Vor meinem Kind konnte ich theoretisch open end arbeiten – jetzt muss ich irgendwann nach Hause, auch wenn ich meinem Team oder Ole gern noch helfen würde. Ich freue mich abends natürlich sehr darauf, mein Kind zu sehen, und trotzdem fällt es mir manchmal schwer zu gehen. Als normale Redakteurin musste ich nur meinen Chef zufriedenstellen, als Redaktionsleiterin kommen die Anforderungen von oben *und* unten. Als ich damals in die Chefposition gewechselt bin, hat mich das anfangs sehr gestresst – bis ich merkte, das geht anderen auch so. Man schiebt immer irgendwas vor sich her. Es muss immer schnell entschieden werden, was im Augenblick das Wichtigste ist, und man muss zu anderen sagen: Sorry, ich habe es noch nicht geschafft. Jetzt habe ich weniger Zeit, das kann man als Handicap sehen – aber auch als Chance, noch effektiver zu arbeiten: Welche Aufgaben muss ich übernehmen? Was können andere besser? Was können wir ganz lassen?

Wie beschreibst du deine Einstellung zu frei gestaltbaren Arbeitszeiten, individuellen Arbeitskonzepten?

Extrem wichtig! Als Journalisten sind wir Idealisten, im Journalismus verschmelzen Arbeit und Privatleben extrem und man identifiziert sich mit dem, was man tut, schon allein, weil der eigene Name drunter steht. Arbeit muss Spaß machen, sonst

geht das nicht. Bei uns im Team sind völlig flexible Arbeitszeiten aber nicht möglich. Unserer Erfahrung nach funktioniert zum Beispiel spontanes Brainstormen
besser, wenn man sich sieht.

**Wie reagieren Kollegen, Vorgesetzte auf deine Teilzeit, werden dort auch mal
kritische Stimmen laut?**
Meine Vorgesetzten unterstützen mich voll, auch Ole und meine Kollegen und Kolleginnen bei bento. bento gehört zum Spiegel-Verlag, wir arbeiten in einem Haus.
Da sind zum Teil noch traditionelle Ansichten vertreten. Es kommt auch manchmal
vor, dass Ole von entfernteren Kollegen bei Fragen eher angesprochen wird, weil
ich nicht mehr so präsent bin – trotz gleichberechtigter Doppelspitze. Er holt mich
aber aktiv immer wieder rein, ihn stört das auch.

Ist Führung denn wirklich an Zeit gebunden?
Man kann auch sehr gut führen, ohne das Doppelte von dem zu arbeiten, was im
Arbeitsvertrag steht. In der Redaktion habe ich den Eindruck, dass mich niemand
anzweifelt, weil ich in Teilzeit führe. Es ist stark ein Generationsding, ja! Aber
auch unter den Millennials gibt es natürlich noch jene, die ihr Überstundenkonto
als Statussymbol empfinden, sehr viel zu arbeiten und das auch zu „beklagen".

**Werden sich aus deiner Sicht diese neuen Arbeitsmodelle wie Teilzeit-Führung
langfristig durchsetzen oder fallen wir irgendwann in das alte Leistungsprinzip zurück?**
Weder noch. Es wird sich langsam verändern hin zu einer besseren Vereinbarkeit.
Das wird nicht von heute auf morgen passieren. In meinem Bekanntenkreis sind es
nach wie vor eher die Frauen, die länger zuhause sind und dann in Teilzeit gehen.
Noch ist es ein Frauenthema, es verschiebt sich aber langsam in Richtung Männer. Ich kenne einige Männer, die weniger arbeiten, weil sie Väter geworden sind –
unter anderem mein Mann.

Wirst du von deinem Arbeitgeber unterstützt, ermutigt?
Wenn ich etwas brauche, unterstützt meine Chefredakteurin das auch. Diese
persönliche Unterstützung finde ich extrem viel! Sie hat ein offenes Ohr, ich
muss ihr nichts vorspielen und sie vermittelt mir aufrichtig, dass sie alles möglich machen will. Mit Terminen klappt das noch nicht so, da landen wir manchmal
(dem Business geschuldet) in den Abendstunden. Was ich sehr schätze, ist, dass
sie auch in die Zukunft schaut und wichtige Dinge mit mir zusammen im Blick
hat. Ein aktives Angebot zum Thema Teilzeit-Führung, also ein Workshop oder
Coaching zum Beispiel, hat mir der Verlag allerdings nicht gemacht. Ich fände
so etwas gut und würde es auch annehmen. Auch eine Art Evaluation nach einem

halben Jahr wäre sicher sinnvoll: Was läuft gut? Wo müssen wir nachjustieren? Immerhin arbeiten bei Spiegel Online einige Kollegen und Kolleginnen in Teilzeit, auch in Führungspositionen. Mit denen tausche ich mich regelmäßig aus. Diesen Austausch könnte man natürlich institutionalisieren, damit alle von den Erfahrungen profitieren.

Was wäre dein Wunsch?
Der Klassiker: Termine am besten tagsüber, doch das ist bei einem nachrichtengetriebenen Online-Medium nicht immer umzusetzen. Mir ist es auch unangenehm zu sagen, dass ich um 17:00 Uhr eigentlich nicht mehr da bin. Ole ist dann oft derjenige, der sagt, dass es nicht geht. Ich finde toll, dass er mich unterstützt. Und ich weiß, dass das noch nicht selbstverständlich ist. Natürlich kostet es Zeit, sich gegenseitig zu briefen, aber das ist ja auch gut, weil man in dem Augenblick noch einmal reflektiert. Manchmal muss man Entscheidungen auch vertagen. Wenn es keine Unterstützung gäbe, dann würde ich den Job nicht machen. Es muss ja auch noch Spaß machen!

Wird es uns gelingen, eine Kultur der Selbstverständlichkeit für Männer *und* Frauen zu etablieren?
Das ist eine Glaubensfrage. Ich glaube daran, dass es gelingt! Allerdings habe ich mit älteren Frauen gesprochen, die sagen: Die Vereinbarkeit von Familie und Beruf ist eine Mär. Klar, ist es ein Kompromiss. Wenn man beides will, muss man nachjustieren. Und nur weil man vor dem Kind rund um die Uhr gearbeitet hat, heißt das ja nicht, dass man besser gearbeitet hat. Allein, dass die kommenden Generationen immer weniger arbeiten wollen, aus welchen Gründen auch immer, wird dazu führen, dass die Infrastruktur geschaffen wird, und dass dann auch mehr Männer sagen: Ich möchte mehr Zeit mit meiner Familie verbringen. In meiner Magisterarbeit 2007 habe ich mich mit dem schwedischen Elterngeld auseinandergesetzt. Schon damals habe ich geschrieben, dass es momentan für Frauen eine Pflicht ist, aus dem Berufsleben auszusteigen, weil sie eben das Kind kriegen. Das kann nun mal nicht outgesourct werden. Für Männer ist es hingegen das Recht, das zu tun (in Teilzeit zu gehen, zum Beispiel). Eine Pflicht kann man nicht ablehnen, ein Recht schon. Die Voraussetzungen sind recht unterschiedlich. Ich arbeite in einem Umfeld, wo es mir ermöglicht wird, ich kenne aber auch Fälle, wo einem in dem Moment, in dem man über die Option einer Teilzeit-Führung spricht, der Aufhebungsvertrag über den Tisch geschoben wird. Wenn das Thema insgesamt stärker etabliert ist, können Männer das auch öfter machen.

Es gibt den Vorwurf, das ganze Gewese um Teilzeit-Führung sei ein Eliteproblem: Die, die eh schon hoch bezahlt sind, möchten auch noch weniger arbeiten und genießen noch mehr Privilegien. Und das auf Kosten der Mitarbeiter, die nicht die Art von Führung bekommen, die sie erwarten.

Es ist mir ein großes Anliegen, dass nicht nur ich mir dieses Privileg raus-nehme. Ich achte auch darauf, dass die MA sich nicht totarbeiten. Ich fände es schräg, wenn nur ich versuche, pünktlich zu gehen. Das muss für alle gelten. Eine gute Führungskraft bemisst sich nicht daran, wie viele Überstunden sie auf dem Zettel hat. Da muss ja mehr sein.

Teilzeit-Führung: Karrierekiller oder Motivator?
Für mich eher Motivator. Ich möchte zeigen, dass es geht und offensiv damit umgehen. Nuschelt man es weg oder steht man dazu? Die „Teilzeit-Falle" ist in vielen Frauenköpfen fest verankert. Falls ich es doch irgendwann als Karrierekiller erleben sollte, mache ich eben etwas anderes. Ich möchte das derzeit nicht, kann aber. Deshalb tritt man wahrscheinlich auch etwas anders auf.

Hat Teilzeit-Führung auch etwas mit einem grundsätzlich veränderten Führungsmodell zu tun?
Ich hatte nie das Ziel, eine Führungsperson zu werden. Ich hole mir regelmäßig Feedback von Leuten im Team, die in einem Thema noch besser drin sind als ich. Ich kann nicht alles besser, ich habe eine andere Aufgabe. Ich bin diejenige, die am Ende die Entscheidung trifft und dafür auch geradesteht. Ich bin eine Vertreterin der Generation, für die wir arbeiten. Als Journalistin kann man beeinflussen, worüber man spricht im Land. Ich bin mir sicher, dass es auch bei uns im Haus Leute gibt, die mich als Teilzeit-Chefin nicht ernst nehmen werden. Aber letztlich ist mir das egal. Es verändert sich sehr vieles auf verschiedenen Ebenen, gerade im Journalis-mus. Es gehört eben einfach dazu, dass sich auch die Arbeitszeiten verändern. Ich habe das Selbstbewusstsein, ich weiß, was ich kann, und ich weiß, selbst wenn ich in diesem Unternehmen scheitern sollte, wird es woanders funktionieren.

Literatur

Allmendinger J (2017) Der Heiratsmarkt bezahlt Frauen besser als der Arbeitsmarkt. Zeit Magazin. www.zeit.de/zeit-magazin/leben/2017-08/jutta-allmendinger-frauen-entscheidungen. Zugegriffen: 11. Jan. 2018

Gloger B, Margetich J (2014) Das Scrum-Prinzip. Schäffer-Poeschel, Stuttgart

Hofert S (2016) Agiler Führen. Einfache Maßnahmen für bessere Teamarbeit, mehr Leistung und höhere Kreativität. Springer Gabler, Wiesbaden

Laloux F (2015) Reinventing Organizations. Vahlen, München

Nextpractice (2018) nextmoderator®. Nextpractice. https://www.nextpractice.de/nextmoderator. html. Zugegriffen: 29. Juni 2018

Tandemploy (2018) Startseite. Tandemploy. www.tandemploy.com. Zugegriffen: 29. Juni 2018

Der Ausblick

10

© Springer Fachmedien Wiesbaden GmbH, ein Teil von Springer Nature 2019
S. Katterbach und K. Stöver, *Effektiver und besser führen in Teilzeit*,
https://doi.org/10.1007/978-3-658-22937-5_10

Zusammenfassung

Zunehmender Wettbewerb, schier unbeschränkter Zugriff auf Information, nie gekannte Risiken durch das Prinzip „Kleine Ursache, große Wirkung" und die subjektiv empfundene Beschleunigung der Zeit sind die Faktoren, die Teilzeit-Führung in Zukunft zu einem selbstverständlichen Bestandteil der Arbeitskultur werden lassen. Jedoch führt nur ein Reifungsprozess des Individuums sowie der Organisation zu einem radikalen Umdenken, das dieses zeitgemäße Führungskonzept seine Wirkung entfalten lässt. Die Investitionsbereitschaft besteht darin, den Blick nach innen zu richten und mit gestärkter Selbstkenntnis einen Schritt nach vorne zu gehen, ohne einen direkten Zugewinn zu erwarten. Das gilt für den Einzelnen ebenso, wie für die Organisation.

Die Akzeptanz gegenüber neuen und innovativen Führungskonzepten ist auf der Unternehmensseite bisher gering. Wir haben versucht herauszufinden, welche Faktoren zu dieser grundlegenden Entwicklungsstarre beitragen und welche Stellschrauben zu justieren sind, die möglicherweise zu einem Umdenken führen. Besonders für Frauen in Führungspositionen, die nach einer Elternzeit in den Beruf zurückkehren, stellt sich eine Teilzeitoption für ihre bisherigen Aufgaben häufig nicht. Wir haben dargestellt, dass damit verbunden wichtige Ressourcen für eine gesamtwirtschaftliche Anpassung an eine sich verändernde globale Wirtschaft fehlen und damit einen enormen volkswirtschaftlichen Schaden verursachen. Auf der persönlichen Ebene ist es für Menschen, die eine verantwortungsvolle Führungsposition in Teilzeit ausüben möchten, in der Regel kaum möglich, ihrem Wunsch zu folgen. Im Gegenteil: Oft müssen sich hoch qualifizierte Mitarbeiter nach neuen, weniger verantwortungsvollen Aufgaben umsehen. Führung ist nach wie vor an eine Vollzeittätigkeit gebunden. Nur wenige Unternehmen setzen bisher aktiv auf neue Wege für Teilzeit-Führungskräfte und eröffnen sich dadurch bessere Chancen, qualifizierte Fachkräfte für sich zu gewinnen und zu halten, und damit einen Wettbewerbsvorteil zu generieren.

Doch immerhin ist ein Trend erkennbar. Obwohl Experten seit vielen Jahren den Fachkräftemangel prognostizierten, hat sich zwar praktisch wenig getan, jedoch hat sich offensichtlich ein Bewusstsein für die sich anbahnende Krise entwickelt. In unserer Recherche haben wir festgestellt, dass das Thema zunehmend in den Medien fokussiert wird.

Die Umsetzung ist hierbei individuell und kann von Unternehmen und Führungskraft persönlich zugeschnitten werden. Teilzeit-Führung ist ein wandelbares und individuell gestaltbares Konzept. Aus Studien geht hervor, dass z. B. durch vollzeitnahe Teilzeitarbeit innerhalb eines Kollegenkreises kaum eine Fehlzeit wahrgenommen wird und der Kollege als Teilzeitkraft nicht weniger Einfluss und Zuständigkeit hat als Vollzeitmitarbeiter. Nachwuchsförderung und Nachfolgerqualifizierung kann idealerweise durch ein Kadermodell gewährleistet werden, sodass sowohl die Führungskraft in Teilzeit als auch die anzulernende Person Vorteile aus dem Modell generiert. Das gängigste Modell für Führungskräfte bleibt weiterhin das Top Sharing, bei dem sich zwei Personen eine Stelle teilen. Die meisten bereits existierenden Beispiele in Deutschland nutzen dieses Modell.

Dazu sind viele positive Beurteilungen dokumentiert, die von zunehmender Motivation und Zufriedenheit der Mitarbeiter berichten, sowie einer gewachsenen Ideen- und Lösungskompetenz aller Beteiligten.

Wir haben beschrieben, worin mögliche Gründe für die unzureichende Akzeptanz von Teilzeit-Führung liegen könnten und welche tiefliegenden Überzeugungen und Muster ein Umdenken verhindern. Es scheint ein kulturelles Phänomen zu sein, das eine Kopplung von Verantwortung und gleichzeitiger Reduktion der Arbeitszeit möglich erscheinen lässt. In diesen Dimensionen zu denken, ist für viele Vorgesetzte neu, ungewohnt und mit Unsicherheit verbunden. Aber auch in Teams erzeugt die Idee einer Teilzeit-Führung Skepsis und Ablehnung. Veränderte Führungsmodelle für eine Flexibilisierung und erhöhte Anpassungsfähigkeit durch stärkere Eigenverantwortung und mehr Selbstorganisation ist in einer Zeit steigender Komplexität schwer zu vermitteln. Erst über Erfahrung und die dadurch gewonnene emotionale Sicherheit „lernt" eine Organisation ihre verdeckten Kompetenzen als Stärke wahrzunehmen. Zahlt sich also eine neue Idee aus, bringt sie Erfolg, steigt die Wahrscheinlichkeit, dass sie langfristig akzeptiert wird. Ein erster Schritt könnte folglich in der Implementierung eines Pilotprojekts liegen.

Faktoren wie Zufriedenheit, Motivation und Leistungsbereitschaft sind in Zahlen schwer messbar, die positive Wahrnehmung und die daraus resultierenden Begleiterscheinungen sind dagegen durchaus quantifizierbar, doch vor allem spüren die Beteiligten nach eigenen Aussagen eine deutliche Verbesserung ihrer Arbeitssituation. Mitarbeiter beteiligen und identifizieren sich stärker, verfolgen gemeinsam stringenter die Organisationsinteressen und legen lähmendes „Silodenken" ab.

Wir wollen mit diesem Buch Mut machen. Und zwar Karl-Heinz (Geschäftsführer, Inhaber) und Marie (an Teilzeit-Führung Interessierte), die es gemeinsam in der Hand haben. Wahrscheinlich sind sie sich beide der hohen Verantwortung, die sie nicht nur für ihr eigenes Leben, sondern auch für den Erhalt einer weiterhin florierenden Volkswirtschaft in Deutschland tragen, nicht einmal bewusst. Wenn es ihnen gelingt, mit den von uns beschriebenen Werkzeugen, aber auch Einstellungen und Hintergrundinformationen, konsequent die Werte eines neuen Führungs- und Arbeitsverständnisses in ihrem Umfeld umzusetzen, dann entsteht ein „Schneeballeffekt", der eine ungeahnte Veränderungsdynamik in Gang setzen kann. Denn in unserer vernetzten Welt braucht Veränderung Resonanz und schon lange nicht mehr die „harte Hand" einer Autorität. Doch nur, wer im großen Netzwerk mit seinen Ideen sichtbar ist, kann diese Resonanz auslösen. Wer sich allerdings hinter dem Gewohnten und Bekannten versteckt, mag es noch so dysfunktional sein, gibt seine Gestaltungsmöglichkeit gegen eine vermeintliche Sicherheit auf. Denn Sicherheit und Stabilität kann das „alte" System schon lange nicht mehr bieten.

Deshalb möchten wir Karl-Heinz und Marie ermutigen, das Negativimage von Teilzeit-Führung durch ihr eigenes Handeln zu zerstören, damit viele andere sehen können, dass es funktioniert und noch dazu Spaß macht. Kreative Lösungsmöglichkeiten sollen in den Vordergrund rücken und die gesellschaftliche Anerkennung von Teilzeit-Führung stärken. Wir geben den beiden mit diesem Buch Denkanstöße, praktische Tipps und inspirierende Beispiele an die Hand. Den Mut, Pionier oder „First Follower" zu sein, transportieren wir hoffentlich auf der Parallelspur mit. Mit der Erforschung der eigenen persönlichen Voraussetzungen für diese neuen Rollen und der Kenntnis über Ursachen und Wirkungen eines globalen Veränderungsprozesses sind Karl-Heinz und Marie schon ganz gut ausgestattet.

Wir haben uns die Frage gestellt, wie es sein kann, dass ein erwiesenes und durch Studienergebnisse und Unternehmensbeispiele einheitlich positiv bewertetes Erfolgsmodell wie Teilzeit-Führung nicht angenommen wird. Weil es keine im klassischen Sinne logische Erklärung dafür gibt, haben wir auf die Methode der Systemaufstellung vertraut, uns mögliche Antworten zu liefern. Mit der Frage: „Worin genau liegt die Ablehnung von Teilzeit-Führung?" haben wir die Intuition der Stellvertreter befragt, um neue Perspektiven ins Spiel zu bringen. Wir waren überrascht und beeindruckt von den Ergebnissen, die eine hohe Übereinstimmung mit den Studienergebnissen des Bundesministeriums für Arbeit und Soziales zu Arbeit und Führung der Zukunft sowie der Studie zu gesellschaftlichen Kraftfeldern der nextpractice GmbH aufzeigten. Danach liegt die Ursache für mangelnde Flexibilität tief verankert in einem kulturellen Kraftfeld, das eine notwendige Anpassung verhindert. Es geht in all den Studien und Messungen nicht darum, Schuld zuzuweisen, sondern mögliche, vielleicht noch verborgene Stellhebel für potenzielle Lösungen aufzuspüren. Denn klar wurde auch, dass in der Komplexität die einfachen Lösungen selten die richtigen sind und jede Art von Innovation, also auch veränderte Arbeitsmodelle, ein Produkt vieler ineinandergreifender und mitunter anstrengender Prozesse ist. Begriffe wie „Diskurs", „Demokratisierung", „Agilität" bedeuten ein Umdenken, die Kraft und Ausdauer, wertorientierter zu agieren und damit einen Mehrwert zu schaffen. Das fällt besonders der älteren Generation schwer; denn schon Sokrates schimpfte über die „Jugend von heute". Dieser Generationenübergang führt bis heute immer wieder zu Verwerfungen. Nur im offenen Dialog lassen sich erlernte Wertemuster, wie z. B. die Kopplung von Arbeitszeit und Führung oder Status und Führung, aufweichen zu einem gemeinsamen Verständnis kollektiver Wertschöpfung. Zukunftsmodelle zeigen den notwendigen Entwicklungsschritt von der Orientierung auf das Individuum hin zum Kollektiv deutlich auf. Gegangen werden kann dieser Schritt nur durch viele Karl-Heinz und Maries, die dann ihrerseits ein kulturelles Kraftfeld erzeugen, das von niemandem als den gesellschaftlichen, ja globalen Anforderungen geprägt wird. Die Rufe nach einfachen Lösungen sind ein Zurück in alte Muster, die für die Zukunftsbewältigung nicht geeignet sind, und bedeuten einen Rückschritt in diktatorische Zeiten der Fremdbestimmung.

Diese Tendenz, in bewährte Muster zurückzufallen, wurde auch in der Systemaufstellung deutlich. Anziehungskräfte und Abstoßungseffekte werden sichtbar und das Thema der Teilzeit-Führung wird aus einer ganz anderen Perspektive (nämlich der intuitiven) betrachtet, als es die Literatur erreichen könnte. Es wurde klar, dass die Energie (wie auch immer wahrgenommen), die von Teilzeit-Führungskräften ausgehen, nicht bei allen Kollegen innerhalb der Organisation auf Zuspruch trifft. Teammitglieder, die durch die Teilzeitkraft geführt werden, haben eine klare Absprache gefordert, und dass Führung transparent und selbstbewusst sein sollte. Es ist außerdem deutlich geworden, dass es Unterschiede in verschiedenen Kontexten gibt. Der Prototyp eines Unternehmens hat Teilzeit-Führung zwar als Neuerung wahrgenommen und es sukzessive akzeptiert, in der Maschinenbaubranche wurde sie aber schlicht ignoriert und eine Umsetzung erschien unmöglich. Eine weitere Aufstellung in einem verdeckten Kontext stellte die Situation in Schweden (als „Musterlösung") dar, wo Führung als ein völlig anderes, aus der fachlichen Sicht situatives und agiles, Instrument wahrgenommen und praktiziert wurde. Die Analyse der Systemaufstellung bestätigt unseren Eindruck: In wenigen deutschen Unternehmen ist das Führen in Teilzeit gewünscht, in einigen Branchen wird es bisher nicht angewendet und gilt als schwer umzusetzen, wobei der Idealtypus eine vollständige Integration des Teilzeit-Führungsmodells repräsentiert.

In der aktuellen Arbeitswelt scheint es äußerst mutig, den Wunsch nach einer Teilzeit-Führungsstelle zu äußern, es braucht eine gewisse Standhaftigkeit und Konsequenz, ja sogar Mut, sich fernab der standardisierten Berufswege zu orientieren und mit Kritikern umzugehen. Teilzeit-Führungskräfte gehören aktuell zu den Pionieren und werden in naher Zukunft unerlässlich für erfolgreiche Unternehmen sein.

In absehbarer Zeit werden sich Führungskräfte fast täglich die Frage stellen müssen, ob sie auf dem richtigen Weg sind. Die durchschnittliche Lebensdauer eines Unternehmens sinkt stetig weiter und liegt bereits heute bei ca. 10 Jahren. Informelle Koordinationsmechanismen wie Vision, Sinn, gemeinsames Wissen, Werte und Glaubwürdigkeit treten an die Stelle formalisierter Strukturen. Soziale Kontrolle und Vertrauen treten an die Stelle autoritärer Kontrollmechanismen und sind die Basis für gemeinsam getragene Verantwortung. Damit wird Führung zum „Ermöglicher" einer intrinsisch motivierten Freiwilligkeit, die Autonomie ebenso voraussetzt, wie die Anerkennung geistiger Urheberschaft. Autonomie wird gewährleistet durch maximale Freiräume bezüglich Arbeitszeit und -ort. Teilzeit-Führung wird dementsprechend eine selbstverständliche Alternative zum klassischen Vollzeitmodell sein, wobei auch Vollzeitarbeit nicht mehr den gleichen Charakter haben wird. Wann und wie gearbeitet wird, entscheidet der Mitarbeiter selbst in enger Abstimmung mit seinen Kollegen und je nach Notwendigkeit. Organisationen, die innovativ und flexibel sind, werden eine höhere Überlebenschance haben als stabilitäts- und effizienzorientierte Unternehmen. Als größte Hürden für eine zukunftsweisende Entwicklung werden schon heute mangelnder Wissenstransfer und Teamgeist sowie die negative Einstellung zum Querdenken genannt. Es ist schwerer, ein Mindset zu verändern, als Strukturen zu optimieren, daher hier noch einmal kompakt unsere Tipps für Karl-Heinz und Marie, die sich auf die Reise machen, ihre und unser aller Zukunft ein wenig mitzugestalten.

▶   **Maries Liste**
    Wissen und Denken
    1. Bleibe offensiv mit Deinem Anliegen, auch bei Niederlagen!
    2. Verstehe die andere Perspektive!
    3. Sei Dir Deiner Kompetenzen bewusst und kommuniziere sie klar und deutlich!

Organisation und Koordination

4. Nutze alle zur Verfügung stehenden Ressourcen für eine exzellente Kommunikation!
5. Sei kreativ in der Entwicklung von Routinen und organisationalem Lernen!
6. Werbe für hierarchieunabhängige und bedeutsame Kommunikation!

Verhalten und Führung

7. Vertraue in Dich selbst und in Deine Kollegen!
8. Sei lösungsorientiert, auch in der Auseinandersetzung mit konservativen Denkmustern!
9. Ergreife die Initiative und stelle immer wieder unangenehme Fragen für die Gesamtorganisation!

Verbindungen und Interaktion

10. Finde Koalitionspartner!
11. Halte Konflikte aus und lerne, sie im kollektiven Interesse zu lösen!
12. Nutze Deine Netzwerke, erweitere sie, um das Commitment zu fördern!

▶ **Karl-Heinz' Liste**

Wissen und Denken

13. Finde heraus, was Dir wirklich wichtig ist und bringe Werte und Visionen ins Unternehmen!
14. Erhöhe durch Dein eigenes Engagement den Reifegrad Deiner Mitarbeiter und Deines Unternehmens!
15. Verstehe und akzeptiere die andere Perspektive (heranwachsende Generationen)!

Organisation und Koordination

16. Lote Deinen Wettbewerbsvorteil durch neue Arbeitsmodelle aus!
17. Nutze die Personalabteilung als strategischen Partner!
18. Variiere die Organisationsform je nach Situation des Unternehmens!

Verhalten und Führung

19. Diskutiere die Unternehmenskultur mit Deinen Mitarbeitern!
20. Schaffe Statussymbole und Boni ab!
21. Gib Verantwortung ab und lass auch mal los!

Verbindungen und Interaktion

22. Vernetze Dich intensiver und tausche Dich hierarchieübergreifend aus!
23. Baue auf die soziale Kontrolle, die für die Einhaltung Eurer gemeinsamen Werte sorgen wird!
24. Verstehe Deine Mitarbeiter nicht länger als „Kostenfaktor", sondern als kreative Mitstreiter!

Sachverzeichnis

© Springer Fachmedien Wiesbaden GmbH, ein Teil von Springer Nature 2019   219
S. Katterbach und K. Stöver, *Effektiver und besser führen in Teilzeit*,
https://doi.org/10.1007/978-3-658-22937-5

Ihr Bonus als Käufer dieses Buches

Als Käufer dieses Buches können Sie kostenlos das eBook zum Buch nutzen.
Sie können es dauerhaft in Ihrem persönlichen, digitalen Bücherregal
auf **springer.com** speichern oder auf Ihren PC/Tablet/eReader downloaden.

Gehen Sie bitte wie folgt vor:

1. Gehen Sie zu **springer.com/shop** und suchen Sie das vorliegende Buch
   (am schnellsten über die Eingabe der eISBN).
2. Legen Sie es in den Warenkorb und klicken Sie dann auf:
   zum Einkaufswagen / zur Kasse.
3. Geben Sie den untenstehenden Coupon ein. In der Bestellübersicht wird
   damit das eBook mit 0 Euro ausgewiesen, ist also kostenlos für Sie.
4. Gehen Sie weiter **zur Kasse** und schließen den Vorgang ab.
5. Sie können das eBook nun downloaden und auf einem Gerät Ihrer Wahl lesen.
   Das eBook bleibt dauerhaft in Ihrem digitalen Bücherregal gespeichert.

EBOOK INSIDE

eISBN	978-3-658-22937-5
Ihr persönlicher Coupon	drMtcM8SkFXhHsp

Sollte der Coupon fehlen oder nicht funktionieren, senden Sie uns bitte
eine E-Mail mit dem Betreff: **eBook inside** an **customerservice@springer.com**.

Printed by Printforce, the Netherlands